大学生职业生涯规划与就业指导

主　编　张瑞英　刘克非
副主编　秦志强　刘国华
参　编　李红梅　许艳艳

北京理工大学出版社
BEIJING INSTITUTE OF TECHNOLOGY PRESS

内 容 简 介

本书根据现实情况，结合相关就业指导理论，较为系统地阐述了高职生就业过程中要面对并必须把握好的诸多问题，对高职生树立正确的择业观念、做好各项择业准备、掌握择业技巧和方法、较快适应工作岗位的要求、了解创业的基本步骤等，都有着非常重要的指导作用。本书力求突破传统教材的说教形式，具有较强的针对性、实用性、时效性、指导性、可操作性和前瞻性，以求真正帮助、指导大学生。

版权专有　侵权必究

图书在版编目（CIP）数据

大学生职业生涯规划与就业指导/张瑞英，刘克非主编.—北京：北京理工大学出版社，2013.8（2020.8 重印）
ISBN 978-7-5640-7929-1

Ⅰ.①大…　Ⅱ.①张…②刘…　Ⅲ.①大学生-职业选择-高等职业教育-教材　Ⅳ.①G647.38

中国版本图书馆 CIP 数据核字（2013）第 159193 号

出版发行 / 北京理工大学出版社有限责任公司	
社　　址 / 北京市海淀区中关村南大街 5 号	
邮　　编 / 100081	
电　　话 /（010）68914775（总编室）	
82562903（教材售后服务热线）	
68948351（其他图书服务热线）	
网　　址 / http://www.bitpress.com.cn	
经　　销 / 全国各地新华书店	
印　　刷 / 北京虎彩文化传播有限公司	
开　　本 / 787 毫米 × 1092 毫米　1/16	
印　　张 / 17.25	责任编辑 / 陈　竑
字　　数 / 280 千字	文案编辑 / 胡卫民
版　　次 / 2013 年 8 月第 1 版　2020 年 8 月第 9 次印刷	责任校对 / 周瑞红
定　　价 / 42.00 元	责任印制 / 王美丽

图书出现印装质量问题，请拨打售后服务热线，本社负责调换

Preface 前言

  高等职业教育在我国国民经济发展中具有举足轻重的地位。随着我国现代化进程的进一步推进，高等职业教育更显示了其不可替代的作用，高职学生的就业、创业也直接关系到国家发展战略的实施，本书贯彻党的十七大提出的"积极做好高校毕业生就业工作""加强就业观念教育，使更多劳动者成为创业者"的指导精神，根据高职高专学生人才培养的目标和特点，结合多年教学工作实际，力求更好地引导高职学生找准就业定位、做好职业生涯规划、提升职业素养、掌握就业基本技能，帮助高职生解决择业过程中遇到的各种问题，完成从"学生"到"职业人"的角色转变。从高职院校培养目标入手，激发学生的学习兴趣，帮助学生掌握专业、职业、求职和创业等一系列理论知识和项目训练技巧。在职业规划、求职技巧、就业和创业发展等方面，为学生提供了有益的指导和帮助。力求伴随高职生从入学到就业，再到创业的全过程，使学生尽快适应岗位能力要求。在总结高职院校就业、创业指导的经验和对用人单位充分调研的基础上，编写此书。

  本书注重理论与实践相结合，遵循贴近实际、注重实效的原则，结合案例分析和项目训练让学生置身于生涯规划、就业、创业的情境中体验和学习，在参与互动活动中使学生的就业、创业知识能力得到提高，从而达到提高学生学习实效的目的。

  由于编者水平和掌握的资料有限，编写时间仓促，书中难免存在不妥之处，敬请专家和读者批评指正。

编 者

Contents 目录

第一章　高等职业教育概述　　1
　　第一节　认识高等职业教育　　2
　　第二节　符合我国经济社会发展的教育　　4
　　第三节　社会经济与职业发展　　7

第二章　职业的基本知识　　15
　　第一节　职业的概念　　16
　　第二节　职业的要素及意义　　17
　　第三节　职业的特点及功能　　19
　　第四节　职业分类　　22
　　第五节　职业的发展趋势　　28
　　第六节　职业与专业的关系　　30

第三章　职业生涯规划　　32
　　第一节　职业与职业规划　　33
　　第二节　职业规划的方法　　36
　　第三节　职业规划的实施与调整　　38
　　第四节　职业生涯规划书的写作　　59

第四章　就业形势分析　　89
　　第一节　影响高职生就业的因素　　90
　　第二节　就业形势现状　　95
　　第三节　就业形势走向　　98

第五章　就业能力提升　102

- 第一节　大学毕业生就业能力　103
- 第二节　专业技能凸显高职学生就业优势　107
- 第三节　拓展综合素质能力，开启就业成功之门　108
- 第四节　顶岗实习及就业过程中的常见问题和案例　110

第六章　就业流程及相关知识　124

- 第一节　了解就业程序　125
- 第二节　毕业生就业流程　130
- 第三节　毕业资料与档案　136

第七章　国家鼓励毕业生就业的相关政策　148

- 第一节　就业政策的概念与特点　148
- 第二节　大学生就业的基本政策　151

第八章　搜集就业信息及相关知识　165

- 第一节　如何分析和利用就业信息　166
- 第二节　搜集就业信息的途径　168
- 第三节　求职心理与调适　170
- 第四节　注意求职安全，保护个人权益　173

第九章　简历撰写　180

- 第一节　简历撰写原则　181
- 第二节　简历撰写方法　184

第十章　面　试　193

- 第一节　面试的种类　194
- 第二节　面试的内容及准备　199
- 第三节　面试的应对和技巧　202
- 第四节　面试礼仪注意事项　209
- 第五节　面试中的注意事项　211

第十一章　高职生创业　216

- 第一节　创业意识的培养　217
- 第二节　创业能力　220

第三节	评估自己的创业能力	223
第四节	提升自己的创业能力	227
第五节	创业的一般程序	230
第六节	创业的政策与法律	233
第七节	高职生创业过程中的常见问题及对策	238

附录1　中华人民共和国劳动合同法　　249

附录2　中华人民共和国劳动法　　255

第一章 高等职业教育概述

学习目标

1. 认识高等职业教育及其在国民经济中的地位；
2. 了解高等职业教育的培养目标及人才培养模式；
3. 明确高等职业院校学生定位。

案例导入

  某职业院校对新生进行问卷调查，其中45%的学生认为，高等职业院校是未能考取其他普通高等院校的选择，有21%的学生认为高职院校与普通大学没有区别，有12%的学生认为高职院校与中等职业学校没有区别，另外22%的学生认为在高职院校中可以学到专业技能，有利于就业。

  这个调查说明了大部分学生对高等职业教育的认识还不清楚，选择高等职业教育存在一定的盲目性或无奈，不少同学认为高等职业院校与普通高校没有区别，说明这部分同学心态比较好，但同时也说明这些同学不了解高等职业教育的办学特色和优势。另有一部分同学将高等职业教育等同于中等职业教育，说明这些同学不了解高等职业教育的培养目标，不能区别高等职业教育与中等职业教育的培养重点。

第一节　认识高等职业教育

一、高等职业教育在国民经济中的地位

党中央、国务院高度重视高技能人才工作。2003年，党中央、国务院召开了全国人才工作会议，明确强调将高技能人才队伍建设纳入人才强国战略。2004年《教育部等七部委关于进一步加强职业教育工作的若干意见》指出，加快培养企业急需的技术技能型人才、复合技能型人才以及高新技术产业发展需要的知识技能型人才，推动技能人才队伍的整体建设，使技能人才特别是高技能人才的数量和所占比例有较大增加和提高，努力缓解劳动力市场技能人才紧缺状况。2005年《国务院关于大力发展职业教育的决定》指出，以服务社会主义现代化建设为宗旨，培养数以亿计的高素质劳动者和数以千万计的高技能专门人才。2006年，中共中央、国务院办公厅发布的《关于进一步加强高技能人才工作的意见》指出，加快推进人才强国战略，大力加强高技能人才工作，培养造就一大批具有高超技艺和精湛技能的高技能人才，稳步推进创新型国家的一系列重要举措，明确当前和今后一个时期内高技能人才工作的目标任务是加快培养一大批数量充足、结构合理、素质优良的技术技能型、复合技能型和知识技能型高技能人才，建立培养体系完善、评价和使用机制科学、激励和保障措施健全的高技能人才工作新机制，逐步形成与经济社会发展相适应的高、中、初级技能劳动者比例结构基本合理的格局，提出我国高、中、初级技能劳动者的比例在2020年要达到中等发达国家水平，形成与经济社会和谐发展的格局。

人才资源是决定现代化建设进程的关键，我国人才的总量、结构和素质都不能适应经济社会发展的需要，特别是现代化建设急需的高层次、高技能和复合型人才十分短缺。党中央、国务院的一系列高技能人才发展战略举措，为高职教育做出了准确的定位，以培养面向生产、建设、管理和服务第一线需要的高技能人才。一方面弥补了当前人才结构发展不平衡的问题；另一方面满足了经济社会对高技能人才培养的需求。高等职业教育对促进经济发展、提高企业竞争力、实现我国产业结构优化、推动技术创新和实现科技成果转化，发挥了不可替代的作用。

二、高等职业教育的发展

《国家中长期教育改革和发展规划纲要（2010—2020年）》进一步指出："当今世界正处在大发展、大变革、大调整时期。世界多极化、经济全球化深入发展，科技进步日新月异，人才竞争日趋激烈。我国正处在改革发展的关键阶段，政治建设、经济建设、文化建设、社会建设以及生态文明建设全面推进，工业化、信息化、城镇化、市场化、国际化深入发展，人口、资源、环境压力日益加大，经济发展方式加快转变，都凸显了提高国民素质、培养创新人才的重要性和紧迫性。中国未来发展、中华民族伟大复兴，关键靠人才，基础在教育。"

高等职业教育正是在我国发展战略实施中，伴随着我国的现代化进程而发展起来的。自改革开放以来，我国高等职业教育发展经历了五个阶段：1977—1984年全面恢复；1985年开始十年探索与调整；1994—1999年确立高职教育；1999—2004年规模快速发展；2005年至今全面提升质量与加强内涵建设。我国高等职业教育的快速发展，为各行各业生产和工作第一线培养了大批高素质的技能型专门人才，特别是现代化建设急需的面向基层职业岗位的技能型实务工作者。近10年来，我国高等职业院校培养的毕业生已达到1 100万人，为国民经济建设和发展做出了积极贡献，为我国发展战略的实施提供了高技能人才支撑。

三、国家对高等职业教育的支持

在高职教育的发展中，国家除颁布一系列法律、法规和文件给予政策支持外，还加大了资金投入：2004—2007年，中央财政拨款共计18.6亿元，地方财政投资19.8亿元，共计38.4亿元资金投入支持了1 076个实训基地建设项目。其中，高职教育实训基地项目435个，覆盖全国31个省市，集中在数控技术、计算机应用与软件、电工电子与自动化、汽车运用与维修、生物技术、建筑技术、护理和煤矿安全八大类专业技能型人才紧缺的实训基地，有力地推进了高职院校实训条件的改善和工学结合人才培养模式的改革，提高了学生综合职业能力和毕业生就业率。高职院校示范性建设项目是中央财政集中大规模投入高职院校的又一举措，一期建设100所国家示范性高职院校，于2006—2010年实施；二期建设100所国家骨干高职院校，于2010—2014年实施。

四、高等职业教育是与我国现代化建设相适应的教育

高等职业教育是与我国社会主义现代化建设要求相适应的教育。我国的现代化建设既需要从事科学研究、工程设计的人才，更需要在生产一线从事制造、施工等技术应用工作的专门人才。否则，即使有一流的产品设计、最好的研究成果，也很难制造出一流的产品。高技能人才是科学技术转化为生产力的重要因素。高等职业教育正是为满足这种需要而蓬勃发展起来的，它培养了众多掌握本专业必备的基础理论和专门知识，具有从事本专业实际工作的全面素质和综合职业能力，面向生产、建设、管理和服务第一线工作的高级技术应用型人才。因此，高职教育是与我国社会主义现代化建设要求相适应的教育。

高等职业教育是由其服务经济社会发展的本质所决定的。自2008年起，教育部每年主办全国职业技能大赛，为高职院校搭建相互学习交流的平台，大赛的举办对培养学生的综合素质能力以及对高等职业教育教学改革发展起到了积极的推动作用。

第二节 符合我国经济社会发展的教育

一、高等职业教育的培养目标

我国对于高等职业教育人才培养目标有着清晰明确的定位。2006年，教育部在《关于全面提高高等职业教育教学质量的若干意见》中指出："高等职业教育作为高等教育发展中的一个类型，肩负着培养面向生产、建设、服务和管理第一线需要的高技能人才的使命""要高度重视学生的职业道德教育和法制教育，重视培养学生的诚信品质、敬业精神和责任意识、遵纪守法意识，培养出一批高素质的技能性人才""培养学生的社会适应性，教育学生树立终身学习理念，提高学习能力，学会交流沟通和团队协作，提高学生的实践能力、创造能力、就业能力和创业能力，培养德智体美全面发展的社会主义建设者和接班人"。

1. 高等职业教育人才培养的目标

（1）具有良好的职业道德、敬业精神和遵纪守法意识，有着高度的社会责任感、诚信品质以及吃苦耐劳、乐于奉献等优良品质。

(2) 熟练掌握专门知识和技能，具备精湛的操作技能，能解决实际工作中的难题，具有职业岗位所必备的技术应用能力。

(3) 掌握本专业高新技术和知识，具有建立在技术引进、改造、管理、成果转化及发明创新等方面能力基础上的就业竞争力。

(4) 为保持个人在未来社会的持续发展，具有终身学习理念和提高学习的能力。

(5) 具有交流沟通、团队协作精神，具备社会适应能力。

2. 高等职业教育人才培养目标的体现

在理解上述五个方面的基础上，高等职业教育人才培养目标体现在类型定位和规格定位两个方面：

(1) **类型定位**：是高等职业教育区别于本科教育的显著特征，高职教育按照专业面向的职业岗位或岗位群的具体要求，要求学生掌握专门知识、技能并具有专业基本能力、核心能力和职业综合素质，以就业为导向，通过高职教学期间的工学结合，学会"做什么、怎么做"，具有鲜明的职业特点。

(2) **规格定位**：是高职教育区别于中职教育的显著特征，高职教育培养的学生要求具有系统的文化基础、专业理论基础和技能实训基础以及较丰富的现代科学知识和人文知识；具有一定的技术改造、管理和创新等能力；具有学习提高、思考理解、写作表达和组织协作等能力；注重个人可持续发展，通过高职教学期间的工学结合，能够在工作中"发现问题并解决问题"；具有复合型和综合型的专业能力。

高等职业教育作为与经济发展有着本质的、紧密的、直接的联系的教育类型，是动手与动脑相结合的教育。动手是复合型的，是将专业知识融会贯通地运用于实际操作中的动手；动脑是综合型的，是指实际操作中能以专业理论解决遇到的问题，能进行故障诊断调整、质量分析控制的动脑，这是高职教育的优势所在，也是高职教育具有广阔就业空间的根本。

二、以人为本的人才培养模式

高等职业教育要求必须以学生为本，满足学生发展的要求，从专业设置、课程设计、教学模式及"双证书"制度四个方面体现出来。

1. 专业设置

以岗位群为依托，高职的专业设置是在依托其所对应服务的职业岗位需要而设置的。在专业建设平台上，学校与企业的合作为学生在真实工作情境中学习真本领创造了有利条件，充分体现学有所用的原则，为增强学生就业竞争力铺平了道路。

2. 课程设计

一方面利于动手能力的提高；另一方面利于可持续发展能力的培养。通过实践教学系统化设计，遵循教育规律，循序渐进地达到高技能的标准。通过基础知识教学的系统设计，奠定能力拓展基础，为个人可持续发展做好准备。

3. 教学模式

实行工学结合的教学模式，走出去、请进来，结合"订单式"培养，根据用人单位的需求安排教学计划。毕业生最终要进入社会，其质量是否能够经得起社会检验，不是学校说了算，而是用人单位说了算。因此，按照校企合作协议，共同执行教学计划，把人才培养质量的签订权交给社会和企业，使每个学习环节的质量都得到用人单位的认可。

4. "双证书"制度

"双证书"即毕业证和职业资格证书；为符合就业准入的要求，提高学生在人才市场的就业竞争力，高职院校将职业资格证书纳入教学计划与课程体系之中，将证书课程考试大纲与专业教学大纲相结合，学生能够在获得学历证书的同时顺利获得相应的职业资格证书。一些高职院校还规定学生毕业前必须获得专业技能等级证书、计算机以及实用英语等级证书等，极大地提高了学生的综合素质能力。

讨 论

通过本章节的学习，学生对高等职业教育有了初步的认识和了解，要求准确把握高职生的职业定位，建立职业发展规划和目标。

形式：小组讨论

时间：10分钟以内

操作程序：

（1）将成员分成若干小组，每组8人。

（2）每组选择一个问题回答。

（3）教师根据小组选择的问题针对性地进行点评，引导学生树立自信，准确把握职业定位。

相关讨论题目：

（1）高职生的优势有哪些？怎样建立自己的职业生涯规划和目标？

（2）在激烈的市场竞争中，是选择先就业再择业呢？还是必须找到理想的岗位才就业？

练习题

1. 我国的产业结构优化升级带来了哪些人才需求变化？
2. 为什么说选择高职是正确的？

[1] 范唯. 搞好示范院校建设，引领高职教育发展 [J]. 青岛职业技术学院学报，2007（7）.
[2] 国家中长期教育改革和发展规划纲要（2010—2020年）.
[3] 国务院关于大力发展职业教育的决定，2005.
[4] 教育部关于全面提高高等职业教育教学质量的若干意见，2006.

第三节　社会经济与职业发展

一、我国社会经济发展趋势

科技进步给职业发展带来了前所未有的冲击，新技术、新工艺的研究、开发及应用必然导致部分职业的新旧更替，如电子计算机技术的迅猛发展使得诸如电话接线、机械打字等传统职业渐入末路，随之而来的电子通信、网络服务和计算机制造等新职业相继问世，职业发展的新趋势日益明显。

（一）新职业越来越多

社会分工的发生和新职业种类的出现，达到了经常化程度，这一发展趋势使人们有更多机会根据自己的兴趣和特长选择职业，同时也增加了职业选择过程中准确有效获取职业信息、做出决策的复杂性和难度。高职生在择业决策中对信息与决策帮助的强烈要求，必将推动职业指导和职业咨询工作的开展。

（二）不同类别的职位变化大

这一变化发展趋势与社会新职业有着越来越密切的联系，具体表现为一些职业的职位在经常性地增多，另一些职业的职位在迅速地减少。

（三）第三、第四产业的职位增多

第三、第四产业是伴随现代工业社会的发展而崛起的一类新兴行业。第三产业包括交通运输业、邮电通信业、商业、服务业、金融保险业、卫生、体育、教育、文化及艺术等，这些行业在当代社会发展迅速，同时，我国信息服务业、咨询服务业、租赁业和广告业等第四产业发展得也很快，第三、第四产业为社会提供了更多的就业机会，为高职生提供了更广阔的发展空间。

（四）职业专业化对人的素质要求高

随着科学技术的发展，职业的专业化越来越强，因此，若不具备一定的专业知识技能就无法满足职业的要求，如随着计算机的普及和广泛使用，那些过去只会打算盘不懂现代电子技术应用的人，将越来越难以胜任会计工作。职业对人的素质要求也越来越高，除了知识和技能外，还需要具备现代化观念和意识，如法律观念、时间观念、合作观念、竞争意识和创新意识等，同时，人的职业转化将更加频繁。

（五）体力劳动脑力化和专业职业化

由于社会中越来越多的领域采用了可以减轻体力劳动的设备，机械化、自动化的发展使越来越多的体力劳动消耗减少，脑力劳动的消耗增加或使这种消耗的比重增加，如有些职业因脑力劳动付出的比重增大，可能成为专门职业。当前，职业资格证书在许多国家以及我国都进一步受到重视，与体力劳动脑力化和专业职业化的发展趋势直接相关。

二、当前我国对技能型人才的需求

2004年，教育部、信息产业部、国防科工委、交通部及卫生部五部委联合发布技能型人才需求报告，即数控技术应用、计算机应用与软件技术、汽车运用与维修和护理四个专业领域的紧缺人才需求状况。具体内容如下：

（一）计算机软件人才每年需求增加100万人

目前我国信息技术在不断发展，预计到2015年，软件产业的规模将达到2 500亿元。根据国际经验，软件人才高、中、初之比为1∶4∶7，按照合理的人才结构比例进行测算。到2015年，我国需要软件高级人才6万人，中级软件人才28万人，初级软件人才46万人,再加上企业、社区、机关和学校等行业,初步测算,全国计算机软件专业人才的需求每年将增加100万人左右。

(二)数控人才蓝领、灰领需求增加

蓝领层数控技术人才是指承担数控机床具体操作的技术工人,在企业数控技术岗位中占70.2%,是目前需求量最大的数控技术工人。灰领层是指承担数控编程的工艺人员和数控机床维护、维修人员,这类人员在企业数控技术岗位中占25%,其中,数控编程技术工艺人员占12.6%,数控机床维护维修人员占12.4%,随着企业进口大量的设备,灰领层数控人才需求明显增加。

(三)汽车维修人才需求增加

我国汽车维修人员高等级技能人才比例偏低,高、初、中的比例分别为26.6%、43.1%、30.4%,而发达国家为35%、50%、15%。工人文化程度偏低,初中、高中、专科比例分别为38.5%、51.5%、10%,而发达国家为20%、40%、40%。目前,我国汽车数量每年以13%的速度递增,据此预计汽车维修每两年将新增大量从业人员,大部分从业人员需要接受职业教育。

(四)护士未来10年需增100万人

紧缺人才报告称,到2015年,我国的医护比例应达到1∶1,按照这个比例进行规划和预测,到2015年,我国的医护人员将达到232.3万人,1 000人中的医护人员为1.5人,这就意味着护士数量在2001年的128.7万人的基础上再增加103.6万人,平均每年增加11.5万人。考虑到人口老龄化、社区服务扩大等带来的人力需求增加,我国实际需要的护理人员比预测的要多。

三、职业能力培养

当代社会科学技术迅猛发展,市场竞争异常激烈。空前的就业压力将检验高职院校高职生能力水平,因此,高职生想要在未来的竞争中提高自己的就业核心竞争力,获得职业的更大发展,就必须在大学期间培养自己的职业能力。

(一)职业能力的内涵

职业能力是指一个人的职业工作能力,也就是劳动者从事社会生产活动的能力。它是人们所具有的实现自身主体性的全部本质力量,是一个人能否进入职业的先决条件,也是能否胜任职业工作的主观条件。

现代职业观念认为,能力是劳动者知识、技术和态度有机结合而形成的整体素

质结构。按我国的职业教育方针和培养目标以及现代职业岗位的一般要求,职业能力可分为三个层次,即一般能力、群集能力和专项能力。

(1) 一般能力。即指基础能力,是指从事各类职业活动应具备的基本能力,包括基本技能(听、说、读、写、算)、学习能力、思维能力和创新能力等。

(2) 群集能力。即指职业领域能力,是为适应某一职业领域应具备的基本能力,按职业类型或行业划分,为学生选择岗位、转换岗位提供一个广阔的专业基础。

(3) 专项能力。即指职业岗位能力,是指针对某一岗位所应具备的具体应用能力,包括若干项目能力,以保证从业人员直接上岗。个人能力的形成与发挥,又取决于个人的整体综合素质,具体包括思想道德素质、文化素质、专业素质、身体素质和心理素质。综合职业素质的高低集中地表现为一个人的就业能力、工作能力、创业能力和发展能力的强弱。因此,高职学生应该注意提高自己的综合素质能力,努力培养自己的科学思维能力、知识更新能力、获取信息能力、应变能力、合作能力、创新能力、管理能力和决策能力。

(二) 高职生必备的基本职业能力

1. 扎实的基础知识

高职生毕业后无论选择何种职业,也无论朝哪个方向发展,都不能没有扎实的基础知识。基础知识是知识结构的根基,是知识更新的原动力。随着社会竞争压力的增大,职业岗位的变动不可避免,要适应这些变化,高职学生必须具有扎实宽厚的基础知识。

2. 牢固的专业技能

专业技能是知识转化为物质的重要保证,是人的智力转化为物质力量的具体表现,是高级应用型技术人才必备的一种实践技能。高职院校培养出来的技术人才,没有过硬的实践技能是不能适应现代社会工作需要的,所以,我们要努力把自己培养成为复合型人才,以适应现代化发展的需要。

3. 能动地适应社会

有关资料显示,很多已经走向社会的高职生都有这样的感受:自己学有所成,怀揣理想,有着创造一番业绩的宏大抱负,当自己真正在社会生活激流中奋进时,往往会发现,在校期间想象或理解的社会和眼前真正接触的社会相差甚远,事业的成败并不取决于自己是否肯干,还要受到很多因素的牵制和干扰,甚至完全超乎自己的想象。这主要是因为毕业生对真实的社会生活做了简单或片面的估计,缺乏适应社会的心理准备和能动地适应社会的能力。所以，高职生在校期间应重视适应社会能力的培养，积极参加社会实践活动，主动面对各种挑战，与现实社会生活保持良好的接触，保持身心健康。提高和培养待人处事的能力，以便大学毕业后从容走向社会。

4. 通用的工作基础

现代社会各行各业要求高职生必须具备一定的通用能力。主要指语言技能、网络技能和交往技能。在未来的交流与合作中，高职生首先应具备一定的语言技能，不仅要掌握本民族语言，还要懂得一门外语，具有较强的语言表达能力及查阅先进国家外文资料的能力，只有这样，才能适应现代开放的世界市场和未来的职业要求。

适应知识经济时代的信息化，个人的生存和发展与网络密不可分。高职生还要具备一定的网络技能，信息化使得国际间交流合作日益密切，竞争也日趋激烈。中国有更多的机会参与经济全球化进程。这种进程需要我们懂得该方面的专业，熟悉国际惯例，能够利用网络进行全球化交流与沟通，从而提高获取信息和处理信息的能力。

在市场经济发展过程中，人们的社会交往在工作、生活中占有很大的比重。一些毕业生走上工作岗位后，由于阅历较浅，缺少经验，往往在各种错综复杂的关系面前茫然失措，苦于无法适应，常常感叹"工作好搞、关系难处"。因此，高职生还应具备一定的人际交往能力，善于与人交往与合作，建立良好的人际关系。

项目训练

1. 项目测试

同学们，你们好！

当升入高职院校后，你是否很好地适应了高职院校的学习生活？为了帮助大家对自己进入高职院校以来的情况做出客观的评价，我们设计了这份调查问卷，从中可以反映出你当前面临的困惑，以利于我们一起采取针对性的措施给予解决。请仔细阅读表中项目，并根据自己的实际情况如实填写，在每个项目后做出选择并画"√"。

项　　目	是	否
1. 我自己选择的院校	2分	
2. 我了解院校专业设置	2分	
3. 我不能分清高职院校与其他高校在培养目标上的区别		2分
4. 我校高职毕业生在就业市场上很有竞争力	2分	
5. 我喜欢我所学的专业	2分	

续表

项　目	是	否
6. 我很清楚需要学习的知识和技能	2分	
7. 我不知道我所学专业的主要就业方向		2分
8. 我总觉得别的专业可能更有发展前途		2分
9. 学习中若遇到问题，会请教别人或查看参考书	2分	
10. 做笔记时，把学习内容归纳为条例或图表以便理解	2分	
11. 学习的同时会做一些无关的事情		2分
12. 总是在考试时我才想到看书		2分
13. 我知道在不同的年级学习的侧重点不同	2分	
14. 我知道在什么情况下可以获得与本专业相关的职业资格证书	2分	
15. 我需要增强英语会话能力	2分	
16. 我不知道实训和实习课程对我成功就业的重要性		2分
17. 我关注就业形势变化	2分	
18. 我清楚我今后从事的职业性质	2分	
19. 我了解自己就业的优势	2分	
20. 我不清楚除了知识和技能还应提高哪些素质		2分
21. 我知道本专业的优秀毕业生	2分	
22. 我不清楚今后将从事的工作会有什么样的发展空间		2分
23. 我知道工作后继续提高职业技能是很有必要的	2分	
24. 我不清楚如何将自己的专长运用到工作之中		2分

总分_____

调查内容分为六个方面，请根据问卷的填写情况统计出自己的得分。

1~4题是你对高职教育的了解，得分_____　　5~8题是你对专业的了解，得分_____
9~12题是你学习的习惯，　　得分_____　　13~16题是你对学习的计划，得分_____
17~20题是你对就业的了解，得分_____　　21~24题是你对职业的规划，得分_____

2. 制订职业目标的团队心理训练

（1）精神的力量。

①缠手指。

目的：心理暗示可以引起行为的变化。

操作过程：请学生双手交叉握在一起，食指伸平，双指平行，相距10cm左右，想象有一根绷紧的橡皮筋缠绕在两个食指上；老师的语速缓慢，语调从容："你能感觉到吧！你的两个食指拉得越来越近……越来越近……"

②我是谁。

目的：认识自我。

操作过程：每人在5分钟内写出能代表自己特质的（如性格、爱好、职业能力、职业价值观、职业定位和沟通表达等）20个"我是谁"；与同桌同学交换后写上

"我欣赏你……因为……",在小组内宣读。

分享:能在5分钟内写出代表自己特质的20个"我是谁",是对自己认识比较清楚的学生。全班分享能起到相互启发和激励的作用。

(2)学会解决问题。

①巧解绳套。

目的:学习如何突破思维定势,寻找变化,与人合作解决问题。

操作过程:两人一组,分配有绳套的绳子;甲与乙的绳子交叉,套在各自的手腕上;在甲与乙手腕上的绳子不脱离的情况下,将两人交叉的绳子分开。

分享:你认为解不开的原因是什么?是否打算放弃?是否在自己的经验中找到了答案?在活动中你尝试了哪些方法?

②哪些信息干扰我?

目的:学会分析判断,迅速找出有价值的信息。

操作过程:朗读故事:你正在驾驶一辆公共汽车,里面坐了50位乘客;汽车靠站停下来,有10位乘客下了车,又有3人上了车;下一次靠站,下了7个人,上了2个人;接下来又分别停车两次,每次5位乘客下车,有一次上了6个人,另一次没有人上车。路上公交车和路过的车发生刮擦,有部分乘客因有急事,决定下车走路回去,所以又有8人下车。当事故处理完毕后,汽车直接开回终点站。在终点站,剩下的乘客下了车。

请问这辆车的司机是谁?

分享:是哪些信息给了你错误的判断?你从这个游戏中获得了哪些启发?

讨 论

形式:个人填写、小组讨论和发言

时间:5分钟以内

操作程序:

(1)将成员分成若干小组,每组4人,让每组选择一个问题回答。

(2)在一个较短的信息收集阶段之后,请各组选择发言人员。

相关讨论题目:我的职业期望

练习题

1. 如何将能力与职业联系起来?
2. 怎么认识兴趣与职业的关系?

 参考书目

[1] 张智勇,边慧敏.大学生就业指导[M].成都:西南财经大学出版社,2003.

[2] 高佩华.大学生职业生涯规划[J].人才开发,2005(3).

[3] 张文勇,马树强.大学生职业规划与就业指导[M].北京:科学出版社,2006.

[4] 金树人.生涯咨询与辅导[M].北京:高等教育出版社,2007.

第二章 职业的基本知识

学习目标

1. 理解职业、专业的含义和特点；
2. 了解专业与职业的关系以及职业发展的规律；
3. 了解我国现阶段占主导地位的职业；
4. 明确自己的专业知识学习和技能培养目标。

案例导入

某招聘网做了一个专业选择和职业发展的关系调查，一是"你认为专业选择对就业的影响大吗？"①选择影响不大，主要看个人能力的占17%；②选择有一定影响的占34%；③觉得很重要的占49%。二是你当初根据什么报的专业？①根据自己的兴趣决定的占42%；②听从父母决定的占26%；③服从调剂的占24%；④根据学校老师意见报的占8%。三是"你目前从事的职业与大学所学专业对口吗？"①有关系但非本专业对口工作占43%；②专业对口吻合的占26%；③没有关系，是自己的爱好和特长占9%；④根本没有关系的占22%。四是"如果你有机会从头再来，还会选择这个专业吗？"①表示会选择另外一个专业的占52%；②在本专业基础上再学第二专业的占34%；③仍旧学现在专业的占14%。

第一节　职业的概念

职业的出现是人类社会分工的结果，随着社会不断的发展，社会分工越来越细化，根据不同的社会需求形成了不同的职业类别。职业的类别、内部构成与外部关系也随之越来越丰富，因此，对职业概念的界定及其内涵也越来越广泛。

对于职业概念的精确解释，国内学者众说纷纭。仅从词义学的角度分析来看，"职业"一词是由"职"与"业"二字构成。所谓"职"，包含了社会职责、天职、权利与义务的意思；所谓"业"，则包含了从事业务、事业、事情、独特性工作的意思，有的学者则用"职是责任、业是业务"来反映"职业"一词的内涵。

美国学者舒尔兹（Schultz）认为，职业是一个人为了不断取得个人收入而连续从事的、具有市场价值的特殊活动，是同时实现社会联系和自我实现而进行的持续的活动方式；《辞海》中的"职业"词条作出以下解释：职业，是一种相对稳定的劳动和工作，是获得经济收入的主要来源，并具有一定的差异性和层次性；也有的学者认为，职业是指从业人员为获取主要的生活来源所从事的社会工作类别，它是劳动者参与社会经济活动的直接体现。

在大众社会活动中，人们总需要在一定的工作岗位上实现就业以维持基本的生存，不同的人群对"职业"一词产生了不同的理解。例如，有人认为，职业就是"自身工作"，如医生、教师、法官等；有人认为，职业仅是一种"生活来源"；有人认为，职业是一种划分等级身份的载体。

让我们来看看"职业"一词的科学含义。所谓"职业"，是指利用专门的知识技能参与社会分工、为社会创造物质财富和精神财富并从中获得合理报酬、满足物质生活需要和精神生活需求的社会劳动；同时，"职业"也是人们从事的相对稳定的、有收入的、专门类别的工作，是具备劳动能力的个体为维持生活而发挥个人能力并为社会作贡献的持续性社会活动，是个人在社会中所从事的作为主要生活来源的工作。综合来讲，"职业"反映着个人与社会两个方面的内容，同时处于个人与社会互动的范畴。

职业来源并存在于社会分工之中，在不同性质的工作岗位上，人们从事的工作在目标、内容、方式与场所上有很大的差别，也就是说，人们的社会角色是不一样的。一定的社会分工或社会角色的持续实现，就形成了职业。

职业的概念可以从以下四个方面加以理解：

（1）相对稳定的劳动和工作，即在一定的时期内在某单位的劳动和工作；

（2）从事该项劳动和工作是获得个人或家庭生活消费的主要经济来源，强调创造物质财富和精神财富，获得合理报酬；

（3）与人类的需求和职业结构相关，强调社会分工，包括横向和纵向的分工不同而有不同的工作类别；

（4）劳动者参与社会经济活动的直接或间接体现，与个人生活相关。

总结上述内容，可以看出，职业综合反映了人们的生活方式、经济状况、文化水平、行为模式、思想情操等内容，也是一个人的权利、义务、权力及职责的反映，是具体个体的社会地位的一般性表征。由此，也可以说，职业是人的社会角色的一个极为重要的方面。

第二节　职业的要素及意义

一、职业的要素

职业在社会生活中，主要体现出三方面的要素：一是职业职责，即职业中所包含着一定的社会责任，必须承担一定的社会任务，为社会做出应有的贡献；二是职业权力，即职业个体所具有的一定的职业业务权力，也就是说职业所赋予个体的权利，只有从事这种职业的人才具有这种权力，而在此职业之外的人不具有这种权力；三是职业利益，即职业个体从职业中能够获取的工资、奖金及荣誉等，能够满足职业个体各方面的需求，并从中获得心理平衡，达到"乐业"的境界。任何一种职业都是职业职责、职业权力和职业利益的统一体。

二、职业的意义

职业对社会及社会个体具有不同的意义。

职业对社会个体来说有三种意义：

首先，职业是个体谋生的手段。个体通过职业为社会奉献劳动，社会按照一定的标准付给个体劳动报酬,这些报酬成为个体及其家庭成员生存和发展的主要经济来源。

其次,职业是个体与其他个体进行交流的一种主要渠道,它使个体以一定的社会角色进入社会,以较为固定的内容形式同其他个体进行交流,而不至于被社会所抛弃,它是个体为社会做贡献的途径。

再次,职业是个体实现人生价值的主要场所,能够使个体的才能得到发挥和发展。每个个体都有自己的理想,理想的实现需要一定的机遇和物质条件。而职业给每一个社会个体提供了一个施展才干的机会。所以职业是重要的社会现象。

职业对社会来讲具备以下几个层面的意义:

(一)职业是个体的生活方式

每个社会个体,不论是男女老少,不论何种身份,不论何种行业,不论何种背景,在人一生中,都要遇到职业问题。在个体漫长的一生中,有着长达三四十年的职业周期;在入职业之前的十几年、二十几年,其生活经历(如上学的选择)与未来的职业预期有一定的联系;年老退休以后的生活,也与以前的职业际遇关系很大。

因此,职业是关系着每一个社会个体一生中的重大问题,是个体的一种重要的生活方式。

(二)职业决定了个体的社会角色

职业是个体在某种岗位上工作,使个体成为社会劳动大机器的一个部件,受到社会方方面面的影响,又在社会的运转中扮演一个特定的职业角色:工人、厂长、工程师、总统、自由职业者、影视明星、"灵魂工程师"的教师、"非常男子汉"的军官……

(三)职业是关系各层面的大事

职业,是一种重要的社会现象,在人类社会的各个层面中都能够体现其重要性。

首先,职业是关系个体前途的大事。从个体角度来看,职业是个体的生存方式,决定了其生活的物质基础;同时也是个体从事社会生活的主要领域。在适宜的条件下,职业及其生活内容可能成为个体奋斗的目标以及为之奉献的事业。其次,职业是关系个体家庭状况的大事。

俗话讲,"男怕入错行,女怕嫁错郎"。前者即是职业问题,后者所嫁"错"的"郎",除了人品、个性等因素外,无疑也有丈夫和妻子自身的职业问题,从事不同的职业影响了整个家庭的收入、名誉地位、社会关系及在社会中能获取的资源,从而影响家庭的组合模式和总体利益，也带来不同的夫妻地位。

在现代社会，女性从"锅台"旁得到解放走向社会，同样存在职业问题。因此，"女"也有怕入错"行"的问题。

（四）职业是关系用人单位绩效的大事

从用人单位的角度看，职业是各单位吸收社会人力资源的具体岗位，也是用人单位使用人力资源的具体方式。

（五）职业是关系社会局面的大事

从全社会的角度看，职业构成社会存在的一项基础，构成社会运行的一种具体方式，也构成社会个体的阶层划分与社会地位归属。职业，涉及个体从事社会生活的动力；涉及个体的社会关系；涉及社会的矛盾和冲突；涉及社会财富和利益的分配；涉及人的价值观与整个社会风气；涉及社会的平等与效率选择。

总之，个体融入社会，有两项重要问题要解决，即组建家庭和寻找工作岗位。"组建家庭"即婚姻社会化问题，"工作岗位"问题即职业问题。所谓职业问题，就是个体走入社会，寻求到一定的职业岗位并在这个岗位上工作，适应职业、适应工作环境（物质环境与人际环境），在社会中寻找到适合自己的位置，并得到终身的归宿。从这个意义上说，个体的职业生涯决定了个体的命运。

第三节 职业的特点及功能

一、职业的特点

（一）职业具有同一性

职业的同一性是指，不同类型的职业，在劳动条件、工作对象、生产工具、操作内容、人际关系等方面具有相同或相近的属性。由于这些"工作场景"的同一性，职业个体之间就会形成相同的行为模式或共同的职业语言，很容易互相认同。

职业的同一性能够给不同的职业个体打上相同的社会印记，使得社会大众对职业个体有相同的"第一印象"。例如一个人是销售员，人们会认为他灵活或能言善辩；若他改行搞文艺，人们就认为他多才多艺；若他又去当教师，人们则认为他学识渊博，等等。

（二）职业具有差异性

职业的差异性，包括职业的活动内容、个体行为模式、职业社会心理学。一般来说，人类社会作为一个有机体，必然存在社会分工，存在很多不同的职业。古代社会，俗话讲有"三百六十行"，而现代社会，则存在着成千上万种职业，各类职业间的差异极大。随着社会分工的细化、技术的进步、经济结构的变动及社会的发展，新职业不断更新交替，无数新的职业代替旧的职业，造成职业差异性越来越大。职业差异性变大导致了不同职业之间的社会人格变化增大，以及在职业转换中新的矛盾与困难。

（三）职业具有层次性

尽管人们常说劳动是光荣的，不分高低贵贱，但从科学来讲，职业是分不同层次的，并且人们对不同的职业有着不同的看法，也决定不同的个体发展结果。这种职业社会评价的层次性，根源于不同职业的体力、脑力付出的不同，工作复杂程度的不同，从事某种职业的教育资格条件不同，工作环境的舒适程度、在工作单位中的地位、工作内容的自主权不同，工作的收入水平不同等方面。

应当看到，这些差别的本身，是一种客观的社会存在而不是人的主观意愿。因此，承认和运用职业的层次性，是非常重要的。当社会重视作为劳动者的人的存在时，必然承认职业的层次性，承认职业存在地位高低的区别，也就应当通过给人们创造平等竞争和自由择业的机会，促进人类在择业、从业方面积极努力。

（四）职业具有广泛性

因为"职业"涉及所有社会成员，也涉及社会的经济、政治、心理、教育、技术、伦理等所有领域，这就使职业问题具有了广泛性的特点。就个人而言，一个人生活的方方面面，都与职业世界发生着重要联系。

（五）职业具有时代性

职业的时代性特点包含两个含义：

一是职业随着时代的变化而发展，新职业的产生必定淘汰一定的旧职业，并带来新的职业问题，改变社会属性；

二是不同的时代，人们眼中"好"的职业是不同的，具体表现在社会个体的职业选择取向上。例如，在20世纪五六十年代的中国，大家都追求上大学当工程师、科学家；改革开放以来，人们转而注重第三产业的相关职业，不少青年把从事商业经营、饭店服务当作最可心的工作，等等；进入21世纪以来，公务员成为大众追逐的理想职业。

(六) 职业具有经济性

从事职业，于己于公都具有经济性。对个体而言，职业是个体获取生活资料的主要途径和来源；对社会而言，个体从事职业也是促进社会经济发展的重要环节，这是职业的经济性所决定的。

(七) 职业具有技术性

尽管各种职业所需要的知识、技术、素质要求差别较大，但绝对不存在没有知识、技术的职业。在进入科技时代以后，各行各业对知识、技术的要求相对更高了，各种职业的技术含量也在不断增加。因此，职业的技术性更加突出。

(八) 职业具有规模性

首先，职业必须具有一定规模，必须是许多个体的共同行为，达不到一定从业个体数量，从业人员的劳动不能称为职业。其次，从外部看，各行各业的从业个体具有千丝万缕的联系，这些个体相互合作、齐心协力，共同承担某一种社会责任；从内部看，职业的不同岗位责任明确、目标一致，具有群体认同感，通过群体的努力共同完成职业要求，实现职业目标。

(九) 职业具有规范性

任何职业活动特别是技术性较强的职业必须严格遵从职业规范。职业规范主要指个体在职业活动中应遵守的操作规则、办事章程、职业道德规范及职业活动中养成的种种习惯等。这些职业规范以法律、法规，或以组织章程和有关公约、守则的方式体现出来，或只是某些约定俗成的非正式的规范。无论何种职业活动都要受一定职业规范的约束。

(十) 职业具有连续性

个体的职业生涯最好具有稳定性和螺旋上升性，即明显的连续性。如果职业生涯出现断层，或者一个发展良好的职业道路突然掉转行进方向，对于个体的职业发展都是一种"倒退"。个体通过将自己的智慧和精力奉献给所从事的职业，使自己的人生价值得以体现。个体通过不断调整自己以适应新变化的需要，同时又促进了职业的发展。职业的连续性在高级职位的考核中非常重要，不停地跨行业跳槽不一定是好事。

(十一) 职业具有社会性

职业是个体在社会劳动体系中从事的活动，所以，职业活动的过程也是为社会提供服务的过程。职业的社会性主要体现在以下几个方面：

一是职业要体现社会功能，即职业对社会的作用必须通过它所赋予的责任、权利、义务体现出来。社会功能越大的职业，任职条件越高，职业层次也越高。

二是职业要体现社会报酬的差异，即任职者的工资收入、福利待遇、晋升机会、发展前景等。

三是职业要体现个体的声望，有的职业从业者经济收入高，但社会地位并不高。由于职业声望是人们对职业社会地位的主观反映，因此，不可避免地带有个人的偏见以及受社会环境、舆论氛围等其他因素的影响，使职业声望和社会地位出现了一定的差异。

二、职业的功能

职业的功能是指职业活动与职业角色对人和社会的作用与影响。职业活动在个体的社会生活中处于首要地位，个体所从事的职业对其一生发展具有重大的意义。

从个体角度来说，职业具有以下功能：

（1）职业是个体获得经济收入的来源，是个体维持家庭生活的手段；

（2）职业是促进个体个性发展的手段，只有个体从事的职业能使个人的特长、兴趣得到充分发挥时，才能促进其个性的充分发展；

（3）职业还是个体在社会劳动中从事具体劳动的体现，是个体贡献社会的途径；

（4）职业也是个体获得名誉、权力、地位和金钱的来源。

从社会角度来看，职业具有以下功能：

（1）职业的存在和职业活动构成了人类社会的存在和社会活动；

（2）职业的存在创造了社会财富，从而为社会的存在和发展奠定了物质基础；

（3）职业的分工是构成社会各项制度运行的主体，职业也是维持社会稳定，实现社会控制的手段；

（4）职业的运动如职业结构的变化、职业层次间矛盾的解决，也是推动社会进步的一种动力。

第四节 职业分类

所谓职业分类，是指采用一定的标准和方法，依据一定的分类原则，对社会成员所从事的各种专门化的社会职业所进行的全面系统的划分与归类。职业分类是一个国家形成产业结构概念，研究产业结构、产业组织及产业政策的基础，它对于国家及社会的发展有着十分重要的意义。任何一个国家的职业分类都影响并制约着国家各部门管理行为的成效。

职业分类的发展也是职业自身发展的需要。一个国家职业体系结构的形成，为个体了解社会职业的总体状况提供了基础，同时职业分类的形成也增强了个体的职业意识，促使社会成员不断提高职业素质。社会经济的发展促使那些与现有职业相比更具有竞争力或更能满足社会需要的新的职业类别或领域产生，形成新的职业群。

一、职业分类的原则

（一）同一性原则

同一性原则是职业分类的最基本原则。具体来说，是根据工作范围、工作内容、操作方法、使用工具以及工作环境等方面是否相同或具有一致性对职业进行分类。

（二）标准性原则

职业分类是一项复杂而又重要的工作，对于职业的分类，要有严格的标准。特别是对于政府管理来说，必须确定分类标准并严格执行。这种标准反映为一个国家的"职业分类标准"，即由政府有关部门组织制订和实施的"国家职业分类标准"。

（三）多级性原则

职业是一个庞大而又复杂的社会现象，有着成千上万个类别。对于这样一个庞大的体系，需要划分为几个不同的等级或者层次，每一个等级或层次中都有许多的类别。这样才能够把庞大而复杂的"职业"区分开。一般情况下，各国根据自己的情况，把职业分为3~4个层次。

（四）现实性原则

职业分类是一个现实的范畴，需要反映社会实际，是基于一个社会的经济发展水平、产业结构、技术状态、社会文化状况对社会个体的劳动状况做出划分的。

（五）应用性原则

职业分类虽然具有理论和学术研究的用途，但其主要用途是现实应用。职业分类的用途非常广泛，可以用于国家对于"社会个体"的数据的标准编码管理；可以用于国民经济与社会发展状况的统计，以及人口普查、大中专学校职业指导、政府部门的就业管理等。

二、中国职业分类

职业分类是国家经济发展的一项重要的基础性工作,涉及社会生活的各个领域,特别是对人力资源的管理具有直接的影响,其科学性很强,因此需要不断总结职业分类的工作实践,探索职业分类发展的理论,根据社会经济发展需要、职业发展的趋势,及时、准确地完善现有职业分类体系,为国民经济的发展提供必要的服务。

中国是人力资源大国,及时制定职业分类标准,合理开发、利用和综合管理社会劳动力,提高劳动者的素质,对于民族复兴、国家发展具有重大的现实意义。

(一)中国现代职业分类体系的发展过程

新中国成立以来,国家有关部门为满足国民经济发展、社会人口普查以及劳动人事规划指导等方面的需求,根据国情,开展了大量的职业分类调查研究工作,并制订了有关职业分类的标准与政策,在职业分类领域进行了成功的尝试和有益的探索,先后制定了《职业分类和代码(GB/T 6565-2009)》《中华人民共和国工种分类目录》,并根据社会经济发展的需要,适时做出修订和完善,组织编制了《中华人民共和国职业分类大典》,使得我国的职业分类实践进入了一个新的历史发展时期。

1985年,原国家标准局和国家统计局为适应第三次全国人口普查的需要,组织专业人员编制了《职业分类和代码(GB/T 6565-2009)》,对经济与社会发展的形势等作出及时、客观、全面的信息统计,从而有效规范和准确反映我国社会经济发展的进程。

《职业分类和代码(GB/T 6565-2009)》作为我国职业分类领域的首个规范性文件,以从业人口本人所从事的工作性质同一性为主要依据进行职业分类,将全国的职业分为大类、中类和小类三个层次;其中包括8个大类、63个中类及303个小类。8个大类中,第一、第二大类主要是脑力劳动者;第三大类包括部分脑力劳动者和部分体力劳动者;第四、第五、第六、第七大类主要是体力劳动者;不便分类的其他劳动者均列入第八大类。《职业分类和代码》分类特点是结构简单,并且落实到每个从业者。

1988年,原国家劳动部会同国务院各行业部委,组织各方面的专家、学者和技术人员,在广泛调研和充分论证的基础上,经过4年时间,编制完成了《中华人民共和国工种分类目录》。工种是根据管理工作的需要,按照生产劳动的性质和工艺技术的特点划分的工作种类。工种的划分以大多数企业专业分工和劳动组织的基本现状为依据,从当时行业、企业生产技术和劳动管理水平的客观实际出发,结合行业、企业生产技术发展和劳动组织改革等方面的因素，考虑工作岗位的稳定程度和工作量的饱满程度等进行。《中华人民共和国工种分类目录》将我国的工种划分为 46 类共计 4 700 个。每一个工种都包括编码、工种名称、工种定义、适用范围、等级线、学徒期及熟练期等内容。

20 世纪 90 年代中期，国家提出要制定职业资格标准和录用标准，实行学历文凭和职业资格两种证书制度，并在《中华人民共和国劳动法》中明确规定：国家确定职业分类，对规定的职业制定职业技能标准，实行职业资格证书制度。按照该法律的规定，国家有关部门加强了职业分类理论研究与实践，并于 1999 年编制完成了《中华人民共和国职业分类大典》，从而形成了我国的职业分类体系。

(二) 中国现代职业的分类标准

根据《中华人民共和国职业分类大典》，中国国内现有职业分类标准如下。

1. 按种类进行职业分类

国内现有的职业结构划分为 8 个大类、66 个中类、413 个小类和 1 838 个细类（职业）。8 个大类分别说明如下。

第一大类：国家机关、党群组织、企业、事业单位负责人，其中包括 5 个中类，16 个小类，25 个细类。

第二大类：专业技术人员，其中包括 14 个中类，115 个小类，379 个细类。

第三大类：办事人员和有关人员，其中包括 4 个中类，12 个小类，45 个细类。

第四大类：商业、服务业人员工，其中包括 8 个中类，43 个小类，147 个细类。

第五大类：农、林、牧、渔、水利业生产人员，其中包括 6 个中类，30 个小类，121 个细类。

第六大类：生产、运输设备操作人员及有关人员，其中包括 27 个中类，195 个小类，1 119 个细类。

第七大类：军人，其中包括 1 个中类，1 个小类，1 个细类。

第八大类：不便分类的其他从业人员，其中包括 1 个中类，1 个小类，1 个细类。

2. 按产业进行职业分类

产业是国民经济活动最基本的类型。根据国家统计局 1985 年划分标准，我国产业分为三大产业，即第一产业、第二产业、第三产业。

第一产业包括农业、林业、牧业、渔业、水利业。广义上讲，农业包括采集、种植、狩猎、捕鱼、畜牧在内。农业部门的职业包括农林牧渔劳动者、管理人员、专业技术人员、技术工人等。

第二产业包括工业和建筑业。按照产品的经济用途,可以将整个工业分为两大类:生产生产资料的工业和生产消费资料的工业。前者称为"重工业",包括机械、冶金、电力、煤炭、石油、燃料、化工等工业;后者称为"轻工业",包括纺织、造纸、食品、皮革等工业。根据工业的供求关系以及按照劳动对象的性质不同,重工业又可以分为采掘工业和加工工业。轻工业也可以划分为以农产品为原料的轻工业,和以非农产品为原料的轻工业,如日用化工品、化学纤维、陶瓷等工业在国民经济中起着主导作用。随着生产的发展和科学技术的进步,一方面使工业部门越分越细,新的工业部门不断出现,例如,电子工业从机械工业中分离出来,高分子合成工业从石油、化学工业中分离出来;另一方面,使工业部门之间的生产联系和交换关系更加复杂。工业生产部门之间必须保持一定的比例关系,才能使整个工业协调、高速地发展。

第三产业是指广义的服务业,包括四大部分:流通部门(如商业、饮食业、交通运输业、邮政电信通讯业、物资供销和仓储业等)、服务部门(如金融、保险、房地产业、公用事业、居民服务业、旅游业和咨询服务业等)、科教文卫体育部门(如教育、文化、广播电视事业、科学研究事业、卫生、体育和社会福利事业等)、机关团体(如国家机关、党群组织和社会团体等)。

第一产业和第二产业都是物质生产部门,第三产业是流通和服务部门,它的发展是建立在第一、第二产业劳动生产率提高基础之上的,受第一、第二产业发展水平的制约。社会的生存、发展依赖于这三大产业保持合理的结构,第一产业是基础产业,关系到人类生存的基本需要,关系到国家的稳定;第二产业的发展水平是国家工业化与现代化程度的重要标志;第三产业虽然不直接从事物质生产,但它可以促进整个社会经济的发展和人民生活水平的提高。

3. 按照行业进行职业分类

经国家发展计划委员会、国家经济委员会、国家统计局、国家标准局批准,1985年开始实施《国民经济行业分类和代码》,并于1994年进行了修订,于2002年颁布了新的《国民经济行业分类》国家标准。

这项新标准主要按企业、事业单位、机关团体和个体从业人员所从事的生产或其他社会经济活动的性质的同一性分类,即按其所属行业分类,将国民经济行业划分为门类、大类、中类、小类四级,共有20个行业门类,95个大类,396个中类,

913个小类。下面只列出20个行业门类。

农林牧渔业	采矿业
制造业	电力、燃气及水的生产和供应业
建筑业	交通运输、仓储和邮政业
信息传输、计算机服务和软件业	批发和零售业
住宿和餐饮业	金融业
房地产业	租赁和商务服务业
科学研究、技术服务和地质勘察业	水利环境和公共设施管理业
环境管理业	居民服务和其他服务业
教育	卫生、社会保障和社会福利业
文化、体育和娱乐业	公共管理和社会组织

4. 按经费来源分类

按经费来源进行职业分类是具有中国特色的职业分类方式，是符合国内当前经济发展需要的，可分为行政事业单位和企业单位。

5. 按主要付出劳动的性质进行职业分类

职业可分为以体力劳动为主的职业和以脑力劳动为主的职业。

(三) 中国职业分类的特点

第一，技术型与技能型职业占主导。国内74.8%的职业属于"生产、运输人员及有关人员"大类，这一大类的职业一般属于工业生产的各个主要领域，从这类职业的主要工作内容来看，职业内容以技术型和技能型操作为主。

第二，第三产业的职业种数比重较小。按照产业进行职业分类，国内第二产业的职业种数、从业人员数量比重最大，广义的第三产业的职业种数仅占全部职业种类总量的10%左右。

第三，知识型与高新技术型职业种数过少。现有国内职业种类构成中，属于知识型与高新技术型的职业数量不足，只占实际职业总量的3%，即使考虑到受保密因素等影响，这一比例仍然很低。

随着中国社会主义市场经济体制的不断完善和科学技术的快速发展，产业结构的变化正由第一产业占优势的比重逐渐向第二、第三产业占优势的比重演变，劳动密集型产业的比重向技术、知识密集型产业的比重转化，制造初级产品产业占优势的比重向制造中间产品、最终产品的产业占优势的比重发展。由此社会职业种类也发生了新的变化，一批新职业产生的同时，一些传统职业的内涵也发生了深刻变化，部分职业出现了整合调整甚至消亡。在这种新的职业发展形势下，中国原有的职业分类标准已经不能准确客观反映当前职业领域的变化，不能很好地适应人力资源开发和社会经济管理的需要，迫切需要予以修订。

2010年，相关部门已召开专门会议，研究修订职业分类标准，并决定将在保持原《中华人民共和国职业分类大典》基本分类标准不变的基础上，对中类、小类、细类的结构及内容进行适度调整，力求准确、科学、客观地反映现阶段我国社会职业的发展变化，基本解决《中华人民共和国职业分类大典》中存在的主要问题。

第五节 职业的发展趋势

一、影响职业发展趋势的因素

职业的发展受到社会发展、世界经济全球化、信息化、科技产业化、文化创意产业化和职业自由化趋势等多方面因素的影响，并呈现同步发展的趋势。

（一）社会发展

职业是社会发展的结果。随着社会的发展，职业的数量、类型、结构、要求都发生着深刻变化。在不同的历史时期，由于社会条件、人们的价值观念发生变化，职业的结构、要求也随之变化，例如国内曾出现过的"从军热""下海经商热""公务员热"，等等，都充分说明了这点。

（二）世界经济全球化

20世纪90年代起世界经济发展的两个主要趋势，即经济全球化和经济区域化。经济全球化就是生产要素在全球范围内以空前的速度和规模流动，实现优化配置，并为此逐步削减各种障碍和壁垒。世界经济全球化正促使世界的经济力量超越国界，带来更多的贸易、更多的机会、更大的繁荣。经济领域是集中职业种类和数量最多的社会生活领域，而世界经济全球化改变了经济发展模式，促进了社会分工进一步细分，为人们提供了更多新的职业种类。

（三）信息化

信息化是指由计算机和互联网生产工具的革命所引起的工业经济转向信息经济

的一种社会经济过程。信息化给社会经济发展尤其是职业发展带来了诸多机遇。在全球知识经济和信息化高速发展的今天,信息化是决定"职场"成败的关键因素,也是影响职业生涯规划成败的关键因素,还是实现跨地区、跨行业、跨所有制,特别是跨国经营的重要前提。

(四)科技产业化

科技产业化给职业发展带来巨大冲击。科技产业化促使新技术、新产品和新工艺不断出现,从而导致职业种类的新旧更替。例如,随着通信事业的发展,新的通信手段出现并不断推陈出新,从而促使通信设备的开发和维修等职业从无到有。再如,科技产业化的发展对传统印刷业带来了巨大冲击,计算机汉字照排技术的运用,使印刷业告别了铅与火的时代,汉字录入、照排等职业得到快速发展。

科技产业化不仅导致职业种类数量上的变化,还会使职业的社会地位发生深刻变化。总之,随着科技产业化的发展,以脑力劳动为主的职业所占比重越来越大,以体力劳动为主的职业所占比重将越来越小。

(五)职业自由化

自由职业者是指在不在固定工作场所办公、不从事固定工作模式的职业从业人员。他是指独立工作、不隶属于任何组织的职业个体,不向任何雇主做长期承诺而从事某种职业的个体。具体来讲,自由职业者自己制订工作计划,灵活安排工作时间,与客户之间不是雇佣关系而是合作和服务关系,他们在自己的指导下找工作做,经常但不是一律在家里工作。随着时代的发展和人类生活方式的改变,固定职业的模式再也不能保证最为有效地完成各种任务。事实上许多成功的组织在实现其目标的过程中,对固定职业的依赖性已经大大减少。传统的固定职业中有相当一部分正在被临时性工作、项目分包、专家咨询、交叉领域的合作团队或者自我管理的自由职业者所代替。

二、中国职业的发展趋势

随着社会、政治、经济、文化、科技等方面对外交流的不断深入和广泛,中国的社会发展逐步与世界接轨,某些领域的发展水平已经处于世界前列。因此中国职业的发展趋势与世界未来职业的发展趋势有一定的相似之处。但是由于国情和所处社会发展阶段的特殊性,中国职业的发展趋势有着与世界其他国家不尽相同的地方。整体来讲,职业数量、种类越来越多,职业结构变化加快,脑力劳动者的比例逐渐增多，职业要求也不断更新，许多热门职业不断涌现。

据有关专家估计，21世纪中国的热门职业将朝着以下方向发展：

软件开发、硬件维护、网络集成等高层次计算机科技类职业；

通信工程、无线电技术等电子工程类职业；

农科类职业；

金融、房地产、信息咨询等第三产业；

政法类职业；

师范、医科类职业；

环境类职业；

院外医疗业；

美容职业；

国际商务策划师。

第六节 职业与专业的关系

一、什么是专业

专业的内涵有两个方面，即学科专业与业务专业。所谓学科专业就是指在学校教育活动中，大学与中职学校根据社会职业中专业分工的需要，所设立的学业类别；而在科学研究和知识管理活动中，它又是根据所要研究或处理的对象性质和涉及领域的差异所做的门类划分，如数学、物理和化学等。而业务专业是用于区别各种业务工作的业绩的重要标志，如医院的医务人员，外科、内科及骨科等。

二、专业与职业的关系

通常高职生在择业时主要考虑自己的专业，再考虑以自己的兴趣爱好、特长选择就业单位。反过来，用人单位在招聘新员工时一般首先考虑的是应聘者的就业素质和所学专业、特长及相关经历。专业对人的影响比大学对人的影响还要大，专业在极大程度上影响着择业的决策过程，在一定程度上也影响着一个人的职业生涯。

高校专业设置是人才培养规格的重要标志，高校专业的设置既要培养高职生具有较宽广的适应性，又要符合合格专业人才培养的需要。

　　有些专业从无到有，蓬勃发展；有些专业则日渐衰落。在市场经济时代，专业的兴衰必然与市场需求息息相关。国家可以通过宏观调控，加增一些专业的招生数量，限制某些专业的招生规模，但最终的检验还是市场需求，是由毕业生的择业及职业发展前景所决定的。

第三章 职业生涯规划

学习目标

1. 了解职业、职业生涯和职业生涯规划的概念；
2. 了解影响职业规划的因素；
3. 掌握职业生涯规划的内容、步骤。

案例导入

> 小王，男，22岁，某综合性职业学院管理专业应届毕业生。在同学看来，小王学习认真刻苦，有上进心，性格坚韧，学习能力强。小王的职业目标是做中级管理者。目前他面临的问题是想准备专升本考试，但对升本以后能不能成为中级管理者感到困惑。

这个例子反映的是高职生职业生涯规划的问题，其实每个高职生在校期间都不可避免地要面对这个问题，为了帮助高职生做出适合自己的规划，我们来进行相关的理论了解。

第一节　职业与职业规划

在西方发达国家，职业规划教育贯穿小学、中学和大学。我国的职业生涯规划教育起步较晚，整体来说还比较落后，这种状况造成了同学们在择业时的盲目性。当代的高职生必须充分利用大学的青春时光，认识自己、了解社会与职业，做好职业生涯规划。要做好职业生涯规划，必须清晰地认识职业生涯规划的相关概念，了解职业选择和职业决策的相关理论，认清职业、专业对高职生职业生涯与发展规划的影响和相互关系，了解影响职业规划的因素，掌握职业生涯规划的要素、内容和步骤，为制订既科学合理又符合自身特色的职业生涯规划提供保障。

一、相关概念

（一）职业

职业是指人们在社会生活中所从事的以获得物质报酬作为自己主要生活来源并能满足自己精神需求的，在社会分工中具有专门技能的工作，是对特征相同或相似的一类工作的统称。职业不同于工作，它更多的是指一种事业。它意味着个人毕生应当为之不懈奋斗的目标。因此，职业本身已经包含了职业精神和职业道德的内容，它是一种具有追求性的事业。因此，职业问题不是简单的工作问题，就职业一词的本义而论，至少包含了两个方面的含义：

首先，职业体现了专业的分工。没有高度的分工，也就不会有现代意义上的职业观念，职业化意味着专门从事某项事务。

其次，职业体现了一种精神追求。职业发展的过程也是个人价值不断实现的过程，职业要求个人对它的忠诚。

（二）生涯

生涯，"生"，即"活着"；"涯"，即"边界"。广义上理解，"生"，自然是与一个人的生命相联系；"涯"，则有边际的含义，即指人生经历、生活道路和职业、专业、事业。

美国国家生涯发展协会将生涯定义为：个人通过从事工作所创造出的一个有目的的、延续一定时间的生活模式。由这个定义可以看到生涯不是个人随意的、短暂的行为，也不仅是一份工作，它是人们通过规划、思考、权衡而创造出来的，具有独特的个性，是人们的一种生活模式。

每个人每一个阶段的求学、工作、休闲生活及健康都与未来的人生规划密不可分。人的生命是有限的，如何在有限的生命中找寻人生的快乐泉源，达到自我了解与自我实现，让自己的人生发挥得淋漓尽致，这其实就是一连串的抉择。每个人都应该针对自己的人格特质、兴趣以及能力，规划出适合自己、属于自己的生涯。

（三）职业生涯

职业生涯是指一个人一生连续从事和承担的职业、职务、职位的过程。职业生涯不仅仅是职业活动，还包括与职业有关的行为和态度等内容。一个人一生中连续从事的职业，不仅包括过去、现在和未来那些可以实际观察到的职业发展过程，而且包括个人对职业生涯发展的见解和期望。职业生涯是人一生中最重要的历程，是追求自我实现的重要人生阶段，对人生价值起着决定性作用。同时，职业生涯又是一个动态的过程，一个人一生在职业岗位上所度过的、与工作活动相关的连续经历，并不包含在职业上成功与失败或进步快与慢的含义。不论职位高低，不论成功与否，每个工作着的人都有自己的职业生涯。

一个人的职业生涯是一个漫长的过程。也许一生只从事一种职业，也许一生中从事多种职业，但每个人都希望找到一个相对稳定、适合自己的职业。如何选择和规划自己的职业生涯，往往受学识、爱好、机遇和工作环境等主客观条件的制约，只有根据现行的工作需要改变原来的职业目标和兴趣，调整心态，培养对所从事职业的敬业精神，在实践中产生对事业的热爱，才能集中精力全身心投入工作，实现个人价值，做出成就。

二、职业生涯规划

职业生涯规划是指按人生发展各阶段的不同，而自行设计的、适合自己各阶段发展的、带有个性化色彩的个人职业生涯的一种中长期发展计划。职业生涯规划不仅能帮助个人实现目标，更重要的是有助于真正了解自己，从而规划出合理、可行的职业生涯发展方向。尤其是在市场竞争激烈和人才济济的时代，只有了解个人的竞争优势，才能把握稍纵即逝的机会，发挥个人的潜能，实现预期的目标。

一个标准的职业生涯规划，一般应包括以下六方面的内容：

(1) 自我职业性格分析；

(2) 确定职业目标；

(3) 确定成功标准；

(4) 制订职业发展道路计划；

(5) 明确需要进行的培训和准备；

(6) 列出大概的时间安排。

三、职业生涯规划目标

（一）职业生涯规划目标分类

职业生涯目标按照时间长短可以划分为短期目标、中期目标和长期目标。

短期目标：通常指时间在1~2年内的目标，是中期目标和长期目标的具体化、现实化和可操作化，是最清楚的目标。

中期目标：一般指时间在3~5年内的目标，它相对长期目标要具体一些，有较为清晰的职业要求，如参加一些旨在提高水平的培训并获得等级证书等。

长期目标：时间为5年以上的目标，它通常比较模糊、不具体，可能随着自身境遇的变化而变化，在设计规划时以画轮廓为主。

（二）职业生涯规划各阶段目标的联系

目标组合是处理不同职业生涯规划目标相互关系的有效方法。如果只看到目标之间的排斥性，就只能在不同目标之间做出排他性选择；如果能看到目标之间的因果关系与互补性，就会积极进行不同目标的组合。目标组合主要着眼于各目标之间的因果、互补关系。

职业生涯规划目标在时间上的组合可分为并进和连续两种情况。

时间上的目标组合并进是指同时着手实现两个现行工作目标（如有的企业行政总监实际在同时完成人力资源经理和行政经理两项工作）；或指建立和实现与目前工作内容不相关的预备职业生涯目标，如一个秘书为了今后的发展在做好本职工作的同时业余学习新闻专业的硕士课程。做好本职工作的同时学习另一个专业的知识，本专业和相关技术专业共同发展。

目标组合连续是指目标之间的前后连接，即实现一个再进行下一个。一般而言，较短期目标是实现较长期目标的支持条件。目标的期限性是相对的，即随着时间的推移，长期目标成为中期目标，中期目标成为短期目标，短期目标成为近期目标。

只有完成好每一个近期目标才能实现最终目标。

第二节 职业规划的方法

所有职业规划、设计都要依靠个体具体的实践来完成。这就要求学生在设计这一步骤时充分考虑实施过程中将遇到的问题，更应强调实施方案的细化与具体。例如，为达到一个目标，何种措施的效率最高；如何充分利用日常的学习提高自己的职业技能；怎样开发自己的潜能等。实施方案越具体越好，可为实施职业规划奠定更好的基础，所以是否有一个非常详细的实施方案是一份职业生涯设计成功与否的关键。这就同样要求学生在评价的时候要全面而具体地进行评估。除了对自己的兴趣、特长、学识和各种社会能力的评估外，还应该借助科学的心理测评工具来了解自己的性格、智商以及情商等。这一过程可帮助个体对自己进行客观评估，让个体看清自己的现状和未来。

职业规划的步骤

高职生职业生涯规划一般经过树立生涯志向，进行自我剖析与定位，评估职业生涯机会，确定职业生涯目标，选择职业生涯路线，制订并实施职业生涯策略以及对职业生涯设计进行评估、反馈与修正等步骤。

（一）生涯志向的树立

志向是事业成功的基本前提，没有志向，事业的成功也就无从谈起。俗话说，"志不立，天下无可成之事"。综观古今中外，各行各业的佼佼者都有一个共同的特点，就是有远大志向。立志是职业人生的起跑点，反映着高职生的理想、胸怀、情趣和价值观，影响着一个人的奋斗目标及成就。所以，高职生在制订生涯规划时，首先要确立志向，这是制订职业生涯规划的关键，也是职业生涯中最重要的一点。

（二）自我剖析与定位

自我剖析就是通过科学认知的方法和手段，对自己的职业兴趣、气质、性格和能力等进行全面认识，认清自己的优势与不足。自我剖析要客观、冷静，不能以点代面，既要看到自己的优点，又要面对自己的缺点。

（三）机会评估

职业生涯机会评估主要是指分析内外环境因素对自己职业生涯发展的影响。人是社会的人，任何一个人都不可能离群索居，都必须生活在一定的环境之中。特别是要生活在一个特定的组织环境之中。环境为每个高职生提供了活动的空间、发展的条件和成功的机遇。特别是近年来，社会的快速变迁、科技的高速发展以及市场的竞争加剧，对高职生的发展产生了很大的影响。高职生如果能很好地利用外部环境，就会有助于事业的成功。因为在进行职业生涯规划时，要分析环境的特点、环境对高职生提出的要求以及环境对自己有利与不利的因素等。

（四）目标的确定

职业生涯目标的确定就是明确自己想成为一个什么样的人，确定在行政上要达到某一级别，担任某一职务；在专业技术上达到某一职称，成为某一领域专家。明确正确的职业生涯目标是高职生职业生涯发展的关键。有了目标才会有追求事业的方向与动力。

（五）路线的选择

所谓职业生涯路线是指当高职生确定职业生涯目标后选择的发展路线，是向行政管理路线发展，还是向专业技术路线发展；或是先走技术路线，再转向行政管理路线。由于发展路线不同，对职业发展的要求也不相同。所以，在职业生涯规划中必须做出选择，以便使自己的学习、工作沿着预定的方向前进。通常职业生涯路线的选择须考虑三个问题：

① 我想往哪一条路线发展？这是通过对自己的职业价值、职业理想和职业动机等的分析，确定自己的职业目标取向。

② 我适合往哪一条路线发展？这是通过对自己的性格、特长、经历和学历的分析，确定自己的职业能力取向。

③ 我可以往哪一条路线发展？这是通过对自己身处的社会环境、经济环境、政治环境和组织环境的分析，确定自己的机会取向。对于这三个问题进行综合分析，以此确定自己的最佳职业生涯路线。

（六）策略的制订和实施

职业生涯策略的制订和实施是指为实现职业生涯目标，制订相应方案并以实际行动予以落实。在确定了职业生涯目标后，就要制订相应的行动计划来实现它们，把目标转化成具体的方案和措施，分阶段进行。

（七）规划的评估、反馈与修正

生涯评估是指在实现职业目标的过程中有意识地收集相关信息和评价，不断地总结经验和教训，自觉地修正对自我的认知，适时地调整职业目标。俗话说，"计划赶不上变化"。影响职业生涯规划的因素很多，有的变化因素是可以预测的，而有的变化因素难以预测。要使职业生涯规划行之有效，就必须不断地对职业生涯规划进行评估，修正职业生涯目标，调整职业生涯策略，这样才能在激烈的择业竞争中，赢得成功，走向辉煌。

总之，高职生职业生涯规划不仅是一个复杂的程序，还需要科学的方法，并持之以恒，只有这样，才不会白白浪费时间，毫无目标。

第三节 职业规划的实施与调整

有一个好的职业规划可以帮助个人明确人生的奋斗目标，有了目标才会激励自己努力奋斗，去创造条件实现目标，这样才不会随波逐流，浪费青春。同时制订职业规划的目的不仅仅是协助个人达到自己的目标，更重要的是帮助个人真正地了解自己，并在详细评估了内外环境的基础上设计出合理可行的职业生涯发展规划书。

一、制订职业生涯规划的原则

职业生涯规划应该是从一个人终身的职业发展的角度来看待的，它不对高考、求职和出国等人生重要事件负责，而着眼于从长远的角度来指导人生的发展过程。这样一来，生命中就很难有无法解决的困难了。我们也可以换个视角审视职业发展并且能够从容不迫地经营未来。而且对一些无法克服的客观环境和不幸事件，也能够适应、调整并避免，扬长避短，使处于不利条件下的弱势群体也同样可以享受成功。

由于每个人面临的情况千差万别，起始点各异。因此，在这里并不打算提出具体的规划工具和方法，只说明具体的原则让大家自己结合实际情况制订规划。这样做的好处在于：一是只有个人自己最了解自己的情况，这样才可以制订出最适合自己的规划；二是规划往往会遇到意想不到的变化，面临这样的情况，大家可根据原则随时调整具体的应变措施；三是没有一定的平台起点和对资源的依赖，使处于极端不利情况下的人也可以立足实际，逐步改善不利局面。

下面，将主要介绍具体化原则、可量化原则、可达到原则、相关性原则和时间性原则。

1. 具体化原则

首先，目标必须是具体的，不可以是抽象模糊的。职业规划必须明确、清晰、具体，这样才具有可行性。当谈论具体目标的时候，不要只是单一地说"我要找份好工作""我要成功地晋升"之类的话，这只是愿景，不是具体的规划，所以没有办法去具体执行。而"我的目标是成为××公司的超级销售员""我要在今年把工资提升到5 000元"——这才能称之为目标。当我们开始职业规划时，应该更加注重细节的具体化，细节问题处理好了，这样才不会只有大方向，却没有脚踏实地的前进步伐。所以在进行职业生涯设计时，要确立具体的职业方向、阶段目标和总体目标。由于多数学生是在对自己并不十分了解的情况下制订职业目标，所以职业目标通常是一个总体目标，不够具体。这样的职业目标可能使实施方案的设计出现模糊不清的状态，所以应该将目标设置得细致一些，从而可以在方案实施的时候有的放矢。比如我们从事的是系统维护商的工作，我们告诉用户会保证优质服务。什么是优质服务？很模糊。要具体点，如保证针对紧急情况，正常工作时间内4小时响应。那么什么算紧急情况？又要具体定义，如四分之一的内线分机瘫痪等。如果不规定清楚这些，到时候就会引起不必要的麻烦。

其次，职业生涯设计的自我评估和环境评估的具体化。个体分析、职业环境分析以及职业分析是学生进行自我评估和环境评估的过程。这一过程可帮助个体对自己进行客观评估，让他们看清自己的现状和未来。这就同样要求学生在评价的时候要全面、具体地进行评估。除了对自己的兴趣、特长、学识和各种社会能力进行评估外，还应该借助科学的心理测评工具来了解自己的性格、智商以及情商等。同时，在分析职业环境的时候对于自己和环境的关系、自己所处的地位，应分析出有利和不利两个方面的条件。

最后，职业生涯设计的实施方案的具体化。所有的规划、设计都要依靠个体具体的实践来完成。这就要求学生在设计这一步骤时充分考虑实施过程中将遇到的问题，更应强调实施方案的细化与具体。例如，为达到一个目标，何种措施的效率最高；如何充分利用日常的学习提高自己的职业技能；怎样开发自己的潜能等。实施方案越具体，就越能为实施奠定更好的基础。所以，是否有一个非常详细的实施方案，是一份职业生涯设计成功与否的关键。

下面这份职业目标是某公司营销部经理制订的：

职务目标：金牌营销总监

  2002—2004 年 公司营销总监

  2004—2007 年 行业争相追捧的职业经理人

  2007—2008 年 金牌营销总监

能力目标：能顺畅清晰地进行即兴演讲；

  能冷静利落地解决突发事件；

  能游刃有余地处理协调各方面的关系。

成果目标：能获得中国营销界的"金鼎奖"；能在国内权威营销类刊物上发表自己的心得和见解。

经济目标：前三年年薪以 30% 的年增长率递增，到 2008 年达到年薪 30 万元。

点评：这份职业目标设定清晰，时间坐标也非常明确，内外职业目标如经济目标、职务目标等都很具体明确。

2. 可量化原则

可量化指的是可衡量、可测量，有一定的评定标准，尤其针对结果而言。具体可能还含有感性的成分，而量化要求理性的数据和数字，拒绝"大概""差不多""快了"之类的模糊修辞语。面对职业规划，我们不需要任何自我欺骗和借口，因为数据、数字以及事实会说明一切。

比如说，你做的是销售工作，整天忙得不得了，到了月底一合计却没有多少销售额，这就行不通。你说你很努力，但是数据告诉我们，你并没有比其他人更努力。用数据说话，做到了就是做到了，没做到就是没做到，这是做销售员都要知道的一个道理。再比如，现在很多保险公司都有免费咨询服务，公司要求优质服务，但是什么叫优质服务，必须有个量化的评定标准：接听电话，什么叫接好电话？如对接听速度是有要求的，通常理解为"三声起接"。就是一个电话打进来，响到第三下时，你就要接起来。不可以让它再响下去，以免打电话的人等得太久；收到顾客邮件反馈，多长时间回复才算优质服务，当天回复还是两个工作日内？这都需要有一个量化的标准。这样一来可以提高工作效率；二来可以给顾客一个明确的答复，不必耗费不确定的时间等待。

3. 可达到原则

可达到原则很容易理解，就是目标必须是可以达到、可以实现的。职业规划设定的目标要高，有挑战性，但是，一定要设定可达成的，强调"我们职业规划中所设定的目标一定是能够通过我们最大的努力行动实现的"。我们鼓励大家设定一个较高的职业目标，但不是鼓励设定一个虚无的、无法实现的目标。有的朋友也许会说"只要我想得到，就一定做得到"，其实这句话的前提就是"你的目标是可达成的"。每个人都说有目标和计划，但并非每个人都可以实现自己的目标，完成自己的计划，甚至有人根本不知道自己是否完成了计划。这就是目标和计划的可达到性。职业生涯设计是为个体设定达成理想目标的规划的步骤，因此，这些内容本身应该是具体明确的，而不能是空洞的口号。

职业生涯的可达到性，主要包括目标的现实性、计划的可行性和效果的可检查性三个方面。所谓目标的现实性是指个体目标的设定应该建立在个体现实条件的基础上，是对个体现实资源的真实评估和科学预期，是可以达到的目标，而不能是追新逐异或好高骛远的空想。所谓计划的可行性就是指为个体制订的计划是非常具体的，是依据他们现有能力可以完成的行动计划。所谓效果的可检查性就是说目标的现实和计划的执行情况以客观事物为标准，是可以度量和检查的。

4. 相关性原则

相关性是说目标必须和其他目标具有相关联性，设定的职业规划要和岗位的工作职责相关联，不要跑题。简单点说，如做一个前台，学点英语以便接电话时用得上，就很好。而去学习管理学，就有点跑题了。再比如，你做的是国际贸易，学习一些海关方面的知识是有必要的，和本职工作有关联的，但是你跑去学行政管理，这就又有点跑题了。

拟定职业生涯规划前，不仅要对个体的内在素质，比如，知识结构、能力倾向、性格特征和职业喜好等进行全面的测评，而且要对个体外部的职业环境和职业发展的资源等进行系统的评估。既考虑个体的职业发展动机，又考查其成功的可能性，从而为个体设定相应的职业发展目标和具体的发展规划。而制订职业生涯规划时必须考虑整个职业生涯发展的历程，同时要将职业生涯规划实施当成一个系统的工程，并纳入到组织的发展战略之中。从横向上，企业的各级组织、管理及决策者、员工本人都应积极参与职业生涯规划；从纵向上，职业生涯规划应贯穿企业的整个工作过程，贯穿员工的整个人生。

5. 时间性原则

时间性原则指的是目标必须具有明确的截止期限。设定的职业规划目标，要规定在某个时间段内达成。时限在我们生活中无处不在地被运用着。自己说要在周五前签下这个单子，这就是规定了一个时限。规定一个有效的时限，可以给我们带来一定的压力，同时能够提高工作的效率，提升我们的执行力和行动力！从另一种角度说，时限性也是自己给自己设定的一个限制，是一种自信的表现。项羽当时规划巨鹿之战，破釜沉舟，让军队只携带三日口粮。"三日"便是一个明确的时限，于是行军神速，最终成就了以少胜多的著名一战！

由于人生具有发展阶段和职业生涯周期发展的任务，职业生涯规划与管理的内容就必须分解为若干个阶段，并划分到不同的时间段内完成。每一时间阶段又有"起点"和"终点"，即"开始执行"和"完成目标"两个时间坐标。如果没有明确的时间规定，会使职业生涯规划陷于空谈和失败。在进行职业生涯规划设计时，要充分考虑组织和个体所处的不同发展阶段，并有目的、有步骤、有计划地调整和安排各个不同阶段的职业生涯规划。职业生涯规划设计的阶段性时限主要划分为短期、中期和长期三个阶段。短期计划一般为3年，这一阶段的职业生涯规划主要是确定近期目标和明确这一期间需要完成的任务。中期计划一般为5年，这一阶段的职业生涯规划的重点是要规划出3～5年内的职业生涯的目标与任务以及具体实施途径。长期计划一般为5年以上，这一阶段的职业生涯规划重点主要是设定较长远的目标。

二、职业生涯规划书

"凡事预则立，不预则废。"职业生涯规划书主要包括职场环境分析、个人职业定位和个人职业发展计划等。比较重要的是个人职业定位，包括个人兴趣分析和个人优劣势分析。早点做好职业生涯规划，避免走人生弯路。

职业生涯规划书是对职业生涯规划的书面化呈现，不仅能呈现个人的宏观职业生涯规划，还能对具体的学习和工作起到指导及鞭策作用。

1. 职业生涯规划书的基本内容

（1）扉页。包括题目、目录、姓名及基本情况介绍、年限、起止日期等。

（2）职业方向及总体目标。目标是行动的导航灯，是未来的现实。确立目标是制订职业生涯规划的关键，是首要的内容。有效的生涯设计需要切实可行的目标，以便排除不必要的犹豫和干扰，全身心致力于目标的实现。有了目标，便有了人生奋斗的方向。

(3) 自我分析。俗话说"良好的开端是成功的一半"。进入什么样的职业领域，该领域是否符合自己的个人特点，是决定职业生涯发展水平或职业生涯是否成功的重要因素。有效的职业生涯规划需要对自己及环境有充分且足够的了解，需要有切合实际的目标，即符合个人的价值观、兴趣、能力及期望的生活形态。

(4) 社会环境和企业行业环境分析结果。"适者生存，劣者淘汰"，在世界迅速变化，科技高速发展，整个社会的生活方式和企业的运作模式都不断变化的情况下，只有通过对职业和职业环境进行分析，认清所选择的职业在社会环境、行业环境和企业环境中的发展过程和目前的地位以及社会和行业发展趋势对此职业的影响，才能保证职业生涯规划的科学性和正确性，才有助于个人更好地坚定职业方向和建立明确的职业目标。

企业的行业环境将直接影响到企业的发展状况，进而也就影响到个人职业生涯的发展。行业分析包括对目前所在行业和将来想从事的目标行业的环境分析。

2. 行业环境分析的主要内容

(1) 行业发展现状。进行行业发展现状分析，首先要了解自己现在从事的是什么行业，这个行业在我们国家是怎样的发展趋势？是不是一个逐渐萎缩的行业？比如资源消耗大、造成环境污染的小型采矿业，小型造纸厂；还是一个朝阳行业？如旅游业、保险业或是管理咨询行业。

(2) 国际国内重大事件对该行业的影响。行业的发展易受到国内国际重大事件的影响，进而影响到该行业能否提供较多的职业机会，比如北京申办2008年奥运会的成功给北京的建筑业、旅游业和服务业等都提供了较大的发展空间和较多的就业机会。

(3) 行业发展前景预测。发展前景预测可以从两方面进行分析：一方面是行业自身的生命力，是否有技术、资金支持等；另一方面也要考虑和研究国家对相关行业的政策。政府会根据经济与社会发展状况对一些行业发布法规、政策，如对一些行业实施鼓励、扶持；对一些行业则限制发展，缩小规模。

总之，通过分析和了解影响职业生涯的行业因素，有利于个人选择有发展前途的行业和职业，有助于个人职业目标的更好实现。

下面是非师范专业毕业生小王对将要从事的教师行业所做的一份具体的行业环境分析。

① 教师资格认证：随着教师管理的严格化和规范化，从事教师工作需要持证上

岗，而非师范专业毕业生进行教师资格认证需要通过教育学和教育心理学考试、普通话测试以及教育教学能力测试环节。如果将来要从事教师职业就必须将这些环节通过，现在就要准备。

② 非当地生源落户政策：非当地生源毕业生落户政策可能受限的背景下，在当地从事教师职业只能在民办或私立学校任教。

③ 国家有"教师特岗计划"政策：每年各地有部分中小学有需求，但要求专项突出。另外，回家乡任教也是一个选择。

④ 角色及其建议：记录对自己职业生涯影响最大的一些人的建议。

⑤ 目标定位以及目标的分解和组合：发展策略、发展路径。

1. 如何制订个人的职业目标

职业目标是个人职业规划的首要内容，是人生的指针。有了目标，便有了人生奋斗的方向。职业生涯目标的制订包括人生目标、长期目标、中期目标和短期目标的制订。

2. 长期目标和人生目标的制订

在大多数情况下，长期职业目标和人生目标比较广，不具体，可能随着企业内外部形势的变化而变化，所以在制订时宜以勾画轮廓为主。具体的注意事项有：

① 人生目标、长期目标要尽可能地远大，但不要求具体详细；

② 能够配合工作环境的需求；

③ 在符合自己的价值观的基础上，与社会发展需求相适应；

④ 放眼未来，推测可能的职业进步。

3. 短期目标和中期目标的制订

在选定了长期目标后，把其具体化、现实化、可操作化，就形成许多中期目标和短期目标。长期目标、中期目标和短期目标有机联系就形成了个人职业目标体系。

① 短期目标必须清楚、明确、现实和可行；

如果对短期内期望完成的事业有清晰而完整的概念，那么这个短期目标的制订就差不多完成了。

② 每一短期目标设输出目标和能力目标；

③ 中期目标制订中有比较明确的时间规定；

④ 中期目标应既有激励价值，又要现实可行。

在确定目标过程中应注意的问题主要有：

① 目标要符合社会与组织的需要；
② 目标要符合自身的特点，并使其建立在自身的优势之上；
③ 目标要高远但决不能好高骛远；
④ 目标幅度不宜过宽；
⑤ 注意长期目标和短期目标的结合；
⑥ 成功的标准；
⑦ 差距：即自身现实状况与要实现的目标之间的差距；
⑧ 缩小差距的方法及实施计划和方案；
⑨ 评估调整预测：评估的内容、评估的时间和规划调整的原则。

三、制订职业生涯规划的主要程序

制订职业生涯规划的主要程序如图3-1所示。

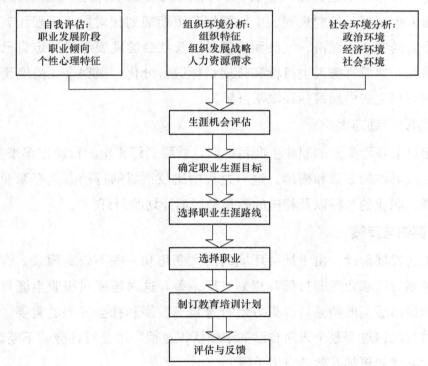

图3-1 制订职业生涯规划的主要程序

（一）自我评估

自我评估是对自己做出全面的分析，主要包括对个人的需求、能力、兴趣、性格和气质等的分析,以确定什么样的职业比较适合自己和自己具备哪些能力。

(二) 组织与社会环境分析

组织与社会环境分析是对自己所处的环境的分析,以确定自己是否适应组织环境或社会环境的变化,以及怎样调整自己以适应组织和社会的需要。短期的规划比较注重组织环境的分析,长期的规划要更多地注重社会环境的分析。

(三) 生涯机会评估

生涯机会评估包括对长期机会和短期机会的评估。通过对社会环境的分析,结合本人的具体情况,评估有哪些长期的发展机会;通过对组织环境的分析,评估组织内有哪些短期的发展机会。通过职业生涯机会的评估可以确定职业和职业发展目标。

(四) 职业生涯目标的确定

职业生涯目标的确定包括人生目标、长期目标、中期目标与短期目标的确定,它们分别与人生规划、长期规划、中期规划和短期规划相对应。一般而言,我们首先要根据个人的专业、性格、气质和价值观以及社会的发展趋势确定自己的人生目标和长期目标,然后再把人生目标和长期目标进行分化,根据个人的经历和所处的组织环境制订相应的中期目标和短期目标。

(五) 制订行动方案

在确定以上各种类型的职业生涯目标后,就要制订相应的行动方案来实现它们,把目标转化成具体的方案和措施。这一过程中比较重要的行动方案有职业生涯发展路线的选择、职业的选择以及相应的教育和培训计划的制订。

(六) 评估与反馈

在人生的发展阶段,由于社会环境的巨大变化和一些不确定因素的存在,会使我们与原来制订的职业生涯目标与规划有所偏差,这时需要对职业生涯目标与规划进行评估和做出适当的调整,以更好地符合自身发展和社会发展的需要。职业生涯规划的评估与反馈过程是个人对自己的不断认识过程,也是对社会的不断认识过程,是使职业生涯规划更加有效的有力手段。

(七) 职业生涯目标规划方式

职业生涯目标规划,应从一生的发展写起,然后分别制订出十年计划,五年、三年、一年计划以及一月、一周、一日的计划。制订好后,再从一日、一周、一月计划实行下去,直至实现你的一年目标、三年目标、五年乃至十年目标。

A. 制订出未来发展目标：今生今世，你想干什么？想成为什么样的人？想取得什么成就？想成为哪一专业的佼佼者？把这些问题确定之后，你的人生目标也就确定了。

B. 制订出今后十年的大计划：二十年计划太长，容易令人泄气，十年正合适，而且十年工夫足够成就一件大事。今后十年，你希望自己成为什么样子？有什么样的事业？将有多少收入？计划哪些家庭固定资产投资？要过上什么样的生活？你的家庭与健康水平如何？把它们仔细地想清楚，一条一条地计划好，记录在案。

C. 制订出五年计划：制订出五年计划的目的，是将十年大计分阶段实施，并将计划进一步细化，将目标进一步分解。

D. 制订出三年计划：俗话说，五年计划看头三年。因此，你的三年计划，还要比五年计划更具体、更详细。因为计划是你的行动准则。

E. 制订出明年计划：制订出明年的计划，以及实现计划的步骤、方法与时间表，务必具体、切实可行。如果从现在开始制订目标，则应单独制订出今年的计划。

F. 下月计划：下月计划应包括下月计划做的工作，即应完成的任务及其质量方面的要求、财务上收支、计划学习的新知识和有关信息以及计划结识的新朋友等。

G. 下周计划：计划的内容与F相同。重点在于必须具体、详细且数字化，切实可行，而且每周末提前制订好下周的计划。

H. 明日计划：取最重要的3～5件事，按事情轻重缓急，按先后顺序排好队，明日按计划去做，可避免"捡了芝麻，丢了西瓜"的现象。

四、职业生涯规划书写作方法

1. 常见格式

（1）表格式。这种格式的规划书为不完整的职业生涯规划书。常常仅写有最简单的目标、分段实现时间、职业机会评估和发展策略等项目，有的只相当于一份完整的职业生涯规划书的计划实施方案表，适合作为日常警示使用。

（2）条列式。这种格式的规划书具有职业生涯规划的主要内容，大多数只是作简单的表述，没有详细的材料分析和评估。文章虽精练，但逻辑性和说理性不强。

（3）复合式。就是表格式与条列式的综合。

（4）论文格式。一份优秀的论文格式的职业生涯规划书能够对一个人职业生涯规划做全面、详细的分析和阐述，是最完整的职业生涯规划书。

2. 撰写的基本要求

（1）资料翔实，步骤齐全。收集资料有多种途径，可以通过访谈、从报刊图书中摘抄和上网下载等方式获取资料,要尽可能注明资料的出处,并多运用图表数据来说明问题,以提高资料来源的可信度和说服力。收集资料主要分为以下四步:

① 分析需求,分析条件及目标设定;
② 分析阻碍和可行性研究;
③ 设计方案和提升(改变)计划;
④ 制订详细的实施计划和措施。

(2) 论证有据,分析到位。要了解有关的测评理论及知识,认真审视并思考自己的测评报告并对照自我认识与测评结果的异同,分析与测评结果形成差距的原因,从而确定自我评估结果,达到"知己";要理清自己所处的地理环境(包括居住的地方、喜欢的地方以及亲朋的意见等),明确自己最大兴趣、最喜欢与之共事的人的类型、最重视的价值与目标和最喜欢的工作条件,再通过目前环境评估(包括社会影响、家庭影响、学校因素和就业形势等)和当前社会环境分析(包括组织环境分析、技术的发展、经济的兴衰以及政策法规的影响等)来确定自己的职业方向,做到说理有据,层层深入。

(3) 言简意赅、结构紧凑、重点突出、逻辑严密。语言朴实简洁,用词精练准确,行文流畅,条理清楚,这是最基本的写作要求。撰写时还应密切注意整篇文章的结构和重心所在。职业生涯规划书一般包含对职业规划的认识、对自我的剖析、对所学专业的认识、对职业方向的探索及确定目标并制订计划这五个方面的内容。在对这些内容进行分析阐述时,必须紧紧围绕职业目标这条主线来展开,从而体现文章论述的逻辑性和连贯性。要将重点放在自我评估、环境评估和目标实施上。职业生涯规划是自己将来的规划,这个规划只有建立在对自我和职业的充分认识的基础上才能体现出它的科学性和可行性。

(4) 目标明确,合理适中。撰写职业生涯规划书应围绕论述的中心展开,职业生涯目标不能过于理想化,应"择己所爱""择己所长""择世所需""择己所利"。职业生涯规划书撰写是否成功,在很大程度上取决于有无正确适当、切实可行的目标。

(5) 分解合理,组合科学,措施具体。目标分解、实现路径选择要有理论依据,而且备用路径之间要有内在联系。目标组合要注意时间上的并进、连续,功能上的因果、互补作用,全方位的组合要涵盖职业生涯、家庭生活及个人事务等方面。

(6) 格式清晰,图文并茂。

×××职业生涯规划大赛参赛作品

姓名 _____×××_____

学院 _____××××××_____

班级 _____中文专业_____

参赛人资料：

一 寸
照 片

真实姓名：×××

笔名：×××

性别：女

年龄：19

籍贯：内蒙古

身份证号码：××××××××××××××××××

所在赛区：北京

所在学校及学院：××××××

班级及专业：中文专业

学号：

联系地址：

邮编：

联系电话：

E-mail：×××@sohu.com

引　言

实现梦想的第一步就是要有梦想。

没有梦想对于每个人来说都是非常可怕的一件事情，如同无头苍蝇似的到处碰壁。现代社会由于商品经济的发展变化很快，很多人很难对自己的人生进行一个长期的规划。佛家有云"缘自性空""空无自性"。的确，在现代社会，人们的生活节奏加快，社会更新换代发展非常快。如果我们不紧跟时代的步伐，不加强学习，将很难有长足的进步。

因而有一份长期稳定的规划是有必要的。首先，职业生涯规划是帮助柔弱个体对抗变幻莫测的世界的一种不变的工具。中国人讲究"以不变应万变"，因此就更加需要有一份稳定的职业生涯规划了。其次，稳定性的追求是符合人性的。

那么对于在校高职生该怎样规划自己的职业生涯呢？众所周知，职业生涯包括内职业生涯和外职业生涯。对于在校高职生，首先要对自己有一个清醒的认识，知晓自己的优点、缺点等。另外，在对自己有一个比较完备的认识时要明确自己的兴趣，明确自己的目标，通过目标的明确找准自己日后的社会定位，履行好自己的社会角色。当然，在这个过程当中必须不断增强自己的能力，并对当代社会、对自己职业的要求和职业本身的发展前景要有一个清醒的认识。

针对我个人而言，在人际关系当中找准自己的位置是非常重要的。福柯有一个著名的"话语权力"理论，提出的就是一个话语平台的问题，尤其是在中国这个人际关系复杂的社会中必须懂得找准自己的角色，通过独善其身来达到一个更高的话语平台。

一、自我分析

1. 职业性格类型

在我的人才素质测评报告中，与我最符合的性格类型是：统帅型——一切尽在掌握。

我的具体情况是：

（1）直率、果断，能够妥善解决组织的问题，是天生的领导者和组织的创建者。擅长发现一切事物的可能性并很愿意指导他人实现梦想，具有思想家和长远规划者的气质。

（2）逻辑性强，善于分析，能很快地在头脑里形成概念和理论，并能把可能性变成计划。树立自己的标准并一定要将这些标准呈现给他人。看重智力和能力，讨厌低效率，如果形势需要，可以非常强硬。习惯用批判的眼光看待事物，随时可以发现不合逻辑和效率低的程序并强烈渴望修正。

（3）善于系统、全局地分析和解决各种错综复杂的问题，为了达到目的，会采取积极行动，喜欢研究复杂的理论问题，通过分析事情的各种可能性，事先考虑周到，预见问题，制订全盘计划和制订制度并安排好人和物的来源，推动变革和创新。

（4）愿意接受挑战，并希望其他人能够像自己一样投入，对常规活动不感兴趣。长于需要论据和机智谈吐的事情，如公开演讲之类。

2. 职业能力——能够干什么

我的人才素质测评报告结果显示我的工作优势是：

（1）自信且有天生的领导才能。

（2）敢于采取大胆行动，有不达目的不罢休的势头。

（3）能看到事情的可能发展情况及其潜在的含义。

（4）有创造性解决问题的能力，能客观地审查问题。

（5）有追求成功的干劲和雄心，能够时刻牢记长期和短期目标。

（6）对于能胜任的工作有强烈的动机，能有逻辑地经过分析做出决定。

（7）能创造方法体系和模式来达到目标。

（8）学习新东西时接受能力强。

（9）在有机会晋升到最高职位的机构中工作出色。

（10）雄心勃勃，工作勤奋，诚实而直率，工作原则强。

（11）积极热情，富有推动力。

（12）有韧性，在困境中不轻易放弃。

3. 个人特质——适合干什么

我的人才素质测评报告结果显示我的岗位特质是：

(1) 有组织、有条理的工作环境，在清晰而明确的指导原则下与他人一起工作。

(2) 充满挑战和竞争的氛围，创造性地处理复杂而且难度较大的问题，提出合乎逻辑的解决办法。

(3) 领导、管理、组织和完善一个机构的运行体系，确保有效运转并达到计划目标。

(4) 能够提高并展示个人能力，能够不断得到提升，有机会接触到各种各样有能力而且有权力的人。

(5) 成果能够得到他人肯定，并得到合理的回报。

(6) 能够确立工作目标，并施展组织才能，管理监督他人，而不需要处理人际冲突。

4. 职业价值观——最看重什么

最突出的职业价值观是注重关系。

注重关系表示的是期望工作的内容是能够给予别人帮助，并希望在这样的职位上与同事之间关系融洽，大家都有积极的道德观念和社会服务意识。在这个方面细化分析，可以看出我：

(1) 希望在工作中能够拥有与同事和谐的关系，并且与上下级也能够融洽相处。

(2) 希望自己的工作是具有团队协作性质的，能够以团体共同努力的方式进行工作。

(3) 希望自己的工作能够接触到不同类型、群体和层次的人。

(4) 希望自己的工作是服务他人取向的，能够在工作时给予他人服务。

(5) 希望自己的工作是合乎社会道德的或是能够在道德的原则下行事的。

以下几个价值观相对而言不是我最大的工作动力来源，但是了解它们对我更好地认识自己和职业有很大的帮助。

追求成就：希望获得的工作能够看到及时的成果展现，并体验到可能的成就体验。即工作的追求是一种自我实现，而并非外在特质利益的满足。

崇尚独立：我是一个期望在工作中能够独立工作、独立决策，而且能够表现出自己的创新，发挥自己的责任感、自主性的人。而且我能够以自我监督的形式使工作按照自己的计划顺利进行。

支持满足：一个期望在职业中获得管理层的支持，如获得充分的培训机会，能够在单位的规定范畴内获得应有待遇的人。

工作条件：我非常希望获得有充分保障的工作（包括拥有良好的工作条件），比如，能够在一个比较安静和舒适的环境中工作，能够获得应有的报酬，能够获得自主决断的可能性等。而且还希望工作具有多样性，能够在工作的范围内做不同的事情。

赞誉赏识：我对职业的追求，是能够使自己获得充分的领导力提升机会，并拥有充分的权威，能够对他人的工作提供指导，并且这个职位是富有社会声望的。

下面是自我能力优势和弱势的分析比较，见表3-1。

表3-1 自我能力优势和弱势的分析比较

我的优势能力	我的弱势能力
（1）善于与别人交流、谈判； （2）注重人际关系； （3）乐于助人，热情有活力； （4）做事、学习有冲劲； （5）有一定的组织领导能力； （6）善于鼓励别人	（1）对那些反应不如自己敏捷的人缺乏耐心； （2）唐突、不机智且缺乏交际手段； （3）易于仓促做决定； （4）对一些世俗的小事没有兴趣，对那些既定问题不愿再审视

自我分析小结：

现在我对自己的人格类型和动力已经有了一个比较清楚的了解，但这还不够。"如何通过这些信息使我在这份工作上取得更大的成功"是关键所在。

通过分析，我觉得我成功的秘诀在于：

（1）适当放慢做事速度和行动的节拍；

（2）注重细节，增强做事的耐心；

（3）体谅他人的需要和感受；

（4）适当学会鼓励和欣赏他人的贡献，不要吹毛求疵；

（5）在埋头苦干之前，仔细检查各种可利用的现实资源；

（6）三思而后行，使决策更完善；

（7）需要学会认同和看重感情，体会自己和他人的感受；

（8）如果我能够针对不同的人、不同的情境采取不同的指导方式，我会在人际合作中发挥更好的作用；

（9）正确看待失败，必要时学会放弃。

二、职业分析

1. 家庭环境分析

我的父母皆是自由职业者，对我的职业选择没有刻意的和深刻的影响。

2. 学校环境分析

我所就读的学院位于北京市，是国际大都市和中国政治、经济及文化中心，有利于培养自己国际化视野和接受各方面先进的知识。

3. 社会环境分析

现在的社会就业压力很大，面临着众多的毕业生以及下岗职工。对于我们高职院校的学生来说，主要的对手应当是学历更高的学生吧！但我们也有自信，因为随着中国逐渐融入国际市场，对综合表现能力突出的人才的需求量也会越来越大，所以，我的就业前景还是可观的。

4. 职业环境分析

国际化程度越来越高，市场化程度越来越完善，经济活力越来越好，我相信未来。

职业分析小结：

不论从家庭、学校、社会还是职业环境分析，我从事企业产品营销的可行性比较大，而这个职业的前途也是非常光明的。

三、职业定位

综合第一部分（自我分析）及第二部分（职业分析）的主要内容得出本人职业定位的SWOT（态势分析法）分析（见表3-2）。

表3-2 职业定位的SWOT分析

	优势因素（S）	弱势因素（W）
内部环境因素	学习的中文专业知识，培养了我扎实的文字策划功底，长期的学习经历使我养成了永不服输的精神，有利于从事该职业；个人工作与协调能力都较强	缺乏纯粹的商务专业知识
	机会因素（O）	威胁因素（T）
外部环境因素	宏观形势不断向好	人才很多，就业压力大

结论：

职业定位结论如表3-3所示。

表3-3 职业定位结论表

职业目标	将来从事商业管理
职业发展策略	进入有发展前途的企业
职业发展路径	基层交流与销售—管理
具体路径	举例：销售—初级管理—中级管理—高级管理

四、计划实施

计划的实施如表3-4所示。

表3-4 计划实施一览表

计划名称	时间跨度	总目标	分目标	计划内容（参考）	策略和措施（参考）	备注
短期计划（大学计划）	2009—2012年	考取英语口语证书和其他证书，加强一般能力锻炼	大二争取社会实践机会，加强英语学习	学习英语口语，掌握沟通技巧	以适应高职生活为主，大二以专业学习和掌握职业技能为主，大三以取得证书和实践尝试为主	学好本专业
中期计划（毕业后五年计划）	2012—2017年	发展自己的人脉网	前三年踏实处理本职工作，后两年逐渐完善自己的人脉关系网络	熟练处理本职工作，工作业绩在同级同事中居于突出地位	……	高职生职业规划的重点
长期计划（毕业后十年或十年以上计划）	2017—	退休时要达到中高层，自己独立做贸易企业	与公司决策层有直接流畅的沟通；具备应付突发事件的心理素质和能力；有广泛的社交范围，在业界有一定的知名度	扩展客户群，让自己的业务量稳定提升	……	方向性规划

详细执行计划如下：

本人现正就读大学一年级，我的大学计划是：在大一大二打好学习的基础，并取得一些证书，大三增加社会实践并学好专业知识。

五、评估调整

职业生涯规划是一个动态的过程，必须根据实施的结果以及情况变化进行及时的评估与修正。

1. 评估的内容

（1）职业目标评估（是否需要重新选择职业？）：假如一直业绩平平，我将尝试新的职业。

（2）职业路径评估（是否需要调整发展方向？）：当出现职业不景气时，我会选择别的发展方向。

（3）实施策略评估（是否需要改变行动策略？）：如果在实践中遇到困难，我会采取其他措施。

（4）其他因素评估（如身体、家庭、经济状况以及机遇、意外情况的及时评估）：如果在相关方面产生问题，会依据实际情况，具体问题具体分析。

2. 评估的时间

一般情况下，定期（半年或一年）评估规划；

当出现特殊情况时，会随时评估并进行相应的调整。

3. 规划调整的原则

以上我的职业计划比较抽象，这只是我的人生大体路径。有句俗语说"计划不如变化"。没错，人不可能总是一帆风顺。一旦我的职业目标与现实不符，我会承认现实，可并不会放弃我的理想目标。我会寻找机会，寻找一个能实现理想的机会。

人生的道路我相信不会很平坦。我会把握住我的人生大体目标，不拘小节，掌控全局。

一旦遇到了难以逾越的困难，我会选择退让。然后仔细分析，从中寻找击破的方案。一次的退让，是为了下次能更好地冲刺。

对于其他不太重要的因素，我会分清主次，一一解决。

对于评估时间的调整，我不想采用固定的模式。我会因时因事需要，进行适当调整，始终确保"把握方向，分清主次"这一条原则。

六、结束语

水无点滴量的积累，难成大江河。人无点滴量的积累，难成大气候。一个不能靠自己的能力改变命运的人，是不幸的，也是可怜的，因为这些人没有把命运掌握在自己的手中，反而成为命运的奴隶。而人的一生中究竟有多少个春秋，有多少事是值得回忆和纪念的。生命就像一张白纸，等待着我们去描绘，去谱写。

没有兢兢业业的辛苦付出，哪来甘甜欢畅的成功和喜悦？

没有勤勤恳恳的刻苦钻研，哪来震撼人心的累累硕果？

而如今，身为高职生的我们，在平日里，应抓紧时间多学一些知识来充实自己。人的大学时光一生中也许就一次，不把握好，将来自己一定会追悔莫及。

真正的人生毕竟不是"快餐"，而是一种兼具营养和艺术价值的盛宴。它需要一张清清楚楚的"菜谱"，以使各种物料得到最佳的搭配，同时我们也能够从从容容地烹制人生的美味佳肴。生命清单，不光是安排先做什么后做什么，更为重要的是，它使我们树立了一种精神理想和追求。

只有付出，才能有收获。未来，掌握在自己手中。让我们在沉默中爆发吧！

讨 论

学生们来自不同的地区，可能相互之间并不了解。因而，建立一个论坛以鼓励他们交换思想是非常需要的。

形式：小组讨论

时间：10分钟以内

操作程序：

(1) 将成员分成若干小组，每组4人，让每组选择一个问题回答。

(2) 在一个较短的信息收集阶段之后，请各组的报告人员将清单展示给全体成员。

(3) 这些意见为教师提供了最佳机会来了解学生的需求，从而使教师在以后的课程中加以改进。

相关讨论题目：

(1) 怎样"破冰"，认识新朋友？

(2) 在公众场合下，我们用什么样的开场白克服自己的沉默寡言？

练习题

1. 结合案例与理论知识，规划大学三年。
2. 与同学讨论制订职业规划的方法。
3. 与同学探讨自己的职业发展路径。
4. 与家长、老师讨论自己的大学三年规划的合理性。

 **参考书目**

[1] 田光哲，李祥伟. 创新职业指导——新理念[M]. 北京：中国劳动社会保障出版社，2005.
[2] 蒋乃平，杜爱玲. 职业生涯设计[M]. 北京：高等教育出版社，2006.

第四节 职业生涯规划书的写作

一、职业生涯自我规划书——五步法（5W法）

对于许多大学毕业生来说，职业生涯规划也许是一个比较模糊的概念，但只要你对自己有一个基本认识，同时掌握一定的方法，你也能对自己进行职业生涯规划，为自己的职业生涯发展画一个蓝图。许多职业咨询机构和心理学家进行职业咨询和职业规划时常常采用五步法模式，即关于五个"WHAT"的归零思考的模式：从问自己是谁开始，然后顺着一路问下去，共有五个问题：

What are you?

What do you want?

What can you do?

What can support you?

What can you be in the end?

回答了这五个问题，找到它们的最高共同点，你就有了自己的职业生涯规划。

下面作详细介绍。

(一) What are you? "我是谁?"

应该对自己进行一次深刻的反思，有一个比较清醒的认识，优点和缺点，都应该一一列出来。在这一问题中主要是找出你的人生坐标！你的"核心竞争力"！拿自己的长处和别人竞争！

(二) What do you want? "我想干什么?"

对自己职业发展的一个心理趋向的检查。每个人在不同阶段的兴趣和目标并不完全一致，有时甚至是完全对立的。但随着年龄和经历的增长而逐渐固定，并最终锁定自己的终生理想。在这一问题中找出自己的职业理想！"在跳下水之前，你必须先看见对岸"！

(三) What can you do? "我能干什么?"

这是对自己能力与潜力的全面总结，一个人职业的定位最根本还要归结于他的能力，而他职业发展空间的大小则取决于自己的潜力。对于一个人潜力的了解应该从几个方面着手去认识，如对事物的兴趣、做事的韧力、临事的判断力以及知识结构是否全面、是否及时更新等。

(四) What can support you? "环境支持或允许我干什么?"

这种环境支持在客观方面包括本地的各种状态比如经济发展、人事政策、企业制度、职业空间等；人为主观方面包括同事关系、领导态度、亲戚关系等，两方面的因素应该综合起来看。有时我们在做职业选择时常常忽视主观方面的东西，没有将一切有利于自己发展的因素调动起来，从而影响了自己的职业切入点。而在国外通过同事、熟人的引荐找到工作是最正常也是最容易的。当然我们应该知道这和一些不正常的"走后门"等歪门邪道有着本质的区别。这种区别就是这里的环境支持是建立在自己的能力之上的。

(五) What can you be in the end? "自己最终的职业目标是什么?"

明晰了前面 4 个问题，我们就会从各个问题中找到对实现有关职业目标有利和不利的条件，列出不利条件最少的、自己想做而且又能够做的职业目标，那么自然就有了一个清楚明了的框架。

案例一

林小丽的职业生涯规划书

某高校女生林小丽,23岁,计算机信息管理专业,在临近毕业时常常对自己的职业动向难以选择。就现在来说计算机专业属于热门,找一份差不多的工作并不难,但由于自己是女生,在就业时肯定又不如同班的男生,同时自己对教师职业比较喜欢。在这些矛盾的情况下,使用自我规划五步法来做一次职业生涯规划。

What are you?

某重点高校计算机信息管理专业毕业生;优秀学生干部,学业成绩优秀,英语达到国家六级,辅修过心理学、管理学,参加过高校演讲比赛,拿过名次。家庭状况一般,既不属于有钱之类,同时生活也不是拮据的那种,父母工作稳定,身体健康,暂时还不需要有人特别照顾自己身体健康;性格上不属内向,但也不是特别活跃,喜欢安静。

What do you want?

很想成为一名老师,这不仅是我儿时的梦想,而且比较喜欢这种职业;其次可以成为公司的一名技术人员;如果出国读管理方面的硕士课程,回国成为一名企业管理人员也是可以接受的。

What can you do?

做过家教,虽然不是自己的专业,但与孩子交流有天生的优势,当家教时,当学生成绩进步时很有成就感;当过学生干部,与同学相处比较好,组织过几次有影响的大型活动;实习时在公司做过一些开发,虽然没有大的成就,但感觉还行。

What can support you?

家里亲戚推荐去一家公司做技术开发;GRE考得还可以,已经申请了国外几所高校,但能不能有奖学金还很难说,况且现在签证比较困难;去年曾有几家学校来系里招聘教师,但不是当老师,而是要去学校做技术维护,今年不知会不会有学校再来招聘教师;有同学开了一家公司,希望自己能够加盟,但自己不了解这个公司的具体业务,也不知道它有多大的发展前途。

What can you be in the end?

最后的选择可能有4种：

1. 到一所学校当老师，自己有这方面的兴趣和理想，在知识和能力方面并不欠缺，在素质教育的大趋势下，与师范类专业相比，自己有专业方面的优势，讲授知识时可以让学生了解更多的前沿知识，特别是现在计算机在中学生中有了相当的普及和基础，并且自己有信心成为学生心目中理想的好老师。不足的就是缺乏作为一名教师的基本训练以及一些技巧，但这可以逐步提高。

2. 到公司做技术人员，收入上会好一些，但通过这几年的发展看，这种行业起伏较大，同时由于技术发展较快，得随时对自己进行知识更新，压力较大，信心不足，兴趣不是很大。

3. 去同学的公司，丢掉专业从底层做起，风险较大，这与自己求稳的心理性格不符，同时家庭也会有阻力。

4. 如愿获得奖学金，能够出国读书，回国后还是去做一名企业管理人员。不确定因素较多，且自己可把握的东西较少，始终处于被动状态。

点 评

用五步法写职业生涯规划书简单易行

就林小丽个体而言，第一种选择显然更符合她本人的职业取向。从心理学上看，选择第一种能够使她得到最大的满足，在工作中也最容易投入，做出一定的成绩后会有很大的成就感。从职业前途看，教师这个职业也日益受到社会的尊重，社会地位呈上升趋势。从性格上看，这种职业也比较符合她的职业取向。主要困难是非师范生进入这个职业的门槛比较高，如果她能够确定自己的最终目标后努力去弥补与师范生在职业技巧方面的差距，那么她实现自己的职业理想将为时不远。这份用五步法来完成的职业生涯规划书应该会对许多和她一样的同学有所启发。

二、职业生涯规划书——三段式分析法

三段式分析法的模式包括自我分析、目标确定、实施策略。其中，自我分析是对自己的优势、劣势进行分析，以认识自己；目标确定是根据自己的条件确定职业目标；实施策略是制订为达成职业目标的行动措施。

案例二

王锋的职业生涯规划书

王锋是一名体育专业的大学生,他对未来充满自信,并给自己做了一份职业生涯规划书。

一、自我分析

1. 优势分析。

通过校园网大学生在线"职业规划测评",我初步了解认识了自己。我爱好体育运动,喜欢唱歌、绘画,善于同别人交流沟通,属于比较活泼型的人。我小时候对体育、音乐、美术都十分感兴趣,并接受过专门的基础训练。

我有扎实的专业知识和运动技能。我的运动技术专项是篮球,已获得二级运动员证书。

我已用4年时间钻研体育理论,认真参加教学实习,提高了自身的知识水平和教学实践能力,善于与学生交流,具备做教师的基本素质。

2. 劣势分析。

英语的听、读、写、译的能力较差,难以适应教师这一职业对外语的要求;写作科研能力较为欠缺;不善于在会议上或公众面前发言,演讲能力欠缺,这对教学是不利的。

二、目标确定

我的职业发展目标:在大学或中学当一名体育教师。

三、实施策略

1. 每天确保学习英语2个小时,记忆10个英语单词和两个句型,练习听力和口语,争取在大四上学期通过英语四级考试。

2. 学好大学语文课程,努力提高写作能力,坚持每节课记课堂笔记和每个学期写一篇学习心得短文,并请教师指导。

3. 为了提高和锻炼自己的口才,抓住班会、集会、演讲会、课堂发言等机会积极主动发言,并请要好的同学点评,只要自己有信心,只要坚持实际锻炼,不利于做教师的劣势一定能消除。

4. 在大三下学期,获得普通话二级乙等合格证书。

5. 在大四上学期，努力获得篮球一级运动技术等级证书，获得教师资格证书。2013年毕业后，无论是当中学教师或大学教师，提高学历是必需的，所以，争取在2015年左右考取体育运动训练学的研究生，以适应教师的岗位要求。

点评

三段式分析法写职业生涯规划书言简意赅

三段式分析法简练、明了，适合于比较理性的人。初学者可以多多练习。

三、职业生涯规划书——阐述法

阐述法是在分析自己的条件、对职业的认识、对自己职业目标的定位中，说明自己的职业生涯规划及依据。这种以"记叙"方式所作的职业生涯规划书，是规划者的内心思考与分析，有较强的可信度，但应该注意层次结构的清晰。

案例三

我想成为一名财务总监（略写）

宁静的夜晚，一个人徜徉在校园的林荫小道，一种安静祥和顿时渗透了我的心。出生在20世纪80年代后，正好赶上大学扩招，这样常熟理工学院多了一个正在香樟树下漫步的我。21世纪的大学生应该具备全面的综合素质、完整的道德人格，以及精湛的专业技能。刚刚踏上大二征途的我，说到综合素质那是差强人意，说到道德人格，那更是不知道什么叫做完美，而涉及专业技能，却是"熟读唐诗，愚人会吟"，我主修会计……

说到对自己的了解，我自己都不敢恭维。名人说过：一个成功的人一定是一个了解自己的人，同样一个真正了解自己的人也会是一个成功的人。外向开朗的性格、嚣张不停的言语是我的标志，喜欢在集体中生活；帮助他人是我的必修课，当然我更喜欢打球，特别是乒乓球，还有聊人情世故、社会百态；看看书，写写东西简单而又平常。书看得多了，对人生观、价值观有了自己独特的见解：人生就像一首歌，高潮时千万别一个人唱；低潮时一定要跟别人一起唱。

因为，一个人的歌不是歌，我的性格决定了我的优势，开朗外向，人际关系不错……

学会计是我的初衷，学好经济管理，通过专业技术路线走行政管理或经济管理之路。我的梦想是做一名财务总监，因为它主管会计事务。在我的了解中，财务总监有权力支配很多东西。财务总监职责包含了会计长（Controller，或Comptroller，两字的意义及发音皆同）与财务长（Treasurer）两种职务的功能。国际上通常把企业财务部门一把手称为财务总监。财务总监要全面管理和领导企业财务工作，为企业赢利提供理性的决策依据，对企业的财务工作承担主要责任。财务总监作为财务领域的高层人才必须擅长11项管理能力，即：财务组织建设能力、企业内控建设能力、筹措资金能力、投资分析决策和管理能力、税务筹划能力、财务预算能力、成本费用控制能力、分析能力、财务外事能力、财务预警能力和社会资源能力。当然这个岗位的职责要求是：……

（下面围绕当一个财务总监的目标，我为自己设计十年一个台阶的职业发展道路……）

以上是我的一个短期的规划。以前的稚嫩不应该在我以后的生活中表现出来，路还很长，需要我实实在在地学习专业知识，完成学习任务。在学习中逐渐走向成熟，我的目标是财务总监，我想我会一直以它为我工作的驱动力，每天用它来提醒自己，让我不断进步。也许我的路会不好走，可我一定会坚持到底的。……

不是有人说过吗，只有成功了才是最好的，只要以坚韧的毅力坚持下去了，一样都是成功的。在奔向财务总监的道路上，我相信我自己不会走太多的小路，迷惑人的岔路很多，我心中的路只有一条，那就是财务总监，所以我不会迷茫。

点评

我为自己的职业生涯而书写

阐述法又称记叙法，它与我们平时的"写文章"结构一致，易于写作。只要能清晰表达自己的职业生涯规划，做到条理、层次分明即可。

四、大学生职业生涯规划书范文

职业生涯规划课程给了我重新认识自己的机会,我不会辜负自己四年的努力和付出,大学生涯的成功是我追求的目标,俗话说得好,"没有方向的船永远是顺风的"。因为我有方向,所以艰难险阻是一定会遇见的,但一分付出总会有一分收获,我相信我的未来不是梦。赢在起跑线,我深信不疑!

(一) 自我分析

1. 我的性格和兴趣

我的性格有些内向,但有时也开朗、活泼。很积极向上,是乐观主义者,遇事都会从其好的一面观察,每天都会用微笑与别人打招呼。对事情大多抱有乐观态度(当然,这或许与我没经历过多少挫折有关吧)。对挫折的承受力很差,对于成败看得很重,但大多数时候只是自己心里暗暗较劲。任何事情,只要我决定去做,就一定会尽自己最大的努力。业余时间喜欢听轻音乐。有时会与同学聊天,谈论一些稍有哲理性的问题,交流一下对问题的看法,或者讨教一些待人接物的方法;有时会独自一人躲在安静的环境中思考问题,反思自己,哪些做对哪些做错,以及如何完善自己的人格和关注心理健康。懂得开导自己,并以己推人。己所不欲勿施于人,己所不乐勿加于人。待人真诚,体贴别人,喜欢帮助别人。但有时还会发一些小孩子脾气。

因为已打定主意读研,感情方面也没有牵绊,所以学习非常用功,学习态度也很端正。不太活跃,不主动参加积极性高的活动,不太喜欢喧闹的场面;语言表达能力一般,不善于人际交往,在这方面对自己很缺乏自信;喜欢随遇而安,不喜欢领导强制别人。

2. 我的能力

(1) 我现在拥有的能力。

英语、计算机基础技能,动物学、植物学专业基础知识及相应的实验技能。

(2) 大学期间要培养的能力。

生物科学专业基础知识及相应实验、实践技能,培养较强的逻辑思维能力。这要求我在专业学习上要做到扎实、稳固,还要多接触一些专业方面的知识,了解国际上本专业的最新动态，多做一些本专业的实践项目，如 URTP、挑战杯科技学术作品大赛等。

我打算毕业后出国留学，因此英语必须达到很高水平，除了通过英语四六级考试以外，大四之前还要考过托福、GRE，对英语的学习不能等闲视之。

大学期间我还要提高与人交往能力，这要求我多参加学校活动，多与人接触，多积累经验，努力做到跟陌生的尤其是与不同年龄层次的人能大方自然的交流。同时还要提高口语表达能力，经常给别人讲一件事情时不能描述清楚事情的主要内容和重点部分，也无法表达其精彩细节，不能很好地组织语言表达出来，通常会显得描述啰唆，条理不清，而且其中还夹杂着很多不必要的连接词和感叹词。

大学期间写作能力的提高也是一项重点。生物科学专业做完科研以后要发表论文，没有好的文笔自然无法把自己的科研成果公布于众，实验的价值也就无法充分体现了。

3. 我的价值观

我没有什么特殊的宗教信仰，是无神论者，坚信马克思主义。我坚信善有善报，恶有恶报，不管别人如何，只做自己觉得好的事情，喜欢帮助别人，乐在其中。

4. 同学、老师对我的评价

学习刻苦、优秀，本性天真、单纯，缺乏社会实践经验，很搞笑，脾气好，细心，做事细致，但考虑事情不周到，对事情的认识肤浅，不能看到事情的深层。

(二) SWOT 分析

1. 我的优势

专业知识及专业技能掌握牢固，且对本专业知识的学习怀有极大的热情。

性格稍偏内向，安静型，心思细腻，做事认真，考虑问题比较细致。

有较强的逻辑思维能力和发现问题、分析问题和解决问题的能力。

积极参加各种学术活动，现在正申报 URTP 项目。

生活态度比较积极，善于发现事物和环境积极的一面。

待人真诚，有责任心、爱心，并且喜欢做相关的工作。

善于短期规划，而且能很好地完成计划任务。

喜欢能让自己静下心来的工作环境，能自己控制、安排的工作，以及不需要跟很多人打交道的工作。

2. 我的劣势

我准备大学毕业后去美国留学，但现在的英语水平远远不够。

实验操作技能与所需水平还有差距。

计算机操作水平不够高。

竞争意识不强，对环境资源的利用不够主动，也就是与环境的交互能力不够。

抗压力能力不强。

与人交往和沟通能力欠缺，口语表达能力也不够好，与人交谈时沟通不力，表达不清楚、解释问题抓不住重点、谈吐条理不清。

怀疑自己的交往和沟通能力和口语表达能力，以致丧失许多锻炼自己的机会。

做事不够果断，尤其事前作决定的时候瞻前顾后，老是犹豫不决，没有很大的恒心。

组织管理的能力和经验欠缺。

不善于长期规划，制订的计划经常会被打破。

不喜欢机械性重复的工作，也不喜欢没有计划没有收获的忙乱，不喜欢应酬和刻意的事情。

3. 外部环境的机遇

21世纪是生物科学的世纪，社会对生物科学的依赖会越来越强烈，生物科学的发展已被许多国家摆在发展的最前沿，其发展前景广阔。

学校的实验教学条件很好，利于实验技能的培养和提高。

学校周围有许多生物科学专业很强的学校，可以去听课。

同学来自全国各地，有机会趁假期可以去全国各地做生物调研。

4. 外部环境的劣势

国内高校毕业生择业的激烈竞争。

家庭经济条件一般，不足以供给我出国留学。

家庭欠缺较广的社会人脉基础。

没有进入知名的大学读书（但我对自己目前就读的学校还算满意）。

生物科学类专业目前在我国发展不是很好，择业范围不广。

(三) 职业选项及决策理由

通过以上的自我分析及上次的本专业就业方向及就业前景调研，我觉得自己的职业选项会在以下范围内。

1. 大学教师

在大学里任教，一方面，我可以搞本专业的科学研究；另一方面，大学里工作、生活都很稳定，而且大学教师社会地位也很高，最重要的是我觉得这个职业与我的性格比较匹配——极喜欢沉浸在实验室中，又乐于与人交流思想，而只有教师这个职业才能最大限度地把自己所学传授他人。况且，因为目前我国生物方面真正的高级知识人才还很缺乏，更不用说大学里的教师人才储备了，因此这方面的发展前途应该还是挺好的吧。

2. 科学研究所

这个职业方向算是我的第二志愿了。去科研所搞科研至少还能与我的专业有关。此外，在科研所搞科研的社会福利也是不错的，而且那里也算是我想象中的净土吧。

3. 生物方面的企业

如果以上两种职业都与我无缘，这就只能算作我的第三志愿了。但我不会给它很大期望的，毕竟，我就是纯粹喜欢搞科研。

(四) 岗位职责和任职资格

雄厚的知识储备、高超的实验技能是必要的。除此之外，与人交往、语言表达、写作以及待人接物能力都要做好。同时，细致、沉稳的性格也都是必要的。考虑到以上因素，我制订出了大学剩余三年的行动计划。

(五) 三年内行动计划

1. 大一暑期

做生物方面的社会实践。

2. 大二上学期

在不影响学习（保证学习成绩在班里前三名）的基础上，做 URTP 项目并参加挑战杯大学生课外科技学术作品大赛。

多抽出时间学习英语，听说读写齐头并进：每天练听力，听力训练以六级、托福或 GRE 听力为训练材料，尽量每周去人大英语角练口语，每周写英语周记，每天读英语文章，做模拟题。

关注国外（美国）一些生物方面很强的大学，看自己是否能达到他们给予全额奖学金的要求，并努力向着那些方面发展。

多参加班级、院系组织的活动，多与人交流，多发言，提高自己语言表达能力以及与人交往能力。

提高计算机操作水平，通过计算机二级考试。

大二寒假报名参加新东方托福、GRE 学习课程。

3. 大二下学期

在不影响学习（保证学习成绩在班里前三名）的基础上，做 URTP 项目，尽量跟着老师做一些科研项目。

加大英语学习力度，通过英语四级考试，试着做托福、GRE 模考。

4. 大三上学期——出击阶段

在不影响学习（保证学习成绩在班里前三名）的基础上，做 URTP 项目并参加挑战杯大学生课外科技学术作品大赛，尽量跟着老师做一些科研项目。

试着做托福、GRE 模考，考托福、GRE。

开始向国外一些目标大学教授写介绍信，主动联系他们，同时，关注一下国内生物专业很棒的大学，联系一下国内知名教授。

5. 大三下学期——做出选择

保证学习成绩，努力获得保研资格。

向国外大学投介绍信和简历，看能否拿到全额奖学金，如果可以，着手办理签证，否则，接受保研，联系国内大学教授。

如果保研资格、全额奖学金都没获得，一方面学好本学年的课程，另一方面，着手准备考研。

6. 大四——尘埃落定

如果能得到国外大学全额奖学金，着手办理签证。

如果得不到全奖而能得到保研资格，参加录取考核。

如果以上都得不到，定下方向，努力学习，考研。

(六) 结语

通过以上分析，我发现自己未来三年的路是会很累的，但我不怕。俗话说得好，没有方向的船永远是顺风的。因为我有方向，所以艰难险阻是一定会遇见的，但一分付出总会有一分收获，我相信我的未来不是梦。

看完我的计划书，我理想的人生路径你也就知道了：出国读研，回国任教。或许你会问，干吗非要出国留学？在国内读研不是一样的嘛，反正现代社会知识都是国际化的了，在国内不照样能学到国外的知识，更何况你的家庭条件又不是很好，争取全额奖学金，你这不是难为自己嘛。我想说，其实我这样是有原因的。21世纪是生物科学的世纪，然而多少年来，我们很少有自主创新，这到底是什么原因？是思维方式的不同还是信息保留的缘故？我想或许只有到了创新的源头处才能找到答案吧，也就是，去美国，除了获取知识，我还想试着找到创新思想的来源，而后者才是我真正想去美国留学的目的！然后回国任教，把这种思想传授给我国下一代栋梁，使我们国家在生物方面拥有自己的发展思想，成为生物科技强国，当然，结果不一定会有我想得那么好，但只要我付出，还有什么好在乎的？

老师，真的非常感谢您这一学期的教导，我想现在我已经找到自己的人生目标以及前行的路径了，我想通过这三年的努力，我的理想是不会落空的，而就算我没法完全达到我预期的成绩，我也不会遗憾，像这样学下去，三年后我的专业知识和英语都会达到一个不低的层次，这也算是不错的结果吧。

职业生涯规划课程给了我重新认识自我的机会，我是不会辜负自己四年的努力和付出，大学生涯的成功是我追求目标，赢在起跑线，我深信不疑！

习题指导

1. 简述职业生涯自我规划书——五步法的写作过程有哪些。
2. 简述撰写职业生涯规划书的基本要求有哪些。
3. 请你在分析自身条件和社会环境的基础上设计一份自我职业生涯规划书。

附表1　霍兰德职业性向测试

霍兰德是美国职业指导专家，他和助手在几十年间经过一百多次大规模的实验研究，形成了人格类型与职业类型的学说。学说把人的人格类型和职业类型都分R、A、I、S、E、C六种，认为某一人格类型会对相应的工作类型发生兴趣。本测验共有六个部分。每部分测试都没有时间限制，但你应当尽量去做。

第一部分　你心目中的理想职业

对于未来的职业，你可能早有考虑，它可能是很抽象、很朦胧，也可能很具体、很清晰。

不论是哪种情况，现在请你将自己最想干的三种工作按顺序写下来。

1. _____
2. _____
3. _____

第二部分　你所感兴趣的活动

对下面列举的一系列活动，请判断你的好恶，如果你喜欢某一种，就在题后打"√"，最后统计"√"的数量。

R：现实型活动

1. 装配修理电器或玩具
2. 修理自行车
3. 用木头做东西
4. 开汽车或摩托车
5. 用机器做东西
6. 参加木工技术学习班
7. 参加制图描图学习班
8. 驾驶卡车或拖拉机
9. 参加机械和电气学习班
10. 装配修理机器

统计"√"的数量：

A：艺术型活动

1. 素描/制图或绘画
2. 参加话剧/戏曲
3. 设计家具/布置室内
4. 学习乐器/参加乐队
5. 欣赏音乐或戏剧
6. 看小说/读剧本
7. 从事摄影创作
8. 写诗或吟诗
9. 进艺术（美术/音乐）培训班
10. 练习书法

统计"√"的数量：

I：研究型活动

1. 读科技图书和杂志
2. 在实验室工作
3. 改良水果品种，培育新的水果
4. 调查了解土和金属等物质的成分
5. 研究自己选择的特殊问题
6. 解算术或数学游戏
7. 物理课
8. 化学课
9. 几何课
10. 生物课

统计"√"的数量：

S：社会型活动

1. 参加学校或单位组织的正式活动

2. 参加某个社会团体或俱乐部活动

3. 帮助别人解决困难

4. 照顾儿童

5. 出席晚会、联欢会、茶话会

6. 和大家一起郊游

7. 想获得心理方面的知识

8. 参加讲座会或辩论会

9. 观看或参加体育比赛和运动会

10. 结交新朋友

统计"√"的数量：

E：企业型（事业型）活动

1. 说服鼓动他人

2. 卖东西

3. 谈论政治

4. 制订计划、参加会议

5. 以自己的意志影响别人的行为

6. 在社会团体中担任职务

7. 检查与评价别人的工作

8. 结交名流

9. 指导有某种目标的团体

10. 参加政治活动

统计"√"的数量：

C：常规型（传统型）活动

1. 整理好桌面和房间

2. 抄写文件和信件

3. 为领导写报告或公务信函

4. 检查个人收支情况

5. 参加打字培训班

6. 参加算盘、文秘等实务培训

7. 参加商业会计培训班

8. 参加情报处理培训班

9. 整理信件、报告、记录等

10. 写商业贸易信

统计"√"的数量：

第三部分 你所擅长或胜任的活动

R：现实型能力

1. 能使用电锯、电钻和锉刀等木工工具

2. 知道万用表的使用方法

3. 能够修理自行车或其他机械

4. 能够使用钻床、磨床或缝纫机

5. 能给家具和木制品刷漆

6. 能看建筑设计图

7. 能够修理简单的电气用品

8. 能修理家具

9. 能修收录机

10. 能简单地修理水管

统计"√"的数量：

A：艺术型能力

1. 能演奏乐器

2. 能加二部或四部合唱

3. 独唱或独奏

4. 扮演剧中角色

5. 能创作简单的乐曲

6. 会跳舞

7. 能绘画、素描或书法

8. 能雕刻、剪彩纸或泥塑

9. 能设计板报、服装或家具

10. 写得一手好文章

统计"√"的数量：

I：研究型能力

1. 真空管或晶体管的作用

2. 能够列举三种蛋白质多的食品

3. 理解铀的裂变

4. 能用计算尺、计算机、对数表

5. 会使用显微镜

6. 能找到三个星座

7. 能独立进行调查研究

8. 能解释简单的化学

9. 理解人造卫星为什么不落地

10. 经常参加学术会议

统计"√"的数量：

S：社会型能力

1. 有向各种人说明解释的能力

2. 常参加社会福利活动

3. 能和大家一起友好相处

4. 善于与年长者相处

5. 会邀请人、招待人

6. 能简单易懂地教育儿童

7. 能安排会议等活动顺序
8. 善于体察人心和帮助他人
9. 帮助护理病人和伤员
10. 安排社团组织和各种事务

统计"√"的数量：

E：企业型能力

1. 担任过学生干部并且干得不错
2. 工作上能指导和监督他人
3. 做事充满活力和热情
4. 有效地利用自身的做法调动他人
5. 销售能力强
6. 曾作为俱乐部或社团的负责人
7. 向领导提出建议或反映意见
8. 有开创事业的能力
9. 知道怎样做能成为一个优秀的领导者
10. 健谈善辩

统计"√"的数量：

C：常规型能力

1. 会熟练地打印中文
2. 会用外文打字机或复印机
3. 能快速记笔记和抄写文章
4. 关于整理保管文件和资料
5. 善于从事事务性的工作
6. 会用算盘
7. 能在短时间内分类和处理大量文件
8. 能使用计算机

9. 能收集数据

10. 善于为自己或集体作财务预算表

统计"√"的数量：

第四部分　你所喜欢的职业

下面列举了多种职业，请逐一认真查看，如果是你有兴趣的工作，就在题后打"√"，最后统计"√"的数量。

R：现实型职业

1. 飞机机械师

2. 野生动物专家

3. 汽车维修工

4. 木匠

5. 测量工程师

6. 无线电报务员

7. 园艺师

8. 长途公共汽车司机

9. 火车司机

10. 电工

统计"√"的数量：

A：艺术型职业

1. 乐队指挥

2. 演奏家

3. 作家

4. 摄影家

5. 记者

6. 画家、书法家

7. 歌唱家

8. 作曲家

9. 电影电视演员

10. 节目主持人

统计"√"的数量

I：研究型职业

1. 气象学或天文学学者

2. 生物学学者

3. 医学实验室的技术人员

4. 人类学学者

5. 动物学学者

6. 化学学者

7. 数学学者

8. 科学杂志的编辑或作家

9. 地质学学者

10. 物理学学者

统计"√"的数量：

S：社会型职业

1. 街道、工会或妇联干部

2. 小学、中学教师

3. 精神病医生

4. 婚姻介绍所工作人员

5. 体育教练

6. 福利机构负责人

7. 心理咨询员

8. 共青团干部

9. 导游

10. 国家机关工作人员

统计"√"的数量：

E：企业型职业

1. 厂长
2. 电视片编制人
3. 公司经理
4. 销售员
5. 不动产推销员
6. 广告部长
7. 体育活动主办者
8. 销售部长
9. 个体工商业者
10. 企业管理咨询人员

统计"√"的数量：

C：常规性职业

1. 会计师
2. 银行出纳员
3. 税收管理员
4. 计算机操作员
5. 簿记人员
6. 成本核算员
7. 文书档案管理员
8. 打字员
9. 法庭书记员
10. 人口普查登记员

统计"√"的数量：

第五部分　你的能力类型简评

下面的列表（表 A 和表 B）是你在 6 个职业能力方面的自我评定表。你可以与同龄者比较出自己在每一方面的能力，然后经斟酌后对自己的能力作一评价。请在表中适当的数字上画圈。数字越大，表示你的能力越强。

注意：请勿全部画同样的数字，因为人的每项能力不可能完全一样。

表 A

R 型 机械操作能力	A 型 艺术创作能力	I 型 科学研究能力	S 型 解释表达能力	E 型 商业洽谈能力	C 型 事务执行能力
7	7	7	7	7	7
6	6	6	6	6	6
5	5	5	5	5	5
4	4	4	4	4	4
3	3	3	3	3	3
2	2	2	2	2	2
1	1	1	1	1	1

表 B

R 型 体力技能	A 型 音乐技能	I 型 数学技能	S 型 交际技能	E 型 领导技能	C 型 公共技能
7	7	7	7	7	7
6	6	6	6	6	6
5	5	5	5	5	5
4	4	4	4	4	4
3	3	3	3	3	3
2	2	2	2	2	2
1	1	1	1	1	1

第六部分　统计和确定你的职业倾向

请将上述几个部分的测验分数按前面已统计好的 6 种职业倾向（R 型、A 型、I 型、S 型、E 型、C 型）的得分填入下表，并作纵向累加。

测试	R 型	A 型	I 型	S 型	E 型	C 型
第二部分						
第三部分						
第四部分						
第五部分（表 A）						
第五部分（表 B）						
总分						

请将上表中的 6 种职业倾向的总分按从大到小的顺序从上至下排列：

_____型
_____型
_____型
_____型
_____型
_____型

答案

R：现实型（Realistic）

这种类型的人喜欢具体的、运动的、技术性的活动，倾向于以机器、物体为对象，以室外活动为特点的工作。适合这类人的职业有机械工人、现场技术人员、驾驶员等。这类人往往缺乏社交能力。

A：艺术型（Artistic）

这种类型的人和他人的接触是间接的，他们通过音乐、美术等创作表达自己，回避和他人相处产生的问题。适合的职业有作家、音乐家等。这类人往往缺乏办事的能力。

I：研究型（Investigative）

这种类型的人擅长归纳思考类的活动。这种类型的特征是抽象的、分析型的。这类人倾向于从事专业研究工作，适合的职业有研究者、医师等。这类人往往缺乏领导能力。

S：社会型（Social）

这种类型的人喜欢社交活动、关心社会问题、对教育活动感兴趣。他们主要的价值偏重于人道的、宗教的。适合的职业有教师、咨询人员等。这类人往往缺乏机械能力。

E：企业型（Enterprise）

这种类型的人在指挥他人、监督他人或销售物品的场合下，具有使用巧妙的语言技术吸引人的能力。喜欢担任领导角色，爱冒险。适合的职业有企业策划、制片人、销售和经营方面的工作。这类人缺乏科研能力。

C：事务型（Conventional）

这种类型的人显示出对计算等活动的偏好，具有实际的、良好控制的、有条理的、友善的特点。适合的工作有事务管理方面的工作。例如，会计师、办事员、银行工作人员等。这类人往往缺乏创新的能力。

建议：上述人格类型与职业关系也并非是绝对的。霍兰德在实验中发现，尽管大多数人的人格类型可以主要地划分为某一类型，但个人又有着广泛的适应能力，其人格类型在某种程度上相近于另外两种人格类型，则也能适应另外两种职业类型的工作。

附表 2　职业价值观测试量表

说明： 下面有 52 道题目，每个题目都有 5 个备选答案，请根据自己的实际情况或想法，在题目后面圈出相应字母，每题只能选择一个答案。通过测验，你可以大致了解自己的职业价值观念倾向（A——非常重要；B——比较重要；C——一般；D——较不重要；E——很不重要）。

1. 你的工作必须经常解决新的问题。　　　　　　　　　　　　　　　A B C D E
2. 你的工作能为社会福利带来看得见的效果。　　　　　　　　　　　A B C D E
3. 你的工作奖金很高。　　　　　　　　　　　　　　　　　　　　　A B C D E
4. 你的工作内容经常变换。　　　　　　　　　　　　　　　　　　　A B C D E
5. 你能在你的工作范围内自由发挥。　　　　　　　　　　　　　　　A B C D E
6. 工作能使你的同学、朋友非常羡慕你。　　　　　　　　　　　　　A B C D E
7. 工作带有艺术性。　　　　　　　　　　　　　　　　　　　　　　A B C D E
8. 你的工作能使人感觉到你是团体中的一份子。　　　　　　　　　　A B C D E
9. 不论你怎么干，你总能和大多数人一样晋级和涨工资。　　　　　　A B C D E
10. 你的工作使你有可能经常变换工作地点、场所或方式。　　　　　 A B C D E
11. 在工作中你能接触到各种不同的人。　　　　　　　　　　　　　 A B C D E
12. 你的工作上下班时间比较随便、自由。　　　　　　　　　　　　 A B C D E
13. 你的工作使你不断获得成功的感觉。　　　　　　　　　　　　　 A B C D E
14. 你的工作赋予你高于别人的权力。　　　　　　　　　　　　　　 A B C D E
15. 在工作中，你能试行一些自己的新想法。　　　　　　　　　　　 A B C D E
16. 在工作中你不会因为身体或能力等因素，被人瞧不起。　　　　　 A B C D E
17. 你能从工作的成果中，知道自己做得不错。　　　　　　　　　　 A B C D E
18. 你的工作经常要外出、参加各种集会和活动。　　　　　　　　　 A B C D E
19. 只要你干上这份工作，就不再被调到其他意想不到的
    单位和工种上去。　　　　　　　　　　　　　　　　　　　　　 A B C D E
20. 你的工作能使世界更美丽。　　　　　　　　　　　　　　　　　 A B C D E
21. 在你的工作中，不会有人常来打扰你。　　　　　　　　　　　　 A B C D E
22. 只要努力，你的工资会高于其他同年龄的人，
    升级或涨工资的可能性比干其他工作大得多。　　　　　　　　　 A B C D E

23. 你的工作是一项对智力的挑战。　　　　　　　　　　　　A B C D E
24. 你的工作要求你把一些事务管理得井井有条。　　　　　A B C D E
25. 你的工作单位有舒适的休息室、更衣室、浴室及其他设备。　A B C D E
26. 你的工作有可能结识各行各业的知名人物。　　　　　　A B C D E
27. 在你的工作中，能和同事建立良好的关系。　　　　　　A B C D E
28. 在别人眼中，你的工作是很重要的。　　　　　　　　　A B C D E
29. 在工作中你经常接触到新鲜的事物。　　　　　　　　　A B C D E
30. 你的工作使你能常常帮助别人。　　　　　　　　　　　A B C D E
31. 你在工作单位中，有可能经常变换工作。　　　　　　　A B C D E
32. 你的作风使你被别人尊重。　　　　　　　　　　　　　A B C D E
33. 同事和领导人品较好，相处比较随便。　　　　　　　　A B C D E
34. 你的工作会使许多人认识你。　　　　　　　　　　　　A B C D E
35. 你的工作场所很好，比如有适度的灯光，安静、清洁的
    工作环境，甚至恒温、恒湿等优越的条件。　　　　　　A B C D E
36. 在工作中，你为他人服务，使他人感到很满意，你自己也很高兴。
    　　　　　　　　　　　　　　　　　　　　　　　　　A B C D E
37. 你的工作需要计划和组织别人的工作。　　　　　　　　A B C D E
38. 你的工作需要敏锐的思考。　　　　　　　　　　　　　A B C D E
39. 你的工作可以使你获得较多的额外收入，比如：常发实物、常购
    买打折扣的商品、常发商品的提货券、有机会购买进口货等。　A B C D E
40. 在工作中你是不受别人差遣的。　　　　　　　　　　　A B C D E
41. 你的工作结果应该是一种艺术而不是一般的产品。　　　A B C D E
42. 在工作中不必担心会因为所做的事情领导不满意，
    而受到训斥或经济惩罚。　　　　　　　　　　　　　　A B C D E
43. 在你的工作中能和领导有融洽的关系。　　　　　　　　A B C D E
44. 你可以看见你努力工作的成果。　　　　　　　　　　　A B C D E
45. 在工作中常常要你提出许多新的想法。　　　　　　　　A B C D E
46. 由于你的工作，经常有许多人来感谢你。　　　　　　　A B C D E
47. 你的工作成果常常能得到上级、同事或社会的肯定。　　A B C D E
48. 在工作中，你可能做一个负责人，虽然可能只领导很少

几个人，但你信奉"宁做兵头，不做将尾"的俗语。　　　　A B C D E

49. 你从事的那种工作，经常在报刊、电视中被提到，因而
在人们的心目中很有地位。　　　　　　　　　　　　A B C D E

50. 你的工作有数量可观的夜班费、加班费、保健费或营养费。　A B C D E

51. 你的工作比较轻松，精神上也不紧张。　　　　　　　A B C D E

52. 你的工作需要和影视、戏剧、音乐、美术、文学等艺术打交道。A B C D E

评分与评价：上面的52道题分别代表13项工作价值观。每圈一个A得5分、B得4分、C得3分、D得2分、E得1分。请你根据下面评价表中每一项前面的题号，计算一下每一项的得分总数，并把它填在每一项的得分栏上。然后在表格下面依次列出得分最高和最低的三项。

1. 利他主义（2、30、36、46）：工作的目的和价值，在于直接为大众的幸福和利益尽一份力。

2. 美感（7、20、41、52）：工作的目的和价值，在于能不断地追求美的东西，得到美感的享受。

3. 智力刺激（1、23、38、45）：工作的目的和价值，在于不断进行智力的操作，动脑思考，学习以及探索新事物，解决新问题。

4. 成就感（13、17、44、47）：工作的目的和价值，在于不断创新，不断取得成就，不断得到领导与同事的赞扬，或不断实现自己想要做的事。

5. 独立性（5、15、21、40）：工作的目的和价值，在于能充分发挥自己的独立性和主动性，按自己的方式、步调或想法去做，不受他人的干扰。

6. 社会地位（6、28、32、49）：工作的目的和价值，在于所从事的工作在人们的心目中有较高的社会地位，从而使自己得到了别人的重视与尊敬。

7. 管理（14、24、37、48）：工作的目的和价值，在于获得对他人或某事物的管理支配权，能指挥和调遣一定范围内的人或事物。

8. 经济报酬（3、22、39、50）：工作的目的和价值，在于获得优厚的报酬，使自己有足够的财力去获得自己想要的东西，使生活过得较为富足。

9. 社会交际（11、18、26、34）：工作的目的和价值，在于能和各种人交往，建立比较广泛的社会联系和关系，甚至能和知名人物结识。

10. 安全感（9、16、19、42）：不管自己能力怎样，希望在工作中有一个安稳

局面，不会因为奖金、涨工资、调动工作或领导训斥等经常提心吊胆、心烦意乱。

11. 舒适（12、25、35、51）：希望能将工作作为一种消遣、休息或享受的形式，追求比较舒适、轻松、自由、优越的工作条件和环境。

12. 人际关系（8、27、33、43）：希望一起工作的大多数同事和领导人品较好，相处在一起感到愉快、自然，认为这就是很有价值的事，是一种极大的满足。

13. 变异性或追求新意（4、10、29、31）：希望工作的内容应该经常变换，使工作和生活显得丰富多彩，不单调枯燥。

得分最高的三项是：

1. _____
2. _____
3. _____

得分最低的三项是：

1. _____
2. _____
3. _____

从得分最高和最低的三项中，可以大致看出你的价值倾向，在选择职业时就可以加以考虑。

第四章 就业形势分析

学习目标

1. 了解影响高职生就业的因素；
2. 了解高职生就业去向和趋势。

案例导入

小张在加拿大攻读管理硕士，如今学成毕业归国，由于找不到工作在家待业。刚开始回国时，小王给自己的定位是非跨国大企业不去，年薪低于10万元不去，工作地非一线大城市不去。可经过几次面试之后，他发现"海归"不那么吃香了。前几天收到一份部门主管职位的面试通知，虽说月薪3500元低于心理价位，但他还是去了。没想到，那天一起面试的竟然还有几名"海归"。不过吃惊的还在后面，面试的结果是几名"海归"全部落选，一位国内毕业的高职生得到了岗位。公司人力资源总监解释说，国内毕业的高职生的工作经验足、工作能力强。

上面的事例说明，一是有些"海归"自我定位过高，有学历但缺能力，不注重对能力的培养；二是目前留学生的专业选择与国内人才需求严重脱节，导致留学生"偏科"现象严重，回国后就业艰难。另外，除了"海归"自身的原因外，中国社会也没有为容纳"海归"提供完全平等的条件。所以，"海归"们应该按照中国市场的需求调整自己的心态和期望值，并且根据社会实际要求，进行受教育的计划安排。

高职生就业是我国就业问题中带有战略性的核心问题。近几年来，伴随着高校的规模扩大，高校毕业生人数急剧增长，并且受多方面因素的影响，出现了大学毕业生就业难的问题，高校毕业生就业形势也越加严峻。

第一节 影响高职生就业的因素

高校扩招以来，我国普通高校本专科招生从1998年的108.36万人增至2008年的599万人，增幅达453%。20世纪80年代末，我国高校毛入学率（高校在校生与适龄人口之比）达到4%。20世纪90年代末，毛入学率进一步上升到9%，但每年普通高校毕业生还不到100万人。此后，从1998年毛入学率9.8%增至2008年的23%。国际上公认的一个标准为当一个国家毛入学率低于15%时，属于精英高等教育阶段；当毛入学率高于15%低于50%时，为大众化高等教育阶段；当毛入学率高于50%时，为普及化高等教育阶段。因此从数量上看，我国高等教育确实实现了跨越式发展，一举由精英高等教育阶段步入了大众化高等教育阶段。

近年来，社会主义市场经济体制结构的调整、市场经济条件下就业的状况和高等教育发展现状等问题的出现，给高校毕业生就业带来了一线生机，但发展现状还是令人担忧。

一、社会主义市场经济体制对高职生就业的影响

（一）产业结构

产业结构没有调整到位是造成就业难的一个主因，因为当前我国第一产业的农业部门还是低层次的垦殖，接收大学毕业生的容量极为有限。农业是艰苦行业、基础产业，目前尚属科技含量较低的产业。而且根据我国目前劳动力资源发展状况，越来越多的从事第一产业的农民工成为流动人口大军，正在向第二和第三产业不断转化。

第二产业特别是制造加工业，由于结构性供大于求且拥有自主知识产权的高科技产业比例偏低，部分地区经济结构过分依赖外向型经济等结构性问题的存在，致

使金融危机下就业岗位数不增反减。第三产业虽是吸纳劳动力的主要场所，近年的增长速度也较快，但受许多因素的制约，吸纳新增人数特别是高端人才的能力有限，不足以解决其他产业转移和高职生新增人员，因此就业岗位的提供关键在于发展产业结构合理的国民经济。这也是解决高职生以及整个社会就业难的核心问题。

根据一项调查，2005年全国第一、二、三产业的在业人员和比例结构分别为3.4亿人、1.8亿人、2.4亿人和44.7%、23.7%、31.6%。其中，第二产业的工业劳动人口为1.3亿人，建筑业为0.5亿人；第三产业的交通、仓储、邮电业为0.5亿人，商业、餐饮、金融、房地产和生活服务业为1.3亿人，教科文卫体及软件与咨询服务业为0.41亿人，机关与社会团体为0.19亿人。也就是说，企业有3.6亿个就业岗位，机关、事业单位和中介机构仅有0.6亿个就业岗位，两者的比例为6：1，在二、三产业中吸纳人才潜力最大的是城乡经济部门和企业。可见，第三产业的快速发展为高职生就业提供了充足的岗位和保障。

（二）城乡二元经济结构

我国地域辽阔，各地区区域差别大，资源禀赋不相同，经济发展不平衡。由于历史的原因，长期形成了双重的城乡二元结构（即城市发达，农村落后），即在经济上存在传统农业和现代工业二元结构的同时，也在户籍、教育、医疗和社会保障等诸多方面，存在着社会体制方面的二元结构，这种城乡二元结构造成的深层次问题突出。总体而言，东部地区最发达，中部地区次之，西部地区最落后。

据有关统计资料表明，全国各类高级专家有75%分布在沿海发达地区，中部地区占21%，西部仅为4%。西部地区每万名劳动者中，拥有中专以上学历及初级以上职称人员不足百人，还不到东部地区的1/10。人才流失、断层问题严重，直接制约了西部地区经济发展，无法形成"洼地效应"，造成恶性循环。在城乡二元化体制作用下，城市与农村发展差距越来越大。比如，会宁县是全国闻名的"高考状元县"，从恢复高考后至今有3.58万人考入普通高校，但毕业后回会宁工作的仅占12%。正是由于经济发展水平滞后、社会保障乏力、发展机遇欠缺，所以大量农村毕业生不愿回到农村，进而加剧了城乡经济发展差距。

中国城乡二元化结构导致高职生就业呈现"倒金字塔"状况。正是由于我国的区域差别巨大，高职生在择业时普遍期望在大城市、东部地区就业，而不愿意到中西部以及农村地区就业。这样，在大城市、东部地区人才济济，一些大学毕业生找不到工作，处于失业状态；在中西部以及广阔的农村地区急需大量的高素质人才的情况下，大学毕业生却不愿问津，这就形成了区域差别型结构性失业。

现在的人才需求是基层的多，高层的少，呈"正金字塔"形。而目前我国高职生就业的格局却是浮在上面的多，沉到基层的少，呈现"倒金字塔"结构。很多本科毕业生、研究生不愿意去基层单位就业，因为生活条件、工资、福利待遇和城市相比有着很大的差距，造成宁可在城里待业，也不去基层就业、创业的情况。党的十七届三中全会提出实施城乡一体化发展战略，逐渐缩小城乡差距。我们相信，随着国家相关措施的落实，城乡一体化进程发展步伐的加快，高职生就业状况会逐渐有所好转。

二、高等教育大众化对高职生就业的影响

与精英高等教育阶段相比，大众化高等教育阶段的大学毕业生就业具有如下特点。

（一）大学毕业生的身份由"精英"走向"大众"

马丁·特罗教授1973年在《从精英向大众高等教育转变中的问题》一文中分析了精英、大众化和普及化三个阶段高等教育的特征，其中在精英教育阶段，接受高等教育被认为是出身好或天赋高或两者兼备的人的特权；而在大众化教育阶段，接受高等教育被认为是具有一定资格者的一种权利。大众化高等教育与精英高等教育相比，更多的适龄青年有机会进入大学，高职生由"天之骄子"变为普通老百姓。

在精英高等教育阶段，高等教育的主要功能是培养治国精英和学术精英，它起到赋予这些精英以职业阶梯上的等级和社会结构中的位置的作用。高等教育是用来培养精英人才的教育，高校毕业生是社会稀缺资源，是"天之骄子"，"皇帝的女儿不愁嫁"。高校毕业生就业是一种与之相适应的，在社会精英岗位上的就业。在我国，毕业生就业实行的是"统包统分"的分配制度，大学毕业生就是"国家干部"。在大众化高等教育阶段，高等教育从满足培养少数精英的国家需求转向同时满足更广泛的社会需求和公民的个人要求。高等教育是提高人民素质的一种手段而不是必然地和所谓的"高尚职业"联系在一起的方式。正如高等教育家纳依曼所说："当人们开始探讨大众化高等教育问题时，尤其是探讨普及性的高等教育的时候，明显的是这种高等教育现在不能、将来也不能把毕业文凭的概念必然地与工作职务概念联系起来，这个职务又不能完全符合他所得到的文凭的资格。"就高校毕业生整体的就业情况而言，目前是进入了一个"大众化就业"的时代。社会精英岗位与高校毕业生数量相比

显得不足甚至短缺。高职生由计划经济体制下的"宠儿"变为普通老百姓,不存在"统包统分"的问题,而是公平地参与社会竞争。一部分高职生通过竞争进入社会的精英岗位,一部分高职生从事与大众化相适应的"蓝领"工作。随着高等教育大众化的推进,这种就业现象将变得更为普遍、习以为常。在高等教育已经大众化的国家,如德国,这已成为一种普遍的就业现象,高职生所从事的就是基层的一般性工作。

(二)大学毕业生的就业市场由"卖方"走向"买方"

精英教育阶段,高校毕业生是社会稀缺资源,就业岗位多,择业范围宽,就业压力小,特别是毕业生就业制度改革前,我国实行"统包统分"的就业办法,毕业生完全由国家安排就业,根本没有就业压力。高等学校按照上级教育主管部门颁布的教学大纲培养人才,只管"产"不管"销",毕业生就业只是高校一项临时性的事务工作。高等教育进入大众化阶段,社会提供的"精英"岗位非常有限,绝大多数高校毕业生随之由"精英"走向"大众",由"天之骄子"变成普通求职者,毕业生就业市场由"卖方"走向"买方",毕业生内部也出现明显的分化,学校之间(特别是名校与非名校、重点与非重点之间)、不同学历之间以及不同个体之间的竞争在毕业生就业市场上演绎得淋漓尽致。可以说,高校及其毕业生在就业市场上展开了一场"没有硝烟的战争":高校抢占毕业生就业市场份额,抢占生存发展的空间;毕业生抢占就业机会,抢占人生起始的制高点。于是高校毕业生就业理所当然地从学校工作的边沿走向中心,成为影响高等教育健康发展的中心内容,成为高等教育关注的焦点,而且这种关注绝不会是暂时因为扩招所引起的,而是高等教育规律性发展的内在需求,高等教育的发展也应以就业为中心。

(三)大学毕业生的就业结构趋向三、二、一产业

从世界经济发展看,随着社会的发展和科学技术水平的提高,第三产业的从业人员迅速增加。发达国家和新兴工业化国家第三产业从业人员比重一般达到60%~75%,如1997年三次产业从业人员比重韩国为11∶31∶58,新加坡为0.3∶30.7∶69,日本为5∶33∶62,美国为3∶24∶73;巴西、埃及、印度和巴基斯坦等发展中国家的第三产业从业人员比重分别为54.3%、44.1%、39.8%、34.6%;我国2001年第三产业从业人员的比重是27.7%。虽然我国就业结构与发达国家及部分发展中国家相比还有不小的差距,但就业结构优化的速度在不断加快。我国从业人员在三次产业中的分配比例由1978年的70.5∶17.4∶12.1,变为2001年的50.0∶22.3∶27.7。可以预计,随着我国高等教育大众化及"全面建设小康社会"的推进,第三

产业从业人员必将大幅度增加，将会从现在所占比例不到30％，上升到50％左右。

现代化的第三产业是以知识和高科技为支撑的，其中，金融保险业、法律、审计、财会、投资、心理、职业和出国留学等方面的咨询服务业，各类经纪人和中介机构；文化教育等服务产业的发展，要求其从业人员中的半数以上者是取得大学学历的人员。在美国，仅高水平的教育服务一项，每年创造的收入就高达2 000亿美元，其容纳的就业人数约200万人。我国人口总数比美国多4倍，但高校职工才100多万人。由此可见，我国第三产业的发展空间非常大，发展前景非常看好。大学毕业生大量转移到第三产业领域就业，是高等教育大众化时代大学毕业生就业的一个显著特点。

（四）大学毕业生的就业形式由单一性走向多样性

高等教育步入大众化发展阶段，已不仅仅是数量的变化，高等教育的入学起点、社会需求、培养模式、教学方式及培养目标等都将发生一系列改变，这是质的变化，它要求高等教育培养数以亿计的高素质劳动者、数以千万计的专门人才和一大批拔尖创新人才。培养目标要求的多样化必然导致毕业生就业取向、就业形式的多样化。精英阶段的高等教育培养的是"英才"，学生毕业后大多当"白领"；大众化阶段的高等教育培养的既有"英才"，也有普通劳动者，毕业生既有当"白领"的，也有当"蓝领"，甚至"灰领"的。高校毕业生就业是社会就业的一个重要组成部分，社会有多少种就业形式，高校毕业生就可能有多少种就业形式。

从工作时间划分，有全日制就业、半日制就业和计时就业等。从就业地点来看，有大城市、沿海城市和中小城市、城镇、西部或边远贫困地区。从就业单位属性选择来看，有党政机关、三资企业、外贸机构、科研院所、高等院校、国有大中型企业及乡镇集体企业等。从就业途径来看，有参加人才招聘会、学校推荐、亲朋好友推荐和网上求职等。从岗位来源看，可分就业（占据已有岗位）、创业（创造新岗位）。从实现方式看，可分一次性就业、准备就业（如高职生志愿服务西部）、暂时待业（含继续深造、准备考研及留学）等。从就业标准选择来看，有选经济收入高、福利待遇好的；能发挥才能，实现个人价值；符合个人的兴趣和爱好；专业对口、今后有较好的受教育和晋升机会、工作的轻松度、职业的社会地位以及社会需要等。从就业管理性质看，可分显性就业（又称正规就业，即按照国家劳动力市场规范管理的途径和方式实现就业）、隐性就业（又称非正规就业，即没有按照国家劳动力市场规范就业的方式而获取职业，如自我雇用、家庭内就业、阶段性就业、钟点工、临时工、季节工、自由职业者、网站管理员、自由撰稿人和微型公关公司职员等)。

高等教育大规模扩招的直接结果之一就是高校毕业生人数的大幅度增加。高校毕业生的大量增加,使得大学毕业生就业问题出现了一些新的矛盾现象:"有岗无人"和"有人无岗"现象并存;"无业可就"和"有业不就"现象并存;高级"蓝领"奇缺和高职毕业生就业率偏低现象并存。据统计,2001年,高校毕业生共有115万人,截至6月,本科生就业率超过80%,研究生超过95%,专科生达到40%。2002年,高校毕业生有145万人,其中教育部直属高校毕业生就业率,截至7月,各校的就业率从70%以下到95%不等。2003年,高校毕业生为212万人,截至9月初,全国高校毕业生就业率达到70%,其中本科生就业率约为83%,高职高专毕业生就业率约为55%。2004年,高校毕业生280万人,截至9月1日,全国普通高校毕业生平均就业率达73%,其中研究生就业率93%,本科生84%,高职(专科)生61%。由此可见,大学毕业生的就业形势还不太乐观,尤其是专科学生,虽然就业率有逐年好转的趋势,但39%的学生未及时找到就业岗位,其绝对数并不少。

但从总体上说,目前我国高校毕业生数量与各行各业的需求量相比还远远不足,毕业生就业困难只是结构性的,表现为结构性失衡:专业能力不符、学历层次不符及地区布局不均等。以专业技术人员为例,我国专业技术人员仅占全部从业人员的5.5%,只相当于发达国家的1/4,且全国具有本科及以上学历的专业技术人员仅占总数的17.5%;全国专业技术人员总数的85%集中在国有单位,其中大多集中在东中部地区;专业技术人才中,在国有事业单位就职的占60%,而在企业的不足40%,非公有制企业中的专业技术人才严重缺乏。导致我国目前大学毕业生就业不太乐观的根本原因,不是我国正在努力实现的高等教育大众化,而是传统的精英就业观念、就业制度得不到更新,从而使高等教育大众化对高职生就业产生了一定的影响。

第二节 就业形势现状

随着我国社会主义市场经济的进一步完善,产业结构的不断优化调整,城市化率的逐渐提高,世界整体经济环境的变化,我国人力资源结构在不断地进行调整。这给高职生就业带来了巨大的压力,就业形势十分严峻。

一、社会整体劳动就业供求矛盾突出

近年来，我国社会整体劳动力供给呈现出城镇新增劳动力就业规模大，农村劳动力转移规模大，下岗失业人员再就业规模大，劳动就业人口总量规模大的情况。以 2009 年为例，全年城镇需要就业的人员总数超过 2 400 万人，如果按照 8% 的经济增长速度测算，全年能够提供的新增就业岗位总数仅约为 1 200 万个，供求缺口达到 1 200 万个以上。另外，中国的劳动力市场还面临来自约 1 400 万国企下岗失业人员、1.5 亿农村富余劳力的巨大压力。所以，城镇新增劳动力就业、农村劳动力转移和下岗失业人员无形中加剧了城市劳动力市场供大于求的紧张态势，给高职生就业带来了极为不利的影响。

二、大学毕业生人数逐年增加，总体就业率下降

近十年来，高等院校不断扩招，我国的高等教育由"精英教育"阶段进入到"大众化教育"阶段。高职生就业市场由过去的"卖方"市场转为"买方"市场。近几年，我国大学毕业生人数持续大幅度增加，平均增长速度在每年 50 万人以上。2003 年全国普通高校毕业生人数为 212 万人，2004 年增加到 280 万人，2005 年扩大到 338 万人，2006 年突破 400 万人大关，达到 413 万人，2007 年高达 495 万人，2008 年又增加到 559 万人，2009 年突破 600 万人大关，达到 611 万人。2010 年全国普通高校毕业生人数高达 631 万人。2011 年全国高校毕业生人数达到 660 万人。

与此相对应的是高职生总体就业率出现下降。从 2001 年开始，我国高校毕业生就业率基本上在 75% 左右。2008 年、2009 年全国毕业生就业率降至 68%。从 2007 年起，我国每年都有超过 100 万名的大学毕业生未能实现就业，并且待业人数逐年增加。这些都表明，随着我国高职生毕业人数的逐年增加，高职生就业供需矛盾更加突出，高职生就业压力进一步增大，高职生就业已经成为全社会重点关注的问题。

三、高职生就业结构矛盾性突出

目前，我国大学毕业生就业整体呈现结构性矛盾，具体表现在学历、院校、专业和区域 4 个方面。在学历方面，正常的现象是毕业生学历层次越高，就业率也越高。但是近些年，受用人单位的影响以及高校不断扩招致使本科毕业生人数过多，远远高于社会实际需求，甚至出现了个别高职高专学生的就业率高于普通本科毕业

生就业率的现象。在专业方面，教育部公布的《2008年全国普通高校本科部分专业毕业生规模及就业率区间分布》显示，采矿工程、石油工程、矿物加工工程、地质工程、冶金工程、飞行技术及船舶与海洋工程等专业毕业生就业情况良好，而像法学、教育学、历史学、文学及哲学这样的传统专业毕业生的就业情况相对不佳。

在院校方面，直属高校、部门高校和地方高校在软、硬件等方面存在较大差别，因而培养的毕业生专业水平存在差异。另外，用人单位越来越看重毕业院校的类别，经常对此做出限制，从而导致直属高校毕业生就业情况较好，地方高校毕业生就业情况令人担忧；在市场方面，高职生的就业首选地区集中在东部沿海经济发达地区，如珠三角和长三角地区以及北京、上海、广州、深圳等大城市，对西部欠发达地区却很少有人问津。这就导致东部地区就业压力过大，就业竞争十分激烈，西部地区相对人才短缺。对职业的选择，毕业生更愿意到国家机关、国有企事业单位就职，但是由于各种原因，这些渠道吸纳毕业生的能力在逐年下降。

四、高薪职位难求，职位层次下降，薪酬水平下降

据一些用人单位介绍，2009年应届毕业生对于薪酬的要求普遍下降，热门专业的研究生一般要求月薪在5 000元左右，而一些热门专业（如计算机、电子工程、金融贸易类）的本科生月薪要求为2 000~3 000元。冷门专业学生要求则更低，有些毕业生甚至表示，试用期内月薪千元也可以接受。

五、严峻就业形势中的有利因素

尽管高职生就业的总体形势严峻，但是我们也不要悲观，应该看到不利之中还有许多有利因素：我国经济发展态势良好，为毕业生提供了较好的就业环境。虽然国际经济环境不景气给我国经济造成严重的冲击和影响，但由于我国政府采取了拉动内需、产业结构调整和国企改革等积极而行之有效的经济政策，所以我国经济能够连续多年实现平稳快速的增长，这样良好的国内经济环境为毕业生就业创造了许多有利的条件。

高校就业指导工作不断加强，学生的就业心态越来越好。经过多年的改革发展，毕业生的就业工作在学校越来越受到重视，就业指导机构普遍得到充实和加强。以高校为基础的各种形式、不同规模的就业市场活动日趋规范，受到毕业生和用人单位的普遍欢迎。一方面高校积极为毕业生开展就业指导，为毕业生就业创造并提供

条件；另一方面大多数毕业生能够认清形势，调整心态，及时转变观念，不断提高谋职、就业能力。许多学生都树立了"先就业、后择业"的观念，相信"是金子总会发光的"，对自己的未来充满自信。

毕业生的综合素质不断提高将有助于顺利就业。近年来，各高校努力提高教学质量，加强高职生综合素质培训从而使高职生素质有了明显的提高，其中高职生在心理素质、择业观念、自我推销能力和创造能力等方面有了显著进步，这些都为高职生顺利就业提供了有利条件。政府近几年来出台了针对高职生就业与创业的各种优惠政策，积极鼓励高职生"自主创业"，如鼓励高职生到西部支援西部大开发、政府机关招聘公务员要从高职生中选拔以及鼓励高职生到基层锻炼等就业政策。

第三节　就业形势走向

客观地分析当前大学毕业生的就业趋势，我们也不必产生过多的恐慌和焦虑，甚至悲观失望。应当看到，当前出现的高职生就业难问题是暂时的，是发展中出现的问题，是前进中的问题，是可以逐步得到缓解和解决的。所以充分认识和全面把握今后一段时间高职生就业的趋势，从而坚定信心，对我们正确择业是十分重要的。

一、社会总体对毕业生的需求大于供给

对于高职生出现的就业难问题，有人说是高职生太多了，事实上，中国目前仍属于人才奇缺的状态，还没有达到大学毕业生多得分不出去的程度。根据国家统计局的统计，中国受过高等教育的人数仅占全国人口比例的5.7%（发达国家为30%～50%；美国60%；日韩30%；不发达国家8.8%；印度16%）。中国在世界上排在倒数的位置，就连北京这样属于全国人才最集中的地区也才刚刚达到20%，比起发达国家仍然存在相当大的差距。在我国城镇失业人员中，受过大专以上教育的仅占4.7%。由于各行各业的各级各类单位都需要大学毕业生去补充科技管理干部队伍，提高职工文化素质及文化水平，因此中国目前并不存在大学毕业生已经多得分配不出去的问题。

二、我国宏观经济整体表现出良好态势

解决就业难问题，首先要靠经济发展。近几年来，在全球经济普遍不景气的情

况下，我国经济一直保持着较快增长的良好势头。2003年人均GDP超过1 000美元，这标志着我国已由低收入国家进入中低收入国家行列。2005年GDP增长7%，新增就业岗位900多万个，GDP增速从2004年的9.1%上调为7.1%，却可以腾出一部分财力物力去发展社会事业，支持农业，再次吸纳就业。

目前，新一轮加速增长正成为世界经济的主流动向，不仅美国、日本和欧盟经济体已显现出强劲复苏态势，东南亚、俄罗斯及印度等也显现高速增长迹象。在经济全球化时代，我国经济也必将快速增长，今后相当一段时间，GDP要保持在年均7.2%以上，经济的持续快速增长必将会对扩大就业产生强有力的拉动作用，特别是我国经济增长方式的转变和产业结构调整的不断推进，作为高素质人才的大学毕业生将会拥有更多的就业空间。

三、非公有制经济单位对大学毕业生的需求急剧增加

党的十六大报告中指出："必须毫不动摇地鼓励、支持和引导非公有制经济发展。个体、私营等各种形式的非公有制经济是社会主义市场经济的重要组成部分"，"充分发挥个体、私营等非公有制经济在促进经济增长、扩大就业和活跃市场等方面的重要作用"。实践证明，中小企业是吸纳劳动力的最主要渠道，许多国家80%以上的就业岗位都是由中小企业提供的。

非公有制经济已在我国国民经济领域中占有越来越大的比重，对大学毕业生的需求量也在急剧增加，目前非公有制单位对人才的需求已超过了国有单位，现在已有许多非公有制单位到各高校招聘人才。据统计，目前中小企业提供我国城镇70%的就业岗位。全国工业部门就业人数为1.63亿人，其中在民营企业就业的就有1.2亿人左右，约占75%。但目前，我国中小企业的发展与国外相比还是滞后，一些国家中小企业的比重占了本国企业的2/3以上，印度等国甚至占到95%以上。在发达国家，一般每千人平均有50个企业，而我国每千人不到9个企业，中小企业还有相当大的发展空间。

四、高新技术企业对人才需求增加

随着高新技术企业在我国飞速发展，对高新技术人才的需求量必然大量增加，因此对高新技术有关专业的毕业生的需求非常紧俏。如计算机及应用、计算机网络、计算机软件和通信工程等专业，在人才需求排序中名列前茅。另外，无线电技术、

电气工程及其自动化、数控技术及应用、焊接等专业的人才需求量也很大。各地各行业目前都在积极喜迎高新技术人才，提供各种优惠条件，为其创造良好的工作和学习环境，这种日益浓厚的尊重知识、尊重人才的风气，必然为毕业生就业带来更多的机遇。

五、有关毕业生就业的政策陆续出台

解决毕业生就业问题，除了靠经济发展，还要靠政策扶持。党和政府对高职生就业工作高度重视，每年都根据不同的就业形式，出台相应的就业政策和措施，对毕业生就业工作进行宏观指导，统筹安排。这些就业政策为指导、协调及安排毕业生就业提供了有力的保障，最大限度地保障了毕业生优先就业。

六、就业指导取得可喜成绩，就业市场逐步规范

就业工作是系统工程，就业是生产发展的头等大事。目前，各高校都已建立高职生就业指导服务体系，并不断提升信息化就业工作水平，构建为毕业生就业实行全方位服务的体系。高校毕业生就业市场也已逐步形成规模并走向成熟，"要工作，找市场"已逐渐成为广大毕业生的共识，每年有70%～80%的毕业生是通过各类就业市场落实工作单位的。

讨 论

每一个人都渴望他人的认同和赞扬，本活动注重"强调积极"，强调每一个人都渴望他人的认同和赞扬。

形式：小组讨论

时间：10分钟以内

操作程序：

（1）将学生分成若干小组，每组2人。

（2）每位参与者都给他的组员以下方面的评价：一个外貌方面特别漂亮的特征，一个或两个特别令人欣赏的性格特征，一种或两种特别的才能。

讨论内容：

（1）为什么对大多数人来说，给予他人赞扬是困难的？

（2）为什么人们总是会很快给出负面的评价，而正面赞扬却少之又少？

练习题

1. 大学毕业生是普通劳动者吗?
2. 就业一定要专业对口吗?

第五章 就业能力提升

学习目标

1. 了解高职生就业能力的构成因素；
2. 掌握提高就业能力的方法途径；
3. 了解高职生顶岗实习的目标要求；
4. 明确高职生就业定位和目标。

案例导入

一位哲学家搭乘一个渔夫的小船过河。行船之际，这位哲学家向渔夫问道："你懂得数学吗？"

渔夫回答："不懂。"哲学家："你失去了三分之一的生命。"

哲学家又问："你懂得历史吗？"

渔夫回答："不懂。"哲学家："你失去了一半的生命。"

哲学家再问："你懂得哲学吗？"

渔夫回答："不懂。"

哲学家叹道："你失去了一半以上的生命。"

这时河面上刮起了一阵狂风，把小船掀翻了。渔夫和哲学家都掉进了水里。

渔夫向哲学家喊道："先生，你会游泳吗？"

> 哲学家回答说:"不会。"
>
> 渔夫非常遗憾地说:"那么你将失去整个生命!"

这是马克思给他心爱的女儿劳拉所讲的一个故事。它蕴涵了一个非常深刻的人生哲理:一个没有学会在人生长河中游泳的人,即使其他的东西学得再多,他也无法在这人生的长河中生存下来。因为他缺乏基本的适应和生存能力。

为了应对高校毕业生就业压力逐年增大的挑战,高校就业指导正在逐渐转变教育理念,从有利于高职生长期全面发展、有利于培养有竞争力的青年国民、有利于高等教育深入有序开展素质教育的战略远见出发来开展工作,同时,全面提升就业能力也已成为解决高职生就业问题的必然选择。提升就业能力是高职生的头等大事,下面分别从就业能力概念、专业能力培养和通用能力培养三方面来阐述如何提升就业能力。

第一节 大学毕业生就业能力

20世纪末,高校扩招引起毕业生急剧增加,毕业生就业难日益成为社会关注的焦点问题之一。高校毕业生本来是国家培养的人才,是国家建设的主要力量,什么问题导致高素质的高校毕业生产生了就业困难?除了就业过程中的总量矛盾问题以外,是否还有其他问题?本节仅从构成大学毕业生就业能力各要素着手,尝试提出提高毕业生就业能力的方法,以期为在校高职生及关心大学毕业生就业困难问题者提供理论参考。

一、大学毕业生就业能力

随着大学教育和大学毕业生就业竞争日益加剧成为社会关注的焦点之一,如何提高大学毕业生的就业能力也成为社会各界迫切需要解决的问题。何谓大学毕业生就业能力?相关文献资料对此有以下定义。

美国培训与开发协会将就业能力分为5个类别、16项技能,即基本胜任力(阅读、协作和计算)、沟通能力(说和听)、适应能力(问题解决、创造性的思考)、群体效果(人际技能、团队工作及协商能力)和影响能力(理解组织文化、分享领导）等。

瑞士联邦工业大学高等教育中心主任 M·L·戈德斯密德教授所领导的研究小组认为高职生顺利就业必须具备 5 个方面的能力和素质：就业动机及良好的个人素质、人际关系技巧、丰富的科学知识、有效的工作方法和敏锐的广阔视野。

在很多大学生职业发展与就业指导书中，对高职生就业能力的概念是这样定义的：就业能力包括基础技能、个体管理技能和团队工作技能三个部分，其中，基础技能是个体就业和进一步发展必需的，具有基础性的能力，包括沟通能力、信息管理能力、数据运算能力、思考和解决问题的能力等；个体管理技能是指促进个体潜力发挥，有利于个体在就业过程中不断成长的技能、态度和行为，包括显示积极态度和行为的能力、负责任、适应变化、不断学习及安全工作等方面；团队工作技能是指和别人协作、积极参与集体项目方面的能力。

也有国内专家学者认为，就业能力可以大体分为专业能力和通用能力。

综上所述并结合长期在就业一线工作中对毕业生的观察及个别典型案例的分析，认为高职生就业能力由以下几个部分组成：专业技能、基本能力、教育背景和家庭背景。这四部分基本决定了大学毕业生择业、乐业的成败。

其中，专业技能指的是通过学习和训练，形成一定的操作技巧和思维活动能力，并通过自己的劳动，运用专业技能获得劳动成果，获得社会的认可，从而在社会分工中发挥自己的价值，获得职业。比如，计算机软件程序员，能够通过自己的劳动，编写计算机程序，为相关单位创造价值，获得报酬；足球运动员，通过踢球的技能为社会提供文化精神产品，创造价值，获得职业。再比如，运用体育技能教育孩子篮球、足球和武术等项目技能，可以获得体育教师的职业；画家可以通过自己画画的专业技能获取社会的认可，获得报酬等。

基本能力是指观察、记忆、思维、想象、语言能力、判断力、联想力、模仿能力、创造能力、认知能力、操作能力和社交能力等。比较重要的主要有语言能力、思维能力、操作能力、社交能力及应试能力。它是人们完成任何活动必不可少的能力部分。

教育背景是指大学毕业生的学历学位、毕业院校和所学专业以及受教育的经历。

家庭背景是指家庭成员构成，包括家庭成员背景和社会关系、家庭财富等。比如，在家庭财富允许的情况下，大学毕业生可以有更多的资金去准备参加各种技能证件考试,参加辅导班等,从而获得更多的机会,甚至有资金能力进行自主创业。

二、大学毕业生就业能力各部分作用关系

就业能力组成部分在就业过程中所起到的作用不一样,在就业能力组成中的比重不一样。在对专业技能要求非常高的职业中,专业技能对大学毕业生找到工作起到的作用能达到90%左右。如建筑设计师、软件程序员等。对专业技能要求不是很高的职业,则对一般能力要求较高,比如,某些公务员岗位,需要语言能力、应变能力及应试能力。教育背景在择业过程中不同的职业时期,所起到的作用不一样。在精英教育时期,可能会起到90%的作用;在大众教育阶段,学历在就业能力中的比重在下降,用人单位已经开始重视能力而非学历了。智联招聘的调查报告显示,用人单位对员工学历的要求在降低,对经验和能力的要求却在提高。前些年,海外教育背景人士非常受职场欢迎,但近年来部分用人单位已经根据能力、毕业院校和专业等指标开始筛选海外教育背景应聘者,这导致部分"海归"毕业生找不到工作,或者待遇等情况不是很理想。

如果一个毕业生的就业能力中的四个部分都很突出,那么这个大学毕业生将有很好的就业前景。其中一部分非常突出,其他部分没有严重的短板,这个大学毕业生就业也是值得期待的。各个方面都不出色且有短板的大学毕业生在就业方面就要面临就业困难的局面。

三、提高就业能力的方法

(一)提高专业技能水平

专业技能优势明显的专业,毕业生要提高专业技能水平。按照专业设置要求认真学习,提高水平。具体到每个人的情况制订相应的方法。如果所学专业不是技能型专业,毕业生一则可以对自己感兴趣的其他专业技能强化训练,形成自己的技能特长。或者在就业能力的其他部分尤其是一般能力方面取得突破。

毕业生培养单位对于社会认可度强、壁垒较高专业技能,在培养方案中要体现出如何强化在校学生专业技能,可以通过学分控制、竞赛竞争等形式增强、提高毕业生技能。其次要采取措施鼓励学生拥有自己的专业技能特长。

（二）积极参加校内、校外活动

对于提高大学毕业生一般能力而言，积极参加校内、外活动是很好的方式。有专家认为，美国的大学和中国的大学最大的区别是中国的高职生不会有许多课外活动，而美国高职生的课外活动有很多。他们在校期间很重视参加校内、外的各种活动。他们认为通过参加活动可以结交朋友，认识更多志趣相同的男女生朋友，而且在校园的活动里，你可以体会到被人理解、理解别人、帮助别人、被人帮助、满足别人和被人满足等感触。通过活动还可以体会、体验和学习各种各样的人生需要的一些技巧，而这些技巧，是生存必要的技巧。许多毕业生会利用这方面的技巧在未来的工作中讨得好人缘，拥有更广泛的人际交往关系，后面的路会走得更稳。参加课外活动可以提高自己的交际能力、组织能力和创造能力，培养团队合作精神。对于高职生来讲，学习成绩固然也很重要，但是在现实的生活中，获取更多的工作经验和人生经验更是一件快乐而有意义的事情。因此，鼓励高职生在学习空闲的时间参加更多有意义的课内、外活动，对提高一般能力来说是一个很好的途径。

（三）适当参加创业活动

随着商业经济的高速发展和知识经济的迅猛来临，高职生创业已经成为一种浪潮。创业不单是就业的一种模式，而且在创业过程中，可以通过资金分配与调度、产品的销售来锻炼毕业生的一般能力，增强毕业生对社会的了解，提高毕业生的语言、沟通等能力。另外，创业的挑战性极强，对毕业生可以产生全方位的能力锻炼和冲击。比如，许多美国的学生在进入校园后，就已经开始做生意了。当然他们做的可能并不是我们想象的那种普遍意义上的生意，他们一般是做网站，成熟后再把网站卖给别的公司。国内高职生可以根据自身情况做一些力所能及的创业活动，规模不需要太大，对自身能力会有极大的锻炼价值。

（四）进行社会实践

一般能力受后天的经验影响较大，这些能力不随年龄的增长而减退、降低，它和人的经历有很大关系。社会实践是一个很好的人生历练，也是一个和社会接触并且锻炼动手能力的很好的方式。通过调查，一些在社会上各个岗位都还做得不错的毕业生均表示，要读书也要社会实践。他们现在的成功主要依靠比较丰富的社会经验，希望高职生不要埋头读书，要多参加社会实践。阅历增加了，就能触类旁通，把书读活，也能更深地理解书本和社会。此外，国外学校也很重视学生社会实践，很多高职生要靠打工读完大学，积累工作经验。大部分中国高职生做不到，包括很多家长都认为打工没有必要，其实打过工的人才会真正珍惜生活。2009年，由麦可思公司联合盖洛普、中国零点调查集团开展的一项调查显示，8万多名已就业的被调查高职生中，大约每3名毕业生中就有1人因工作能力缺乏而失去工作。与此同时，75.5%的被调查企业存在老年人返聘情况，其支付给返聘者的薪水比同岗位的年轻人要高。对于高职生来说，学好专业知识固然重要，但专业知识掌握得多，并不代表专业能力就强，要将自己所掌握的专业知识尽可能地转化为专业能力，很大程度上需要在实践中锻炼。

毕业生培养单位对于在校高职生动手能力的培养要提高重视程度，创造便利条件，鼓励在校高职生参加社会实践、实习。

第二节 专业技能凸显高职学生就业优势

一、专业技能增强高职学生就业竞争力

高职教育建立了以能力为本位的专业课程体系，提供了体验完整工作过程的学习机会。高职教育课程不仅注重学习的最终结果，而且关注学习的过程。高职教育课程门类、结构和内容开发突出工作过程在课程结构中的逻辑主线地位，以职业岗位上完整的工作程序为逻辑顺序，按照工作过程的需要选择技术实践知识，设计实践性问题，实现理论知识与实践知识的整合，注重专业技能与工作任务的完成，而不是关注知识的记忆。

二、紧贴市场，实现专业与产业的有效衔接

高职院校的专业设置是依托其所对应的服务的产业需要而设置的，换言之，就是高职的专业是为产业"量身定做"的。随着社会经济和科学技术的发展，提高了职业的科技含量，对劳动者的科技素质提出了越来越高的要求，改变了职业活动的内涵，职业活动中体力劳动的比重不断减少，脑力劳动的比重日益增加，加快了职业的新陈代谢，新职业不断产生，旧职业不断衰退。高职专业的设置坚持适应性与前瞻性的原则，既适应我国当前经济社会发展和劳动力市场的需要，又适应超前考

虑未来经济发展和职业及变化的需要，以经济社会发展需求为导向，高职院校紧紧围绕地方经济结构战略性调整的实际需要，瞄准经济与产业结构调整的走向，在广泛调研的基础上，组成由行业、企业及学校参加的专业指导委员会，对产业所急需的专业形成与地方经济社会发展相适应的专业布局和人才培养结构。高职教育实现了专业与产业的有效衔接，准确地定位了高职的服务方向和高职毕业生的就业空间，也为提高高职学生的就业竞争力提供了坚实的保证。

三、优越的实训条件

高职院校的实训条件是保证基本技能获得、动手能力不断提高的有力保障，实训设备的技术水平直接影响职业院校技能型人才培养的质量，学校要培养出满足行业、企业需求的高技能人才就必须适应进而引领行业、企业的技术发展。高职实训基地建设以国家区域经济和产业发展战略为重点，与地区经济发展、产业布局结构相结合。一方面，中央财政和地方财政对校内实训基地建设予以有力支持；另一方面，校企合作的办学模式也成为校外实训基地建设的强大支撑。

以重大项目为依托，以服务区域经济发展为纽带，建立校企合作生产性实训基地，如汽车4S店、路桥勘察设计院和广告公司等"造血型"生产性实训基地。专业教师到合作企业挂职锻炼，学生与企业实现零距离接触，为学生实现顶岗实习实践教学环节提供了坚实保证，通过广泛吸引国际国内企业介入实训基地建设，实现了专业与产业的互补共赢。推动了校内实训基地建设和生产性实训的有效实施。

高职院校无论是通过中央财政、地方财政的支持，还是通过校企合作的共赢互补，都迅速有效地形成了强大的实训实力，为培养高职院校高职生的就业竞争力奠定了基础。

第三节 拓展综合素质能力，开启就业成功之门

一、综合素质能力

提升综合素质能力是高职教育的核心目标，综合素质能力的提高是我们实现自身价值和取得成功的基石。

综合素质能力主要包括七个方面：适应能力、表达能力、人际交往能力、组织管理能力、解决问题能力、团队精神和创新能力。

（一）适应能力

根据客观情况的变化，能随机应变地适时调节自己行为的能力。要求能够从旧的环境中解脱出来，主动调整生活方式、行为方式和思维方式，适应新环境的要求，获得更充分的生存与发展的空间。

（二）表达能力

以语言或其他方式展示自己思想情感的能力。表达能力在实际工作中非常重要，不善于表达，必定影响人际关系，进而影响自己其他能力的发展。

（三）人际交往能力

现代企业非常注重人际交往能力，人际交往能力已成为当今社会普遍认可的能力，具备良好人际交往能力的人往往能得到更多的机会，能更快地打开工作局面，对一个集体或团队来说，良好的人际关系意味着团结、和谐、力量和事业的发展。

（四）组织管理能力

它是带领团队完成某件综合性工作的能力，包括策划、组织、协调、指挥、沟通及控制等多方面，即使将来走上领导岗位，也需要很好地融入到团队中，这样更有利于企业的发展。

（五）解决问题能力

它主要包括应用能力和动手能力，既包括解决专业问题的能力，又包括解决相邻、相关非专业问题的能力。

（六）团队精神

现代企业发展非常注重团队精神，个人能力是有限的，要善于与他人合作，发挥团队的战斗力。

（七）创新能力

创新能力是推动知识经济发展的核心动力，包括技术、产品、制度、管理、营销、文化、观念、质量、品牌和服务等各方面的创新，要努力培养个人的创新意识和能力。

二、为全面发展创造条件

高职教育为学生综合素质能力的提升创造了良好的外部环境，使学生综合素质能力得到全面发展。

（一）提高思想道德素质

思想道德素质教育是成才的核心，是高职学生应具备的首要素质，它包括良好的思想政治素质和良好的道德品质。科学技术和社会生产力的迅猛发展推动了人类社会的文明与进步，但也给人类自身带来了许多矛盾与冲突。如何正确看待这些问题；如何不在物质利益面前偏离正确的世界观、人生观和价值观，不出现扭曲的道德观念，无疑对高职生的思想道德素质提出了新的挑战。高职教育能够使我们正确对待自我、正确对待他人、正确对待社会和正确对待自然，增强责任意识、大局意识、民族意识和国情意识，成为具有良好思想政治素质和道德品质的人才。

（二）使专业素质和能力结构更趋科学合理

高职教育对知识结构进行调整和优化，注重人文教育与科学教育的融合、课程体系的重构，使知识与技能、过程与方法、情感态度与价值观相互融合，课程内容体现基础性、时代性、实用性和综合性的结合与开放，促进高职生对知识结构和专业前沿技术的了解和掌握，培养和挖掘了高职生的创新潜质，知识结构科学合理为专业素质提升奠定了基础。

（三）人文素质教育提升个人修养和品位

人文素质教育是引导学生为人之道，高职教育通过多渠道、多途径开展丰富多彩的文体活动，把人类优秀的文化成果内化为高职生的气质、人格和修养，潜移默化地培养学生，形成内在的、相对稳定的品质以及高尚的道德情操、人格修养。

（四）以能力为本位的素质教育奠定综合素质能力基础

高职教育的校企合作办学模式和工学结合的人才培养模式，在教育目标、教学方式、教学内容和课程体系、实践教学等方面实施全方位创新，鼓励我们勇于实践走出去、请进来、深入社会、深入企业，开展各项学习和实践活动，走产、学、研相结合之路，锻炼我们的综合素质能力，为我们综合素质能力的整体提升打下坚实基础。

第四节 顶岗实习及就业过程中的常见问题和案例

一、高职生顶岗实习

高职生所参加的顶岗实习是在完成校内理论课程、专业基础课程技能实践课后到校外企业参加实践性教学的环节,是高职生提高自己职业能力技能和综合素质的重要途径。顶岗实习不同于其他实习方式,顶岗实习时间至少为半年,是学生按照企业的分工和要求定岗劳动,承担具体的工作任务,履行所在岗位职责,在此期间学生具有双重身份,既是在校学生,同时又是企业的准员工。

(一)顶岗实习的重要性

高职生通过两年多高职教育阶段的专业理论知识学习,动手实践能力、职业素养和社会承受能力等方面仍有很大差距,需要完成从学生到"职业人"的转变,而缩短这些差距的有效途径就是顶岗实习。通过顶岗实习可以达到如下目的:

(1)可以巩固和提高自己所学的理论知识和实际操作技能,在与职业工位零距离接触中,获得符合实际工作要求的基本训练,从而提高独立工作能力和实践动手能力。

(2)可以深入了解企业实际,认识社会,养成爱岗敬业、吃苦耐劳的良好品质和求真务实的工作作风,树立起质量意识、效益意识、竞争意识,培养良好的职业道德和团队精神。

(3)可以提高自己的综合素质,增强自己的就业竞争能力,同时也可以在实习企业获得就业机会,许多毕业生都是因为顶岗实习期间表现良好而被企业留用。

(二)顶岗实习的分类

高职院校毕业生的顶岗实习是学校培养实用型、技能型及优先满足基层第一线的高等实用型人才的重要环节,是对学生所学专业理论和技能的检验和综合运用,符合激烈竞争的人才市场和职业岗位群的需求。根据目前用人单位的招聘情况,可将顶岗实习分为预就业顶岗实习和教学顶岗实习。

1. 预就业顶岗实习

学校或所属系部与企业建立合作关系,签订顶岗实习协议,企业结合自身用人需求,接收学生进行顶岗实习和制订用人计划的实习环节。

特点:

(1)实习生具备职工和学生双重身份,企业和学校都具有对实习生管理的主体地位;

(2)实习环节主要作为就业环节进行管理;

(3)实习生毕业后一般可被企业正式留用。

2. 教学顶岗实习

学校或所属系部根据教学环节与校企合作企业联系,接受学生进行教学实习,是教学过程中穿插的短期实习环节，学生只具有在校生一种身份。

特点：

（1）实习生只具有在校生身份，学校是实习生的管理主体；

（2）实习环节作为教学环节进行管理；

（3）顶岗实习期满后将视具体情况留用毕业生，一般少留用或不留用。

顶岗实习是学生实现与企业零距离接触的绝佳机会，是实现学生从"在校学生"向"企业员工"转变的重要途径。

（三）顶岗实习的过程

1. 确定实习渠道，选择实习单位

到实习单位进行顶岗实习主要由学生自主联系实习单位或由学校联系推荐实习单位。学生自主联系实习单位，应注意对学习单位资质进行审核，及时与学校反馈登记，以确保自身权益与人身安全不受到损害。学校集中推荐进行顶岗实习，要与实习单位签订《实习协议》，明确学校、实习单位以及学生在顶岗实习期间的权利与义务。学生选择实习单位可以从以下几方面进行选择：

（1）专业对口。专业对口的实习岗位，能够更好地检验学生专业知识技能的学习水平和效果，并直接运用到实际生产工作中。

（2）选择就业意向单位。学生通过自行联系或学校推荐，可选择与自身择业意向相关联的单位或岗位，这些岗位不一定和自身专业对口，但可以在顶岗实习的过程中开阔眼界，亲临实习岗位切身体验生产流程、工作环境和职业要求等，帮助自己弥补专业技能方面存在的缺陷和不足，为积累未来的职业经验和就业打下坚实的基础。

（3）确定就业意向单位。在就业形势日益激烈的今天，毕业生可以选择确定就业意向单位，以便在实习结束后被企业留用，顺利走向就业岗位。

2. 遵守实习要求，保证实现效果

高职院校毕业生在参加顶岗实习的过程中，要遵守学校和企业制订的规章制度及操作规程，保障自身人身安全，顺利完成顶岗实习。

某高校制订的《顶岗实习守则》中的部分内容：

（1）服从学院和实习单位安排，做好各项工作，完成实习任务。

（2）顶岗实习期间必须遵守实习单位的安全管理规定，遵守安全法规，避免安全事故发生。

（3）顶岗实习期间必须要有事业心、责任感和吃苦精神，必须认真遵守实习单

位的规章制度，努力提高自身的专业实践技能、丰富职业知识。

（4）实习期间保持与学校的联系，定期汇报实习情况，若联系电话或实习单位有变动时及时通知实习指导教师和辅导员。

（5）学生顶岗实习结束后若被实习单位录用，其实习成绩应评为优秀或良好，由于违反实习单位的管理规定或因品德表现等原因被实习单位退回学校，则视为实习成绩不合格。

毕业生在实习前应与实习单位签订《学生顶岗实习协议》，明确双方的权利责任。学校系部集中推荐的学生，由学校系部与用人单位签订《学生顶岗实习协议》，并由系部告知学生应尽的责任和享有的权利。

(四) 学生个人与用人单位签订《学生顶岗实习协议》要注意几方面问题

（1）是否有违约条款，构成违约的情形有哪些，应承担的违约责任有哪些，尤其是人身安全、经济责任等方面。

（2）是否明确约定了实习期间的工作任务和待遇，仔细阅读协议内容是否明确责、权、利问题，与口头承诺的是否一致。

（3）约定实习结束的留用事项、具体要求及工作流程等。

（4）完善顶岗实习手册和撰写实习创新论文。

顶岗实习的考核一般由校内外实习指导教师共同完成，并以实习单位考核为主。院校根据顶岗实习规定制订《学生顶岗实习考核办法》，内容一般包括考核项目、考核内容、考核方法与评分标准。

学生顶岗实习期间每周要撰写《顶岗实习手册》中的实习报告，对顶岗实习中的工作操作流程、心得体会、设计构思及方法改进等方面的收获，实事求是地总结在报告里，并结合自身工作实际撰写一篇实习论文，内容主要基于工作过程的心得体会以及在设计、施工流程等方面的创新或建议，《顶岗实习手册》是考核学生实习效果的重要依据。

(五) 顶岗实习中常见问题及对策

1. 常见问题

（1）环境适应能力差。全新的工作环境，给实习生带来了新的挑战，如何以新的身份在相对较陌生的环境中与同事、领导和谐相处，是高职学生走入社会、走入企业的一堂必修课，企业中人事关系不同于学校。处理同事关系、上下级关系远比处理同学关系和师生关系要复杂得多，许多实习生就是因为未能处理好与周围同事或领导的关系,感觉遭遇到了不公平待遇而愤然离开了实习岗位。

(2) 心理准备不足。很多学生认为高职生是"天之骄子",应该做管理层或领导工作,有良好的工作待遇和工作环境。对一线基层工作的艰苦性估计不足,理想和现实相差太远,在实习工作岗位上难以适应艰苦工作,也有学生认为企业招收学生实习是在使用廉价劳动力,出现消极排斥和随意离岗现象。

(3) 沟通能力欠缺。现代企业非常注重团队协作能力,要求学生具备良好的语言表达能力,特别是服务型行业要求更高,良好的团队协作及语言表达能力是提高工作效率的重要因素。但在学生顶岗实习中,部分学生因缺乏良好的沟通能力,不愿主动向企业老师与同事请教学习,感到茫然孤独,无事可做,有严重的失落感和挫败感,无法适应甚至离岗。

(4) 角色转变慢。学生在校期间,学习、生活均有教师指导,出现矛盾或问题都可以向辅导员或科任教师请教,教师总是循循善诱、耐心说服教育。而企业对员工的规章制度严格,按章办事,工作中违反管理规章制度均以采取经济处罚为主,学生进入企业按照企业员工的身份管理,很多学生无法适应角色的转变,由于思想意识不到位,角色转变慢,常常达不到企业的要求。

(5) 缺乏吃苦耐劳精神。高职学生的实习职场是面向基层和生产一线,劳动强度大,技术含量相对较低,有些企业甚至要求加班赶工期或产品,学生体力和精力消耗较大,很多同学因为无法坚持而离开实习岗位。

2. 对策思考

(1) 要明确顶岗实习的目的。顶岗实习的目的在于让学生走出校园,走向社会,通过和企业"零距离"接触,了解企业文化和生产过程,培养、锻炼自己理论联系实际、分析问题和解决问题的能力,提高职业技能,为将来能就业、就好业打下坚实基础。

(2) 要精心选择实习单位。实习单位及岗位选择恰当与否直接影响着顶岗实习能否顺利进行,影响着顶岗实习的最终效果。高职生在选择实习单位时要尽量选择生产技术先进、管理严格、经营规范、遵纪守法和社会声誉好的企业单位。

(3) 要加强学习和调研,做好准备工作。对国家及地方关于鼓励和引进毕业生顶岗实习的有关政策深入学习,向高年级的同学请教顶岗实习期间常见问题和困难,积累经验,充分做好实习前的思想、心理和行动准备。

(4) 要尽快实现角色转变,融入工作团队。进入企业就要努力使自己尽快进入角色，严格按照企业的工作流程规范操作，勤学好问，少出差错。一个细小的错误会让企业蒙受经济损失或社会声誉，丢掉工作甚至赔偿企业经济损失。

案例

某职业院校一名学生经学院安排到一家广告公司进行为期半年的顶岗实习。两个月后，学院接到公司电话，拟退回该同学，后经了解，原因是该同学为一家客户设计宣传手册时，由于疏忽，将一位领导的姓名打错了，当公司将彩印手册交付客户时，被对方发现并拒绝接受产品，致使这批产品全都报废，这个失误既造成了8 000元的经济损失，又使公司的信誉受到损害。

点评：该同学在学校是一个踏实好学的好学生，由于缺乏工作经验，一时疏忽，给公司造成了直接经济损失。这样一个错误在学校也许不算什么，老师发现了，以后注意就是了。可是对于企业来说这类错误是不容出现的，也不可能有机会弥补。因此，同学们要迅速地适应从"学生"到"员工、职业人"的角色转变，这是高职学生必修的重要一课。

（5）调整心态，主动适应新环境。企业中的人事关系不同于学校，切记不要把企业师傅当老师。在学校，教师传授知识是他的天职，但在企业，师傅没有义务将自己的工作经验和技能传授给你，要想在师傅那里获得宝贵的经验和技能，必须以诚相待，付出努力。通常学生到企业后，都被安排在生产一线或基层工作，企业有一个对学生认识、了解和认可的过程。这个考察期时间也许会很长，从事的岗位有可能技术含量很低，劳动强度大，也许这就是企业为学生设置的一个考验的机会。企业最不欢迎眼高手低、高不成、低不就、心浮气躁且急功近利的员工，因此，实习生要调整好心态主动去适应新环境，主动与企业领导、师傅及同事沟通，处理好工作和人际关系。

（六）完善《学生顶岗实习手册》

完善《学生顶岗实习手册》内容是高职院校教学计划的有机组成部分，是高职生必修的教学课程任务，通过如实详细记录顶岗实习工作流程、设计方案、工作建议、创新、心得体会和总结等，为教学考核提供现实依据，使学生顶岗实习更加规范化、科学化。

学生顶岗实习管理办法（节选）

为了进一步完善和加强学生顶岗实习的管理，深化和提高学院的教育教学改革和管理水平，使学生顶岗实习管理规范化、程序化、科学化，特制订本办法。

一、顶岗实习意义

根据教高〔2006〕14号文件《教育部、财政部关于实施国家示范性高等职业院校建设计划加快高等职业教育改革与发展的意见》和教高〔2006〕16号《关于全面提高高等职业教育教学质量的若干意见》精神，进一步贯彻落实《国务院关于大力发展职业教育的决定》提出的"高等职业院校学生实习实训时间不少于半年"，让学生毕业前有不少于半年的时间到企业或用人单位顶岗实习，使学生的人格品质、专业技能和综合素质能力进一步提高，使之与校内学习、实践、技能及考证形成一个人才培养的结构体系。顶岗实习是培养具有"良好职业道德和创新精神"的高技能人才的最好培养方式。顶岗实习是教学计划中综合性、真实性最强的实践性教学环节，做好学生顶岗实习是示范性高等职业院校建设的重要示范方面。

二、顶岗实习的总体要求

（1）顶岗实习必须纳入教学计划，并为学生教学必修课程，顶岗实习时间为半年以上，一般安排在第三学年（三年制）、第四学期（二年制）、第五学年（五年制），顶岗实习成绩考核不合格者不予毕业。

（2）坚持"以服务为宗旨，以就业为导向"的办学理念，大胆探索学分制、弹性学制和轮换下厂等教学制度改革，积极推进学生到企业或用人单位顶岗实习的制度，形成以学校为主体，企业和学校共同教育、管理、培训学生的教学模式。

（3）顶岗实习期间，学生完成顶岗实习任务的同时，还需结合实习岗位确定选题完成毕业设计（论文）；指导教师既要指导学生完成顶岗实习工作，又要指导学生完成毕业设计（论文），并积极为学生开辟就业渠道，努力使学生的顶岗实习单位成为学生的就业单位。

三、顶岗实习的具体要求

（1）顶岗实习的学生具有双重身份，既是一名学生，又是企业员工，因此，必须服从企业和学校对顶岗实习学生的安排和管理，遵守企业的安全管理规定，规范操作，加强安全意识和责任意识。

（2）自觉遵守企业和学校的规章制度，按时作息，不迟到、不误工、不损人利己，不做有损企业形象和学校声誉的事情。

（3）学生一旦签署顶岗实习协议，必须严格遵守企业的各项管理规定，如实习期间违反企业的管理制度或因品德表现等方面原因被企业或用人单位退回学校，视情节轻重给予学校纪律处分，并视其实习成绩不合格。

（4）实习期间应保持与学校联系，每月至少与辅导员或实习指导教师联系两次，汇报实习情况，工作地点和联系电话有变动时应及时通知辅导员和家长。

（5）顶岗实习期间，不得擅自离岗或调换实习单位。如因特殊原因中途需调换实习单位，需本人提出书面申请并经辅导员或实习指导教师批准并上报上级主管部门领导审批同意后，方可向实习单位申请离岗，凡未经批准擅自调换实习单位者其实习成绩按零分计算。

（6）学生参加顶岗实习必须领取顶岗实习手册，并按照实习进度写好顶岗实习工作记录，同时根据实习岗位完成毕业设计（论文）。

四、考核与评价

各专业根据"顶岗实习大纲要求"确定具体实习考核办法，包括考核项目、内容、方法与评价标准，一般采用优秀、良好、中等、及格和不及格五级分制，顶岗实习成绩由校内外指导教师共同完成，以企业单位的考核为主。

职业技术学院教务处
年　　月　　日

案例

学生顶岗实习协议书（节选）

经_____系_____专业_____班级_____同学本人申请，学院同意该同学到_____实习单位进行专业综合实习，为保证学生综合实习和择优推荐工作的正常进行，确保学院、学生及实习单位三方的权益，避免在实习中发生意外和恶性安全事故，就学院及实习单位的相关纪律及安全责任，在学校明示及学生自愿的原则下，制订协议如下：

一、遵守国家政策和法律法规，遵章守纪，服从实习单位和学校的管理和要求，不做违法乱纪的事情，尊重同事、团结同学、努力学习业务知识、虚心学习和提高专业技能，吃苦耐劳，工作态度端正，实习期间加强自身对专业理论知识的学习，必须按时参加学校专业理论课程考试或考核并取得合格。如未被用人单位录用的学生，必须返校参加学校的正常学习和考核。

二、学生应特别注意安全问题，包括防火、防盗及防骗等，注意人身及财产安全，自觉遵守实习单位的有关管理制度、安全制度。规范操作，服从指挥，杜绝安全事故的发生，如因本人违章造成的事故由本人自己承担责任。

三、参加校外顶岗实习的学生需在辅导员或指导教师处留下联系方式，随时保持与辅导员或指导教师联系，如因学生单方原因联系中断，造成的一切后果由学生自行承担。

四、校外顶岗实习为专业综合实习，含学生就业推荐意向，原则是学生自愿、家长同意。实习结束，单位择优录用，已被单位录用的同学，学校不再推荐就业单位，违背单位录用的同学，学校按返校顺序推荐就业（自谋职业除外）。

五、实习期间离开实习单位必须向实习单位和指导教师请假，如私自外出、回家或回校，期间发生的一切事故由学生自己承担。

六、学生实习期间，如遇困难或受到安全威胁时，应及时向用人单位或学校报告（除学校或实习单位安排的正常学习和活动外），工作时间以外的行为由学生自己负责。

七、注意返校论文答辩时间、程序、格式和要求。

八、本协议一式两份，学校、学生各保存一份。

学生签名：   系部（签章）：
学生联系电话：   指导教师：
学生家长：   联系电话：
家长联系电话：

　　年　　月　　日   　　年　　月　　日

二、就业中常见的问题和案例

1. 毕业生就业定位不准确，就业观念落后

高职教育的准确定位是——培养面向生产、建设、管理和服务第一线需要的高技能型人才。

有的毕业生在就业过程中不考虑自身专业特点和发展，缺乏对职业生涯的规划和决策，更多是凭运气，还有就业期望值过高，一味追求铁饭碗或看重管理等岗位，而现实中，就业市场对高职毕业生的需求绝大多数是生产一线操作岗位，结果导致错失就业机会。

案例

某职业院校电子专业毕业生小王，他的就业意向为国企文员岗位，且希望在市区工作，毕业后该同学利用很长时间收集满意的单位招聘信息，一直没有结果。原因是国企招聘条件一般需要专业对口或具有一定工作经历，且大部分企业离市区较远，而小型企业有用人需求，小王又不愿意去，怕私企用人太苛刻，结果一直没有找到合适的工作。

点评：在就业过程中应该制订综合的选择标准，结合工作性质、薪资福利、发展空间及专业特长等各种因素综合考虑。

2. 毕业生专业能力不过硬，"眼高手低"

高职教育的培养目标是造就懂理论、上手快和操作性强的复合型人才。但部分高职毕业生因理论知识不足，动手能力不强，在求职过程中屡屡碰壁，许多企业进校园面试学生时会邀请生产一线技术人员一同前往，现场提出与职业相关的问题，有些专业知识技能较差的学生自然被冷落。即使侥幸过关也难免会在实际工作中暴露出问题，而使其自身发展受到影响。

案例

杨芳同学是某高职院校的毕业生，学习管理类专业，经面试顺利到一家奶业公司做销售内勤工作，起初她不以为然，认为这项工作没有任何技术含量，凭她的能力可以轻松应对。部门领导看重她是大学毕业生，交给她一些资料制作表格，

要求4小时完成，并统计出相关数据，平时虽然接触过办公软件，但真要熟练运用还有差距，结果没有按时完成任务，而另一名同事却用不到1小时的时间顺利完成所有报表。

点评：（1）这个结果告诉我们干任何工作都必须脚踏实地，每一项工作都必须认真对待，这样才能得到领导和同事的认可，才能取得事业的成功。

（2）很多学生由于没有实际工作经验，靠想象判断一份工作的简易或复杂，一味追求听起来"优雅"的工作岗位，要知道最适合自己的，才是最需要的，只有胜任才能求得发展。

3. 不能正确处理人际关系

现在职场流传一句话，一个人的成功20%归功于专业知识技能，80%归功于人际关系。建立良好的人际关系，是取得职场成功的重要基础，也是一门艺术。

学会以包容的心态处理好人际关系，在成功道路上会遇到挫折，心理学家建议"应该学会把受到的挫折转变成追求下一个目标的动力"。

处理好人际关系，要学会变通，把握大原则，学会倾听和采纳别人的合理建议和意见，这样才能得到同事和领导的认可和赏识，才能融入到和谐的人际关系中，为事业成功奠定基础。

案例

某高职院校一名学生到一家大型钢铁公司实习并已经签订就业协议。一段时间后，学校老师到实习单位追踪学生实习情况，该学生向老师表示要辞去这份工作，原因是他所在的班组有五名员工，另外四个经常一起到外面聚餐，而没有邀请他，他感觉受到了同事的冷落。老师分析情况后，及时疏导该同学情绪，并教他怎么处理人际关系，如何积极适应职场，主动与同事交流沟通。经过老师的耐心疏导，该同学同意留下，并在之后的工作中逐步适应了岗位，与同事也能融洽相处。

点评：人际关系问题在任何单位都会存在，具有复杂性、多样性等特点，毕业生不必盲目地辞去工作岗位。

高职生成功案例：

案例 1

刘洋，某职业技术学院2006级物流专业毕业生，现任北京长久物流公司仓储部经理，从事商品仓储管理工作。

在校期间的专业学习和实践锻炼以及作为学生干部所练就的组织协调和管理能力，为该同学的成功打下坚实的基础。

刘洋于2008年进入北京长久物流公司（广东东莞分公司）进行顶岗实习。岗位是现场管理员，初到广州由于气候、环境以及生活习惯的因素，班级的同学一个个离开。可他却凭借自己坚强的毅力坚持了下来，特殊的工作性质使他的个人能力得到大幅提高，业务知识和工作经验不断丰富。实习期间的出色表现得到了公司领导的认可，实习期满，毕业后他继续就职于该公司。2009年公司根据工作需要，把他调到天津直属公司仓储部工作，从事商品车仓储服务工作，从统计员、检车员、仓储调度到仓储经理，每个岗位都干得非常出色，对工作环境了如指掌，良好的仓储管理能力和服务水平得到同事和领导的充分肯定。因此，他得到了一次次升迁的机会。

案例 2

陈俊荣，某高职院校2006届模具设计与制造专业毕业生，现在担任广东模具股份有限公司调试工段段长。

每当回想起在高职院校3年的学习和生活，感触颇多。当年在校的情景历历在目，"学校为我们创造了良好的实习实训条件，老师在教学中采用的是教、学、做一体的教学模式，作为个人来说也很热爱所学专业，经常向专业老师请教专业知识问题，刻苦钻研技术，培养技术能力，为我扎实的理论基础和超强的动手能力打下良好的基础，其他方面，我积极参加学校组织的各项文体活动和社会实践活动，担任班长及学生会文体部长一职，在广泛参与中我的责任意识、团队意识、组织管理及语言表达等方面的综合素质能力得到极大提高，为我将来走上岗位取得成功奠定了坚实的基础。"

陈俊荣同学顶岗实习阶段也在这家具有40年历史的模具公司工作，该公司是目前国内实力最雄厚、世界知名的汽车模具企业。实习阶段他将自己在学校学到的理论知识运用到实际操作中,通过实习期间的学习锻炼,他进一步掌握了本专业的技术知识和技能,工作中勤学好问,善于思考,积极主动承担工作任务,脏活累活抢着做。得到了领导和同事的高度评价,一年实习期满后,公司主动邀请他加盟,陈俊荣同学凭借自己的出色表现赢得了公司领导的信任。成为该公司正式员工后,陈俊荣同学继续努力,在短短两年时间内就已经熟悉汽车内板件、外覆盖件模具的调试及工艺与开发流程,作为公司第一代培养的普通技术工人,他直接参与了由国外专家组成的技术攻坚小组的研发工作,为了在现场调试过程中能够与国外专家交流沟通,他利用业余时间学习英语,此后的五年时间,他先后与意大利、德国及西班牙等国家的专家共同工作,学习和掌握了世界上最先进的技术和模具工艺开发流程,自己的专业能力大幅提升,成为公司技术骨干和业务能手。先后担任过上海大众、瑞典沃尔沃、一汽捷达、上海通用等项目的技术负责人,每次出国到厂家交货,均顺利通过验收。

陈俊荣同学作为一名高职生,通过自己的努力获得事业上的成功。是因为他找准了自己的就业定位,那些眼高手低、好高骛远的想法是不切实际的。希望高职生把握机会,正确处理好"学本事—挣钱—干事业"的关系,摆正心态,主动适应企业和社会的发展。

讨 论

学生常常说能力很重要,但对能力的认识又很模糊,有必要通过学生自己查找资料和讨论,寻找答案。

形式:小组讨论

时间:10分钟以内

操作程序:

(1) 将成员分成若干小组,每组若干人,让每组选择一个同学回答。

(2) 其他同学积极发言。

相关讨论题目,学生发言:

(1) 你认为能力是什么?

(2) 你认为就业能力包括哪些方面?

练习题

1. 什么是就业能力构成要素?
2. 分析自己的就业能力,弥补不足。

参考书目

［1］戴裕崴．高职生职业生涯规划与就业指导［M］．北京：高等教育出版社，2011．

［2］间振华，吴二利，李丁．大学生职业生涯规划［M］．北京：中国经济出版社，2009．

［3］李小兰．高职高专学生就业与创业全程指导［M］．北京：中国铁道出版社，2007．

［4］教高〔2006〕14号文件精神《教育部、财政部关于实施国家示范性高等职业院校建设计划加快高等职业教育改革与发展的意见》。

［5］教高〔2006〕16号《关于全面提高高等职业教育教学质量的若干意见》。

第六章
就业流程及相关知识

> **学习目标**
>
> 1. 了解就业的总体程序;
> 2. 掌握收集就业信息的渠道,学会处理就业信息的方法;
> 3. 了解毕业前后的关键流程:签约、离校和报到。

从多家高校就业指导中心了解到,大量毕业生的档案长期放在学校不管,有的学生毕业一二十年,都不曾回校处理档案。长沙某学院就业负责人介绍,目前该校保存了1 800多份学生档案,存放时间最久的是1984届的学生档案。在河北某著名高校就业指导中心查询了解到,该校目前还存有1981年入学的毕业生档案,已在保险柜里"沉睡"了整整30年。

某市人才服务中心毕业生就业服务部负责人介绍,在该中心存放的12万份毕业生档案中,约4万份档案"一托了之",多年都未曾续写其"主人"工作履历、奖惩记录等轨迹性资料。甚至遇到过一些工作了一辈子的老人,提取档案准备办理退休时,却发现自己档案里的身份仍然是"学生",令人啼笑皆非。

高校毕业生求职择业前应该了解毕业生就业管理部门的工作程序、就业计划的形成及相关的就业流程,以便摆正自己的位置,明确自己该做什么,怎样去做,什么时间去做,做到心中有数,每个行动都符合程序规定。

第一节 了解就业程序

大学毕业生就业制度的改革，使"毕业生就业"这一概念得到了确立，也使"毕业生分配"这一概念逐步成为历史。毕业生与用人单位实行"双向选择"。在如何选择自己未来职业的问题上，大学毕业生有了更多的自主权。毕业生在步入就业市场、面对众多的职业岗位时，想要做出理想的选择，就需要对有关就业基本程序、就业准备等方面的基本知识有所掌握。

一、就业前的准备

就业前的准备包括心态准备、目标准备、材料准备和信息准备四个方面。

（一）心态准备

面对就业，高职生的心理是复杂多变的。经过几年高职生活，同学们在知识、能力与人格方面有了积极、显著的发展，有着强烈的就业意愿和积极的就业动机，为能尽快实现自己的人生价值而感到由衷的欢欣。而就业岗位和就业方式的多样化也为高职生就业提供了更多的机遇和更大的自由度，许多高职生都摩拳擦掌，跃跃欲试，准备在所学专业领域一展身手。但是在就业过程中，又难免出现种种心理矛盾、心理误区和心理障碍。

1. 培养良好的求职心理素质

（1）敢于竞争。人们时常把当今的世界称为竞争的时代，大到国与国之间的对抗，小到人与人之间的竞争。竞争冲击着人们的事业和生活，冲击着人们的意识和思想，在求职择业上也是如此。

当今时代，竞争机制已经渗入到社会的各个领域和人生的整个过程中。学习生活一开始，同学之间便开始了学习成绩的竞争，人人都希望得到好成绩，升入好的中学和大学。当今时代对高职生强化竞争意识提出了迫切要求，也提供了客观环境。迎接新的挑战，强化竞争意识是高职生在择业前最基本的心理准备。高职生强化择业的竞争意识，一是要在正确自我评价的基础上，充分相信自己的实力，敢于通过竞争去达到理想的目标；二是必须在心理上准备同"铁饭碗"的传统告别。强化自身的竞争意识，自觉地正视社会现实，转变观念，做好参加竞争的心理准备。

(2) 善于竞争。要想在求职与择业中取得成功，仅仅敢于竞争还不够，还必须善于竞争。善于竞争体现在具备良好的心理素质、实力和良好的竞技状态。

要做到善于竞争，就要做到在面试时仪表端庄，举止得体，给人留下良好的第一印象；锻炼出较好的口才，交流时口齿伶俐、表述清晰；合理利用有关规则等。

2. 正确对待挫折

人们在求职择业中遇到挫折是正常的，切不可因此而自卑。一个心理健康的人对人生总保持着自信心，如丧失了自信心，就失去了开拓新生活的勇气。顺境中有自信心不足为奇。逆境中更需要自信心的支持。

生活中的挫折是造就强者的必由之路，挫折是锻炼意志、增强能力的好机会。遇到挫折后应放下心理包袱，仔细寻找失利的原因，调整好目标，脚踏实地地前进，争取新的机会。

树立崇高的职业理想与脚踏实地并不矛盾。失败者常常感叹求职择业真难。现实确实如此，尤其是理想的或热门的职业更是如此，存在着激烈的竞争。这是商品经济社会普遍存在的现象。职业理想的追求与实现，并不一定取决于职业本身。在中外众多的伟大科学家们的成长过程中，我们常常可以看到他们当初职业的起点并非那么"理想"。富兰克林曾经是个钉书工人；华罗庚初中毕业后便帮助家里料理小杂货铺，也曾在母校干过杂务。可见，较低的职业起点，并不贬低职业理想的价值，只要从现实的生活之路起步，大家也能像大多数科学家一样，实现自己的职业理想。

挫折是一种鞭策。双向选择的本质意义是一种激励手段，对优胜者是这样，对失败者也是如此。它对失败者并不是淘汰和鄙视，相反，会促使失败者振作起来，彻底摆脱"等、靠、要"的就业心态，使自己加快自立自强的转变过程，成为新时代的开拓者。

(二) 目标准备

确立就业目标是维护良好就业心理的第一步，也是关键一步。确立就业目标要注意两个方面：一是正确认识自我，即认真客观地分析自己的兴趣特长、性格气质和能力水平等，认清自己想干什么，能干什么，竞争力如何。二是正确认识就业形势，即考虑自己的专业和理想职业在社会上的需求量如何，竞争强度如何；自己的理想职业与所学的专业是否相符，如果不符合，该如何弥补；将要去求职的单位对求职者有何具体要求等，综合考虑以上因素，确立就业目标，这样比较符合实际，可以避免过高的心理预期。

当今社会是人才高度发展的社会，处处存在竞争。要想在激烈的竞争中立于不败之地，在提高自身素质的同时，一定要注意做到扬长避短。李白有诗云："天生我材必有用"，说的就是这个意思。因此，我们只有了解自己，知道自己是什么样的人，知道自己想要干什么，才能制订自己的计划，指导自己的行动，才能够更容易地实现自己的理想，达到目的，在竞争中脱颖而出。

选择职业是人生中的一项重大抉择，它不仅决定一个人将来从事什么工作，而且在很大程度上决定一个人将来的成就如何。但是，合适的职业并不是仅凭一般的直觉来选择的，除了根据社会的需要，了解各种职业情况和要求以外，还有一个重要的因素，就是个人职业兴趣。

兴趣是人积极探索某种事物的认识倾向。职业兴趣决定了一个人择业的方向以及其在该方向上乐于付出的努力程度。并不是每一个有能力的人都会成功，绝大部分成功者都是那些具备一定能力，又对所从事的工作真正感兴趣的人。微软中国研究院院长李开复博士在2005年写给中国学生的四封信中语重心长地提到：为了成为最好的你自己，最重要的是要发挥自己所有的潜力，追逐最感兴趣和最有激情的事情。

当你对某个领域感兴趣时，你就会在走路、上课，甚至洗澡时都对它念念不忘，会表现得孜孜不倦、废寝忘食，并且做事效率一定很高，从而很容易在该领域内取得优异成绩；如果一个人的职业与兴趣不吻合，那么他就很难表现出积极主动性，工作上只是勉强应付，事倍功半，自然难以有所作为。即使你靠着资质或才华可以把它做好，你也绝对没有释放出所有的潜力，更不用说成功的人生了。因此，每一个高职生都应该了解自己的兴趣、激情和能力，并在自己热爱的领域里充分发挥自己的潜力。

（三）材料准备

就业材料准备包括求职信、简历及相关证书的准备。

1. 求职信

求职信可以展现出你的长处，能增加获得面试的机会。只有能体现个人聪明才智的求职信，才能帮助你顺利地谋求到一份理想的工作。

求职信也是交际的一种形式，它可以反映出一个人的专业水平，从用人单位的角度出发考虑问题是使求职信产生积极效果的重要方法。求职者应该采取换位思考的方法，通过分析用人单位提出的要求，了解他们的需要，然后有针对性地向他们提供自己的背景资料，表现出自己独到的智慧与才干，使他们从你的身上看到希望，并做出对你有利的决定。

2. 简历

简历是求职者向用人单位介绍自己、推销自己的专门工具，是通向面试的第一步，它对你是否能通过第一关进入面试起着决定性的作用。简历是你和单位沟通的重要通道，往往是招聘人员了解你的重要途径和方式，适度引起用人单位对你的兴趣才是最重要的。

在写作简历时，要时刻记住你是在一个商业环境中推销自己。如果你是个初出校园的毕业生，就应该通过简历让 HR 体会到你对未来职业生涯的充分准备。有针对性的内容和规范、专业的格式都是你的简历必须做到的。

形式上，一份专业的简历应当符合以下几点：

要疏密有致、主次分明；控制在一页范围内；各种级别的字体要选择适当；不要使用框格；不要出现 Resume（简历）字样；不要以学校的 Logo（徽标）和名称作为页眉；不要出现个人隐私资料；不要贴照片（公司要求除外）；使用时间逆序。

3. 相关证件、证书

证件：身份证、毕业证及相关学历学位证。

通用型证书：计算机证书、英语等级证书等通用型证书以及托福、雅思成绩证书，英语中高级口译资格证书，全国计算机软件专业技术资格和水平证书等能力型证书。

职业资格证书：如教师资格证书、人力资格证、商务策划资格证书、物流师资格证书、报关员证书、调音师证书以及国家司法考试证书等。

获奖证书：三好学生、优秀学生干部、优秀党员以及各项竞赛获奖证书等。

其他证书及材料：驾驶证及社会工作期间获得的兼职、实习证明等。

（四）信息准备

英国哲学家罗素说："选择职业就是选择将来的你自己。"正因为择业至关重要，择业的竞争也很激烈，而任何竞争的成功者都是有准备的竞争者。未来的社会是信息社会，谁获得了更多的信息，谁就是赢家。同样，谁获得了更多的就业信息，谁就获得了更多的就业主动权。

就业信息的主要来源有学校毕业生就业主管部门（主要渠道，准确性和可靠性较高）；各级毕业生就业指导中心，劳动人事部门、人才交流中心及职业介绍所（比较准确可靠）；人才交流会（人才供求信息的集散地）；新闻媒介等各种宣传渠道、报纸、杂志、广播及电视（既快又多且广）；提醒在校生不要忽视图书馆的作用，图书馆拥有较多的报纸、图书等资料，是获得就业信息的有效途径；实习、社会实践；亲戚朋友；电脑网络（速度快，传播范围广）。

通过各种渠道搜集来的信息往往比较粗糙、杂乱，往往不能直接利用。我们一定要结合自己的实际情况，对信息进行加工、整理，以便准确有效地选择使用。

就业信息获得渠道有以下几种：

（1）政府和人才市场组织的大型招聘会；
（2）用人单位自己组织的人才招聘会；
（3）通过专业的求职网站；
（4）用人单位自有渠道；
（5）通过新闻媒体；
（6）通过各种社会关系。

二、笔试

笔试是一种常用的考核办法，主要用于考核应聘者特定的知识、专业技能或需要重点考核应聘者对文字的运用能力以及考察录用人员素质的一种书面考试形式。它是用人单位对求职者所掌握的基本知识、专业知识以及文化素养和心理健康等综合素质进行的考查和评估。笔试对应聘者来说是相对公平的一种测试方式，因而被越来越多的用人单位所采用。

笔试从某种角度来说，能更深入地检验毕业生的综合素质，毕业生平时的知识积累程度，对知识是否真正理解和掌握等，通过笔试能得到较好的体现。用人单位的出题方式远比学校灵活多样，更侧重于能力，而不是单纯的知识。因此，在笔试之前，毕业生应对用人单位进行深入的了解，做到知己知彼，不打无准备之仗。

三、面试

面试是考官通过与考生直接交谈或置考生于某种特定情境中观察，从而对考生的知识、能力、经验、气质和性格等基本素质进行综合测评的考试活动。它是一种通过精心设计，以交流和观察为主要手段，以了解应聘者综合素质及相关信息为目的的测试方式。在面试过程中，招聘者可以根据应聘者当场对所提问题的回答，考查他运用专业知识分析问题的熟练程度、求职动机、个人修养、实践经验、思维的敏捷性和语言表达能力等；通过对其面试过程中行为特征的观察和分析，考查应聘者的外表、气质、风度及情绪的稳定性，对应聘职位的态度以及在外界压力下的应变能力。招聘者可以通过连续发问，弄清应聘者在回答中表达不清的问题，从而提高考查的深度和清晰度，并减少应聘者通过欺骗、作弊等不正当手段获得分数的可能性。所以，面试是挑选录用中不可或缺的重要测评方法。

"在特定场景下"是面试的主要特征，这一特征与日常的观察、考察有很大的区别。日常生活中人与人之间也经常会面对面的观察与交谈，但那是在自然场景下进行的。"精心设计"使面试与一般性的交谈、面谈和谈话相区别。面谈与交谈，强调的只是面对面的直接接触形式与情感沟通的效果，它并非经过精心设计；"面对面的观察、交谈等双向沟通方式"不但突出了面试"问、听、察、析、判"的综合性特点，而且使面试与一般的口试、笔试、操作演示及背景调查等人员素质测评的形式区别开来。口试强调的只是对口头语言的测评，而面试还包括对非口头语言行为的综合分析、推理与判断。

四、跟踪

许多求职者面试结束后，所做的事就是等待招聘单位的录用通知，很少有人主动与招聘者沟通和接触。消极被动地等待招聘官的裁决是大多数求职者面试后的选择，接到录用通知，心中大喜；杳无音信，也无所谓。

所谓"求职"，求是关键。什么是求？求就是追求，就是不断地努力，不断地争取，正如"求爱"，告诉别人一声"我爱你"，就没有了下文，然后静候回音。这样的行为无法称为"求爱"，没有几个回合的努力，哪里能算"求爱"？求职也是如此，面试一次就回家静候佳音或等候噩耗，同样不能算是求职。

第二节 毕业生就业流程

毕业生在与用人单位达成初步的聘用意向后，有几个关键环节是要特别关注的，下面对此做详细讲述,希望引起广大毕业生的注意。

一、签订就业协议

(一)什么是就业协议书

就业协议书是《全国普通高等学校毕业生就业协议书》的简称,又叫三方协议。它是明确毕业生、用人单位及学校三方在毕业生就业工作中的权利和义务的书面表现形式,能解决应届毕业生户籍、档案、保险和公积金等一系列相关问题。协议在毕业生到单位报到、用人单位正式接收后自行终止。就业协议一般由国家教育部或各省、市、自治区就业主管部门统一制表,是明确毕业生、用人单位在毕业生就业工作中权利与义务的书面表现形式,也是学校编制就业计划和毕业生派遣的依据。

协议书为双方协议书,学校只对协议书进行鉴定和登记。因此,协议书一经毕业生和用人单位签字盖章后即生效,不论学生职业发展教育服务中心盖章与否。毕业生是签约的主体方,应有签约责任意识,签约后如要变更协议内容,一定要征得用人单位的同意,取得书面同意书,并经院系初审和学生职业发展教育服务中心的审定,办理完手续后才能重新领取新协议。

如单位已盖章,毕业生未签字,一方改变主意不再签约,须由用人单位出具相关说明书,方可到校学生职业发展教育服务中心办理更换手续。

若学生发生遗失或损坏协议书,须向校学生职业发展教育服务中心提供相关证明,并经审核后,方可在该中心办理补办手续。

为保护毕业生和用人单位双方的利益,避免毕业生多领多签,一名毕业生只能领取一份协议书,其他一切特殊情况须在中心办完手续后领取。

(二)就业协议书签订的主要原则

1. 主体合法原则

签订就业协议的当事人必须具备合法的主体资格。

对毕业生而言,就是必须要取得毕业资格,如果学生在派遣时未取得毕业资格,用人单位可以不予接收而无须承担法律责任。对用人单位而言,用人单位必须具有从事各项经营或管理活动的能力,单位应有录用毕业生计划和录用自主权,否则毕业生可解除协议而无须承担违约责任。

对高校而言,应根据用人单位的要求如实介绍毕业生的在校表现,也应如实将所掌握的用人单位的信息发布给毕业生。

2. 平等协商原则

就业协议的三方在签订就业协议时的法律地位是平等的,一方不得将自己的意志强加给另一方。学校也不得采用行政手段要求毕业生到指定单位就业(不包括有特殊情况的毕业生),用人单位也不应在签订就业协议时要求毕业生交纳过高数额的风险金、保证金。三方当事人的权利义务应是一致的。除协议书规定内容外,三方如有其他约定事项可在协议书"备注"内容中加以补充确定。

(三) 就业协议书的主要内容、格式及条款

1. 主要内容

(1) 毕业生应按国家法规就业,向用人单位如实介绍自己的情况,了解用人单位的使用意图,表明自己的就业意向,在规定的时间内到用人单位报到,若遇到特殊情况不能按时报到,需征得用人单位同意。

(2) 用人单位要如实介绍本单位的情况,明确毕业生的要求及使用意图,做好各项接收工作。

(3) 学校要如实向用人单位介绍毕业生的情况,做好推荐工作,用人单位同意录用后,经学校审核列入建议就业计划,报主管部门批准,学校负责办理派遣手续。

(4) 各方应严格履行协议,任何一方若违反协议,应承担违约责任。

(5) 其他补充协议。

2. 协议书的主要条款

经甲、乙、丙三方协商,同意签订如下协议:

(1) 甲方应如实向乙方介绍情况,同意到乙方工作,服从乙方的工作安排。

(2) 乙方应如实向甲方介绍情况,经了解,同意接收甲方,并负责有关接收手续。

(3) 丙方经审议,同意甲方到乙方工作,负责列入就业建议计划并派遣。

(4) 甲、乙、丙三方如有其他约定,应在备注栏写明,并视为本协议书的一部分。

(5) 三方中有一方要变动协议,须提前一个月征得另外两方的同意,否则按违约处理。

(6) 本协议一式三份,甲、乙、丙三方各执一份,复印件无效。

(7) 就业协议书一般由国家或省、市高校毕业生就业主管部门统一制表。

(四) 协议订立的步骤

1. 要约

毕业生持学校统一印制的就业推荐表或复印件参加各地供需洽谈会（人才市场），进行双向选择。或向各用人单位寄发书面材料，应视为要约邀请，用人单位收到毕业生材料，对毕业生进行考察后，表示同意接收并将回执寄到高校毕业生就业工作部门或毕业生本人，应为要约。

2. 承诺

毕业生收到用人单位回执或通过其他方式得到用人单位答复后，从中作出选择并到学校毕业生就业工作部门领取就业协议书，与用人单位签订协议，即为承诺。由于毕业生就业工作比较烦琐，比较具体，有时很难明确分为要约和承诺两个步骤。比如，有的毕业生参加公务员考试，达到面试线后，到用人单位参加面试、体检，用人单位也对毕业生进行政审、阅档，表示同意接收。在这种情况下，毕业生应与该用人单位签订就业协议，而不应再选择其他单位。又如，用人单位到学校挑选毕业生，毕业生自己主动报名，经学校积极推荐，用人单位也表示同意接收，但要回到单位后再正式发函签协议，在这种情况下，毕业生也应安心等待与用人单位签约，而不能出尔反尔，以未正式签协议为由，置学校信誉于不顾，在这个过程中与其他单位签约，这样也浪费了其他毕业生的就业机会。

(五) 签订就业协议的程序

（1）毕业生和用人单位达成协议并在就业协议书上签名盖章，用人单位应在协议书上注明可以接收毕业生档案的名称和地址。

（2）用人单位上级主管部门批准盖章。

（3）用人单位必须在与毕业生签订协议书起的10个工作日内将协议书送至学校毕业生就业的工作部门。

（4）学校同意盖章，并及时将协议书反馈用人单位。

(六) 无效协议

无效协议是指欠缺就业协议的有效要件或违反就业协议订立的原则从而不发生法律效力，无效协议自订立之日起无效。

（1）就业协议未经学校同意视为无效。如有的协议经学校审查认为对毕业生显失公平或违反公平竞争、公平录用的原则，学校可不予认可。

（2）采取欺骗等违法手段签订的就业协议无效，如用人单位未如实介绍本单位情况，根本无录用计划而与毕业生签订就业协议。无效协议产生的法律责任应由责任方承担。

(七) 协议解除

为了维护就业协议书的严肃性和学校的声誉，毕业生与用人单位签订了就业协议书后，都应认真履行协议。倘若毕业生因特殊原因违约，应承担违约责任。已签订就业协议书的毕业生，如要违约，需办理解约手续。

(1) 到原签订协议书的单位办理书面同意的解约函（盖单位公章）。

(2) 向招生就业办提出书面申请（阐明解约理由），并附上单位及上级人事主管部门审核同意的解约函，交招生就业办。

(3) 招生就业办根据有关规定审批换发新的就业协议书。

二、毕业生派遣

1. 接受派遣

毕业离校前领取全国普通高等学校本专科毕业生就业报到证，在规定的时间内（毕业当年的 7 月 1—30 日）到生源地人事局报到，并于当年到人事局确认是否已收到自己的档案，如未收到，请与原所在系联系。

毕业生未按时前往办理报到手续，将会导致以后档案管理、档案使用及其他与档案有关的业务不能顺利办理。

户口在学校的，到保卫处领取户口迁移证，回生源地入户。

2. 落实接收单位（能接收档案、户口，并已签订有效《全国普通高等学校本专科毕业生就业协议书》的毕业生）

(1) 毕业生在毕业当年各校的规定时间前将已签订的《全国普通高等学校本专科毕业生就业协议书》交到学校毕业生招生就业办，由招生就业办上报派遣方案。

(2) 毕业离校时领取普通高等学校本专科毕业生就业报到证（以下简称报到证）到接收单位报到，凭报到证回户口所在地迁移户口。户口在学校的，到保卫处领取户口迁移证到单位入户。

三、报到

毕业生办理离校手续时，将会领取报到证、户口迁移证和党团组织关系介绍信等材料。报到证、户口迁移证都有写明确的有效期限，必须在有效期限内到报到证上指定的单位报到。逾期，报到证、户口迁移证将失效。

报到证遗失及补办：如果报到证不慎丢失，必须补办。首先应在当地市或市以上级报纸登报声明丢失报到证，应注明报到证编号，再持登有声明的报纸原件交由学校毕业生就业指导办公室并到省、市高校毕业生就业指导中心补办。

四、流程图

1. 毕业生签订就业协议流程图（如图6-1所示）

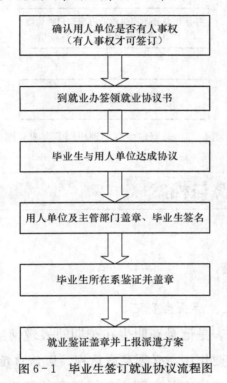

图6-1 毕业生签订就业协议流程图

2. 未就业手续流程图（如图6-2所示）

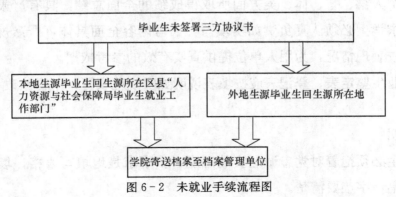

图6-2 未就业手续流程图

3. 非当地生源办理户档留存流程图（如图6-3所示）

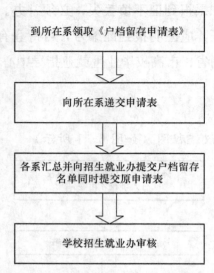

图6-3 非当地生源办理户档留存流程图

第三节 毕业资料与档案

一、毕业前资料准备

1. 完善毕业生鉴定表、毕业生登记表

毕业生鉴定表、登记表是记录高职生在校期间表现情况的真实有效材料，对高职生未来职业发展具有重要作用，必须高度重视，以认真负责的态度做好此项工作。

（1）毕业生鉴定表、登记表是高职生在校期间的思想政治表现、学习情况、收获体会以及个人德、智、体、美方面所取得成绩的全面总结，具有严肃性、规范性等特点，要求学生必须认真负责如实填写，书写内容全面具体，严谨规范，真实反映学生的在校表现情况，为用人单位提供真实有效的参考依据。

（2）毕业生鉴定表、登记表应按填表说明如实规范填写，不得涂改，字迹工整，翔实清楚。

填表说明：

①毕业生必须抱着对党忠诚老实的态度，实事求是地填写表格，填写一定要用钢笔或签字笔，字迹要清楚。

②表内所列项目要全部填写，不留空白。如有情况不明无法填写时，应写"不清、不详"及其原因。如无该项目情况，应写"无"。

③"本人学历及社会经历"自入小学时起，依时间顺序详细填写，年月要衔接，中途间断学习和工作的时间也要填写，并加以说明。

④"家庭主要成员"是指直系亲属（父母、爱人及子女），"主要社会关系"是指对本人影响较大、关系较密切的亲友。

⑤"本人身体健康状况"主要填写本人有无疾病及体质强弱状况。

⑥贴最近一寸正面半身脱帽照片。

⑦如有其他问题需要说明，请另纸附上。

附件1 毕业生鉴定表

毕 业 生 鉴 定 表

专业名称_____

姓　　名_____

二〇＿＿年　月　日填写

姓　　名		性别		相片
出生年月日		民族		
家庭出身		个人成分		
现在家庭住址		籍贯		
入学前所在学校			健康情况	
何时何地参加共产党		介绍人姓名		
何时何地参加共青团				

家庭主要成员及主要社会关系

姓名	年龄	性别	与本人的关系	现在何处工作

本人学历及社会经历

自何时起何时止（注明年月日）	在何地何校（或在单位）……学习（或任何职）	证明人、现在何处任职政治面貌

休学、复学日期及原因

退学、转学日期及原因

何时因何种原因受过何种奖励或处分	撤销处分时间

毕、肄业时间：　　年　月

毕、肄业证书　　　　　　　号

自我鉴定：

自我鉴定：

毕业鉴定

班主任（签章）
年　月　日

专业科意见

年　月　日

学生科意见

年　月　日

学校意见

年　月　日

备注

成绩登记表

学年\学期\分数\科目	第一学年				第二学年				第三学年				第四学年			
	一学期	补考	二学期	补考	三学期	补考	四学期	补考	五学期	补考	六学期	补考	七学期	补考	八学期	补考
政治																
美术																
语文																
英语																
数学																
物理																
化学																
体育																
备注																

附件2 毕业生登记表

高等学校毕业生登记表

学　　校_____

系　　科_____

专　　业_____

姓　　名_____

填表日期　　年　　月　　日

省教育厅制订

填表说明

1. 毕业生必须抱着对党忠诚老实的态度，实事求是地填写本表，填写时一律用钢笔或毛笔，字迹要清楚。

2. 表内所列项目要全部填写，不留空白，如有情况不明无法填写时，应写"不清、不详"及其原因，如无该项情况，也应写"无"。

3. "本人学历及社会经历"自入小学时起，依时间顺序详细填写，年月要衔接。中途间断学习和工作的时间也要填写，并加以说明。

4. "家庭主要成员"是指直系亲属（父母、爱人及子女），"主要社会关系"是指对本人影响较大、关系较密切的亲友。

5. "本人身体健康状况"主要填写本人有无疾病及体质强弱状况。

6. 贴最近一寸正面半身脱帽照片。

7. 如有其他问题需要说明时，请另纸附上。

姓　　名		性别		贴照片处
曾用名		出生年月日		
出生地址				
现在家庭住址		民族		
是否华侨侨居何处				
何时何地参加共产党或共青团		健康情况		
婚否？对方姓名、政治面貌、现在何处、任何职				
家庭经济情况及主要经济来源				
何时何地因何原因受过何种奖励或处分				

本人学历及社会经历

自何时起何时止（注明年月日）	在何地何校（或在单位）……学习（或任何职）	证明人、现在何处任职政治面貌

		自我鉴定：
家庭主要成员和主要社会关系，他们的姓名、年龄，在何地、在何单位、任何职，政治面貌，现在与本人的关系如何		
家庭主要成员和主要社会关系中有无杀、关、管的，与本人关系如何		
		本人签名 年　月　日
班级鉴定	班长签名 年　月　日	毕业实习单位和主要内容
		毕业论文题目或毕业设计
		有何特长
系（科）意见	公　章 年　月　日	懂何种外语程度如何
		本人工作志愿
		学校对其工作分配的意见
学校意见	公　章　年　月　日	备注

2. 毕业生就业推荐表填写说明

（1）毕业生就业推荐表是用人单位考察学生的参考依据，要求学生必须认真负责如实填写，书写严谨规范，真实反映学生的在校表现情况。

（2）所学全部课程及成绩必须如实填写，真实有效，需加盖教务部门公章方有效。

（3）班主任、辅导员需为学生做好评语鉴定，并签字，加盖所属系部公章方有效。

附件3 毕业生就业推荐表

省普通高等学校
毕业生就业推荐表

学　　校＿＿＿＿＿＿＿
专　　业＿＿＿＿＿＿＿
姓　　名＿＿＿＿＿＿＿
填表日期　　年　　月　　日

省教育厅印制

毕业学校：		专业：		学历：		学制：	
姓名		性别		民族		年龄	相片
政治面貌		身高		体重		裸眼视力	
入学前所在学校							
现在家庭详细住址							
自我鉴定：							
在校期间何时担任过何种社会职务				爱好或特长			
在校期间何时受过何种奖励或处分							
家庭主要成员姓名、与本人关系、从事何种工作或职业							
本人适合从事何种性质或类型的工作							

所学全部课程及成绩						
学生德智体综合测评成绩		分	本专业毕业生总人数			人
该生在本专业中排列名次		外语语种		外语程度		级
课程	成绩	课程	成绩	课程	成绩	

思想政治表现、业务能力及推荐意见	系公章 年　月　日
学校推荐意见	公章 年　月　日
备注	

说明：1. 本表只限统招及取消定向的毕业生填写。
　　　2. 此表供用人单位参考，如用人单位同意接收该毕业生请在《毕业生就业协议书》上签字盖章。
　　　3. 本表一式二份，毕业生一份，学校存一份。

3. 毕业生就业协议书填写说明

（1）填写《毕业生就业协议书》时，一律用黑色碳素笔或钢笔如实填写，不得涂改。

（2）用人单位情况栏目填写。检查用人单位名称是否与用人单位的有效印章名称一致，单位联系人、电话、通信地址及性质要写清楚。档案接收一栏，要将人事档案保管单位的全称和地址填写清楚，有人事档案保管权的单位可填写单位地址，无人事档案管理权的单位应填写其委托保管档案的单位地址（人才市场、人才交流中心——主要指挂靠到人才交流中心或人才市场的三资企业、民营企业和私营企业）。

（3）毕业生情况的填写。如实填写姓名、年龄、民族、学制、专业及联系方式，如联系方式有变化，要及时告知辅导员或家长，方便学校与用人单位联系。

（4）附加条款的填写。双方应将毕业生考研、体验等特殊要求，违约的责任及违约金以及其他有关事项协商达成的附加条款填写清楚，落实在协议书应聘意见栏目或另附一份补充协议，保护自己的权益不受侵害。

（5）用人单位加盖公章。在与用人单位签订协议书时，一定要注意用人单位级别且主管部门、用人单位必须是具有独立法人主体的单位，或有用人自主权的法人单位。

附件4 毕业生就业协议书

编号 0731764

全国普通高等学校毕业生就业协议书

毕 业 生＿＿＿＿＿＿＿＿

用人单位＿＿＿＿＿＿＿＿

学校名称＿＿＿＿＿＿＿＿

教育部高校学生司制表

按《普通高等学校毕业生就业工作暂行规定》的要求，为维护国家就业计划的严肃性，明确毕业生、用人单位、学校三方在毕业生就业工作中的权利和义务，经协商，毕业生、用人单位、学校三方签订如下协议：

一、毕业生应按国家规定就业，向用人单位如实介绍自己的情况，了解单位的使用意图，表明自己的就业意见，在规定的时间内到用人单位报到，若遇到特殊情况不能按时报到，需征得用人单位同意。

二、用人单位要如实介绍本单位的情况，明确对毕业生的要求及使用意图，做好各项接收工作。凡取得毕业资格的毕业生，用人单位不得以学习成绩为由提出违约，未取得毕业资格的结业生，本协议无效。

三、学校要如实向用人单位介绍毕业生的情况，做好推荐工作，用人单位同意录用后，经学校审核列入建议就业计划，报国家教委批准，学校负责办理派遣手续。

四、学校应在学生毕业前安排体检，不合格者不派遣，本协议自行取消，由学校通知用人单位。如用人单位对毕业生身体条件有特殊要求，原则上应在签订协议前进行单独体检，否则，以学校体检为准。

五、毕业生、用人单位、学校三方如有其他约定，应在备注栏注明。并视为本协议书的一部分。

六、本协议经各方签字、盖章后生效。三方都应严格履行本协议，若有一方提出变更协议，须征得另两方同意，由违约方承担违约责任，并在备注栏标明。

七、本协议一式三份，毕业生、用人单位、学校各执一份，复印无效。

毕业生情况及意见	姓　　名		性别		年龄		民族	
	政治面貌		培养方式		健康状况			
	专　　业		学制		学历			
	家庭地址							
	应聘意见							
			毕业生签名： 年　月　日					

用人单位情况及意见	单位名称			单位隶属		
	联系人		联系电话		邮政编码	
	通讯地址			所有制性质		
	单位性质	党政机关、科研设计单位、学校、商贸公司、厂矿企业、部队、其他				
	档案转寄详细地址					
	用人单位意见： 签　章 年　月　日			用人单位上级主管部门意见： （有用人自主权的单位此栏可略） 签　章 年　月　日		

学校意见	学校联系人		联系电话		邮政编码	
	学校通讯地址					
	院（系、所）意见： 签　章 年　月　日			学校毕业生就业部门意见： 签　章 年　月　日		

二、档案查询

回生源地报到的毕业生，请在当年内到生源地的人事局查询是否已收到档案，如未收到，及时到学校开具机要档案交寄证明，然后到机要局查询，过期将无法查询。

三、注意事项

(1) 派遣回生源地的毕业生，一般都到报到证所指定的人事局报到。
(2) 请持毕业证、报到证、户口迁移证、身份证等前往报到。
(3) 派遣到接收单位的毕业生，报到程序按接收单位要求办理。

四、关于档案、党团组织关系问题

(1) 毕业生档案一般不予自带，也不留在毕业院校。暂缓就业的毕业生档案在省高校毕业生就业指导中心托管。
(2) 暂缓就业的毕业生，在暂缓就业期限届满时还没有落实就业单位的，档案一律由省高校毕业生就业指导中心寄回生源地人事部门，省高校毕业生就业指导中心将不再保留任何毕业生的档案。
(3) 暂缓就业的毕业生党员和预备党员，其组织关系暂时保留在毕业院校。

讨 论

程序和制度很重要，学生往往忽略和蔑视这些东西，认为不是真材实料。
形式：小组讨论
时间：10分钟以内
操作程序：
(1) 将成员分成若干小组，每组若干人。
(2) 学生积极发言。
相关讨论题目，学生发言：
我们都在什么时候因为不了解程序而耽误了事情？

练习题

1. 档案有什么作用?
2. 就业协议书有什么作用?
3. 签订就业协议书流程是什么?
4. 档案如何存放?

第七章
国家鼓励毕业生就业的相关政策

学习目标

1. 了解大学生就业政策的概念和特点；
2. 了解我国大学生就业的基本政策及现行的就业制度；
3. 了解大学生基层就业、参军入伍和出国留学等专项政策；
4. 了解国家鼓励大学生到西部、基层就业的政策，树立到基层锻炼成才的就业观。

第一节 就业政策的概念与特点

为了使毕业生的就业工作适应社会主义市场经济体制的要求，保障毕业生具有更多的就业机会和更宽松的就业环境，国家及时调整并制定了适应新形势的毕业生政策。下面讲述了毕业生就业政策的概念及特点。

一、就业政策的概念

我国的就业政策是指党和政府在一定的历史条件和历史阶段为促进经济发展和社会进步，为劳动者创造就业机会、扩大就业渠道所制订的行为准则。而大学生就业政策是国家就业政策的一个重要组成部分，是专门针对大学生就业工作而制定的，规范相关部门行为,为大学生创造就业机会,规范就业服务的一系列制度、规则及法规的总称。

二、就业政策的特点

(一)就业政策的总体特点

(1)公开性。包括政策公开、信息公开和纪律公开。

(2)公平性。《劳动法》规定:"劳动就业者,不因民族、种族、性别、宗教信仰不同而受歧视。"

(3)公正性。为了体现平等竞争的原则,用人单位应根据岗位的要求,运用科学的方法,对应聘者进行认真的考核,建立科学的考评、录用体系。

(二)大学生就业政策的特点

1. 政策内容越来越丰富,对缓解大学生就业压力越来越有成效

从 2003 年国务院办公厅提出了"大学生志愿服务西部计划"以来,政府部门不断颁布促进大学生就业的政策。2006 年,教育部提出了"三支一扶计划"和"农村义务教育阶段学校教师特设岗位计划"。2008 年,国家人力资源和社会保障部提出了"三支一扶计划",对应征入伍服义务兵役的高校毕业生实行学费补偿和助学贷款代偿,实施"一村一社区一名大学生工程"等。这些就业政策说明了国家颁布大学生就业政策的内容越来越丰富,在缓解大学生就业压力上越来越有成效。

2. 奖励政策不断量化,越来越具有可执行性

2003 年,国务院办公厅提出了在艰苦地区工作 2 年或 2 年以上者,报考研究生的应优先予以推荐、录取,报考党政机关和应聘国有企事业单位的,在同等条件下,应优先录用。但因该文件没有明确怎样优先和照顾多少等具体问题,于是 2004 年党中央、教育部、财政部、人事部联合明确了十项优惠政策,如服务期满考核合格,报考研究生的总分加 10 分,报考西部地区公务员的笔试总分加 5 分。这些政策说明了国家颁布的大学生就业政策不断由定性向定量转化,越来越具有可执行性。

3. 政策趋于公平公开

2003 年,国务院办公厅发文指出,党政机关录用公务员应公开招考或招聘,择优录用。也就是说,从那时起公务员选拔除招考外还有招聘,招聘显然对于刚毕业的大学生来说不公平。于是在 2004 年,国务院办公厅又发文提出,各级党政机关特别是地(市)、县、乡级机关录用公务员,要严格坚持"凡进必考"制度,该项政策

规定为高校毕业生公平参与竞争提供了机遇。

4. 就业政策逐步趋向法制化

近年来，国家几乎每年都要就大学毕业生的就业问题下发专门文件，在鼓励大学毕业生充分就业的同时，强调保护大学毕业生的合法权益。特别是2007年8月30日，十届全国人大常委会第二十九次会议表决通过了《就业促进法》（该法从2008年1月1日起实施），该法的制订和实施标志着我国大学毕业生的就业政策已趋向法制化。

三、就业政策的类型

由于我国的国情，使得目前大学生的就业政策主要有以下几种类型：

（1）就业市场政策。毕业生就业市场是在国家有关方针政策的指导下，运用市场机制和必要的宏观调控手段，通过双向选择、自主择业等途径，优化毕业生人力资源配置的一种方式，是利用市场规律调节大学毕业生人才供求的一种机制。它由毕业生、用人单位及其服务机构、交流洽谈场所、社会保障制度等组成。正是由于它的重要性，国家出台了一系列政策法规来维护和支持大学毕业生的就业市场。就业市场政策从性质上一般可以分成三个层次：

① 全国人大制定的法律法规和国务院根据法律制定的一些规定，重要的有《中华人民共和国劳动法》《中华人民共和国合同法》《中华人民共和国人才市场管理暂行规定》等。

② 国务院各部委在遵守法律的前提下制订的部门规章、重要通知等，如《国务院办公厅转发教育部等部门关于进一步深化普通高等学校毕业生就业制度改革有关问题意见的通知》等。

③ 各地区或各学校出台的地方性政策规定，如《上海市劳动合同规定》《上海市人才中介服务机构管理办法》等。

（2）就业准入政策。就业准入政策是指大学生就业获准进入某些地区、职业等的相关政策，它包含两方面：

① 地区准入政策。一些地区会根据本地区的情况出台一些具体的准入政策，特别是大城市如上海、北京、深圳等，每年都会出台接收非本地生源的大学毕业生有关问题的通知和政策。

② 职业方面的就业准入。职业方面的就业准入是指根据《中华人民共和国劳动法》和《中华人民共和国职业教育法》的有关规定，对从事技术复杂、通用性广、

涉及国家财产、人民生命安全和消费者利益的职业（工种）的劳动者，必须经过培训，并取得职业资格证书后，方可就业上岗。实行就业准入的职业范围由劳动和社会保障部确定并向社会发布。

（3）宏观调控政策。宏观调控政策是指政府为了促进人才结构的平衡而出台的一系列关于大学生到基层、到中小城市企业、到农村、到西部等地区去就业的鼓励性措施。如中共中央办公厅、国务院办公厅于2005年6月颁发的《关于引导和鼓励高校毕业生面向基层就业的意见》等政策。值得强调的是这次政策的出台积极引导和鼓励高校毕业生面向基层，在户籍迁移、偿还助学贷款、考录公务员、报考研究生等诸多方面都提出了优惠措施。另外，人事部也将研究制订促进非公有制单位和中小企业接收高校毕业生、鼓励和支持毕业生自主创业和灵活就业的有关政策规定。

（4）派遣接收政策。派遣与接收政策是指在大学毕业生到就业单位报到过程中，国家所制订的一系列原则。调配派遣对象为国家计划招收的普通高等学校毕业生和结业生以及国家计划招收的为地方培养的军队院校毕业生，地方主管毕业生调配部门和高等院校按照国家下达的就业计划派遣毕业生。学校根据毕业生就业计划、协议，结合毕业生的具体情况，拟定毕业生派遣方案，经上级部门批准后实施。此外，还有一些与大学生就业相关的政策。如创业扶持政策、权利维护政策、招考录用政策、就业指导服务政策，以上这些政策构成了目前我国大学生就业的具体政策。

第二节　大学生就业的基本政策

依据《中华人民共和国劳动法》《中华人民共和国高等教育法》国家教育部颁发的《全国普通高等学校毕业生就业管理规定》以及国家和地方的有关法律法规、方针政策，高校毕业生按培养方式实现就业。

具体归纳为：

① 国家计划统招毕业生在国家政策规定的时间和范围内一般通过供需见面、双向选择、自主择业的方式落实就业单位。

② 按照"国家宏观调控，各级政府和学校推荐，毕业生和用人单位双向选择"的体制就业。

③ 定向和委托培养的毕业生按合同就业。

国家教育部每年都会就做好毕业生就业工作颁发通知。各地区和学校就业主管部门依据这些文件的规定，从实际情况出发，也会制订一些就业政策以及相应的实施办法。因此，毕业生在就业时，一定要了解这些规定，只有这样，才能避免在就业中走弯路，才能正确地选择合适的工作单位。

一、政策解读

2009年1月19日，国务院办公厅下发了《关于加强普通高等学校毕业生就业工作的通知》（国办发〔2009〕3号，以下简称《通知》），要求把高校毕业生就业摆在当前就业工作的首位，采取切实有效措施，拓宽就业门路，鼓励高校毕业生到城乡基层、中西部地区和中小企业就业，鼓励自主创业，鼓励骨干企业和科研项目单位吸纳和稳定高校毕业生就业，并提出了一系列政策措施。

（一）鼓励和引导毕业生到城乡基层就业，而到城乡基层一线工作，既能实现就业，又能得到锻炼，是大学生就业的大方向。《通知》提出实行四项具体鼓励政策

（1）基层社会管理和公共服务岗位就业补贴政策。其中涉及两项补贴政策：

① 对到农村基层和城市社区从事社会管理和公共服务工作的高校毕业生，符合公益性岗位就业条件并在公益性岗位就业的，按照国家现行促进就业政策的规定，给予社会保险补贴和公益性岗位补贴。

② 对到农村基层和城市社区其他社会管理和公共服务岗位就业的，给予薪酬或生活补贴，所需资金按现行渠道解决，按规定参加有关社会保险。

（2）学费和助学贷款代偿政策。对到中西部地区和艰苦边远地区县以下农村基层就业并履行一定服务期限的高校毕业生以及应征入伍服义务兵役的高校毕业生，实施相应的学费和助学贷款代偿。

（3）选聘招录优惠政策。对有基层经历的高校毕业生，在研究生招录和事业单位选聘时实行优先，在地市以上党政机关考录公务员时进一步扩大对其招考录用的比例。

（4）继续实施和完善面向基层就业的专门项目，扩大项目范围。主要内容包括四个方面：

① 2009年中央有关部门和地方基层就业专门项目要鼓励更多的大学生参加。

② 要制定各项目待遇政策衔接的办法。

③ 对参加项目的毕业生给予生活补贴,参加有关社会保险。

④ 与项目相对应的自然减员空岗要全部聘用那些项目结束后留在当地就业的高校毕业生。

(二) 鼓励毕业生到中小企业、非公有制企业就业

目前,70%以上的大学生去中小企业和非公有制企业就业,这已成为大学生就业的主要渠道,但这一渠道还不够通畅,相关制度和政策有待进一步完善,《通知》提出了完善落实相关制度和政策的工作要求,主要包括以下三个方面:

(1) 清理影响就业的制度性障碍和限制。主要是在档案管理、人事代理、社会保险办理和接续、职称评定以及权益保障等方面,要认真清理现行制度,简化手续,做好服务工作,形成高校毕业生到企业就业的有利环境。

(2) 取消落户限制。对企业招用非本地户籍的普通高校专科以上毕业生,各地城市应取消落户限制(直辖市按有关规定执行)。

(3) 落实就业扶持政策。企业招用符合条件的高校毕业生,可享受相应的就业扶持政策。所谓符合条件的高校毕业生主要指就业困难人员,扶持政策包括对企业的社会保险补贴以及定额税收减免政策;劳动密集型小企业招用登记失业的高校毕业生达到规定比例,可享受高至200万元的小额担保贷款。

(三) 鼓励骨干企业和科研项目单位积极吸纳和稳定高校毕业生就业政策

为提高骨干企业人力资源质量和科研项目质量,对于有技术专长、优秀高校毕业生等,要采取相应的鼓励政策。《通知》提出以下四项措施:

(1) 鼓励企业更多吸纳高校毕业生。国有大中型企业特别是创新型企业要更多地吸纳有技术专长的毕业生。高新技术开发区、经济技术开发区和高科技企业要集中吸纳高校毕业生。高校毕业生掌握现代化知识和技术,符合这类单位的用人需求,因此《通知》提出要鼓励吸纳以加强人才培养使用和储备。各地、各有关部门要根据实际情况制订具体的鼓励措施。

(2) 鼓励困难企业更多保留高校毕业生。在当前应对国际金融危机实施企业减负稳岗措施中,支持困难企业更多地保留大学生技术骨干,按规定给予社会保险补贴、岗位补贴或职业培训补贴。人力资源社会保障部、财政部、税务总局《关于采取积极措施减轻企业负担稳定就业局势有关问题的通知》(人社部发〔2008〕117号)对此项政策有具体规定。

(3) 鼓励科研项目聘用高校毕业生。承担国家和地方重大科研项目的单位要积

极聘用优秀毕业生参与研究。

① 给予其劳务性费用和有关社会保险费补助，由项目经费列支。

② 参与项目期间，毕业生户口、档案可存放在项目单位所在地人才交流机构。

③ 聘用期满，可续聘或到其他岗位就业，聘用期间工龄、社会保险缴费年限连续计算。高校毕业生参与科研项目，既可以促进科研的发展，又可以延长毕业生学习和研究时间，对缓解当前就业压力有积极作用。

（4）鼓励和支持高校毕业生自主创业的政策措施。自主创业是大学生就业的重要增长点。据有关调查，目前应届毕业生中自主创业的比例仅为0.3％。创业难度很大，潜力也很大，今后需要加大政策扶持和服务力度，鼓励大学生自主创业。

（四）鼓励自主创业

（1）免收行政事业性收费。《通知》提出，对高校毕业生从事个体经营符合条件的，免收行政事业性收费。同时，落实鼓励残疾人就业，下岗失业人员再就业以及中小企业、高新技术企业发展等现行税收优惠政策和创业经营场所安排等扶持政策。

（2）提供小额担保贷款。对于创业者而言，创业初期多是开办中小企业，然而中小企业"融资难"一直是制约企业发展的瓶颈。

针对这些问题，《通知》明确要求，在当地公共就业服务机构登记失业的自主创业高校毕业生，自筹资金不足的，可申请不超过5万元的小额担保贷款；对合伙经营和组织起来就业的，可按规定适当扩大贷款规模；从事当地政府规定微利项目的，可按规定享受贴息扶持。

（3）享受职业培训补贴。要想创业成功，仅有创业意愿还不够，关键还要提高创业者的创业能力。对创业者提供职业培训是提高创业者创业能力的有效途径。

为了鼓励支持更多高校毕业生参加创业培训，《通知》明确要求，有创业意愿的高校毕业生参加创业培训的，按规定给予职业培训补贴。

（4）享受更多公共服务。《通知》明确要求，强化高校毕业生创业指导服务，提供政策咨询、项目开发、创业培训、创业孵化、小额贷款、开业指导、跟踪辅导的"一条龙"服务。《通知》还要求，各地要建设完善一批投资小、见效快的大学生创业园和创业孵化基地，并给予相关政策扶持。

（5）政府鼓励支持高校毕业生通过多种形式灵活就业，并保障其合法权益，符合规定的，可享受社会保险补贴政策。

（五）对困难毕业生的就业援助措施

《通知》要求强化对以下四类困难毕业生的就业援助：

(1) 对困难家庭毕业生，高校可根据情况给予适当的求职补贴，公务员考录、事业单位招聘时免收报名费和体检费。

(2) 对离校后未就业回到原籍的毕业生，各地要摸清底数，免费提供政策咨询、职业指导、职业介绍和人事档案托管等服务，并组织其参加就业见习、职业技能培训等促进就业活动。

(3) 对登记失业的高校毕业生，各地要纳入当地失业人员扶持政策体系，抓好政策落实。

(4) 对就业困难和零就业家庭的高校毕业生，要实施一对一职业指导、向用人单位重点推荐、公益性岗位安置等帮扶措施，按规定落实社会保险补贴、公益性岗位补贴等就业援助政策。就业困难人员的标准，由省级人民政府规定。

二、特殊政策

(一) 志愿服务西部计划

根据国务院常务会议精神，团中央、教育部、财政部、人事部共同组织实施西部计划。从2003年开始，按照公开招募、自愿报名、组织选拔、集中派遣的方式，每年招募一定数量的普通高等学校应届毕业生，到西部贫困县的乡镇一级从事为期1~2年的教育、卫生、农技、扶贫及区域化推进农村共青团工作、全国农村党员干部现代远程教育试点工作、基层检察院、基层人民法院、基层司法援助、西部农村平安建设等方面的志愿服务工作。志愿者服务期满后，鼓励其扎根基层，或者自主择业和流动就业，并在其升学、就业方面给予一定政策支持。

1. 大学生志愿者能够享受的鼓励政策

(1) 服务期间，享受一定的补贴（含生活补贴、交通补贴和保险）。

(2) 服务期间，计算工龄，党团关系转至服务单位。户口和档案保留在毕业高校，免收管理费用，服务期满后学校再发放派遣证。

(3) 服务期间，可兼职或专职担任所在乡镇团委副书记、学校及其他服务单位的管理职务。

(4) 服务期满考核合格，符合报考条件，在服务期满后三年内报考研究生的，初试总分加10分；各高校出台的政策如优惠于此政策则参照高校政策；同等条件下，优先录取。

(5) 服务期满考核合格，可以应届高校毕业生身份报考国家机关公务员。报考中央、国家机关和东、中部地区公务员的，同等条件下，优先录取；报考西部地区公务员的，笔试总分加5分。具体规定由省级公务员考试录用主管机关在当年招考中予以明确。

（6）服务单位在录用党政机关公务员和新增国有企事业单位专业技术人员、管理人员时优先录用、招聘志愿者。

（7）服务期为1年、服务期满考核合格的，授予中国青年志愿服务铜奖奖章。服务期为2年、服务期满考核合格的，授予中国青年志愿服务银奖奖章，表现优秀的授予中国青年志愿服务金奖奖章，表现特别优秀的推荐参加中国青年五四奖章、中国十大杰出青年、中国十大杰出青年志愿者、国际青少年消除贫困奖等的评选。

同时，鼓励各高校和社会各方面对高校毕业生的工作、生活、学习、就业和创业提供帮助和支持。

2. 户口关系

按规定，本人要求户口和档案保留在学校的，按规定保留两年，在此期间，档案管理机构免收服务费；本人要求将户口转回入学前户籍所在地的，公安机关按规定为其办理落户手续，人事、教育部门所属人才交流机构负责办理相关手续，人事部门所属人才交流服务机构免费提供人事代理服务。服务期满落实工作单位后，公安机关按有关规定办理户口迁移手续。如果志愿者愿意放在社会人才交流中心，可以免费为他们保管。如果志愿者愿意把户口带到西部去，当地的公安部门应该帮助落户，也就是说志愿者把户口带走，干了一两年不想干了，还可以把户口带走。

（二）特岗教师计划

"特岗教师计划"全称是"农村义务教育阶段学校教师特设岗位计划"，是中央实施的一项对中西部地区农村义务教育的特殊政策。"特岗教师计划"已经实施三年了。2010年3月，教育部及财政部联合下达了《关于做好2010年农村义务教育阶段学校教师特设岗位计划实施工作通知》。从这个通知中，可以看出2010年特岗教师招聘工作相较于往年的几个重点。

1. "特岗教师计划"实施范围

2010年，中央"特岗教师计划"实施范围为中西部地区国家扶贫开发工作重点县、西部地区原"两基"攻坚县（含新疆生产建设兵团的部分团场）、纳入国家西部开发计划的部分中部省份的少数民族自治州以及西部地区一些有特殊困难的边境县、少数民族自治县。

2. 特岗教师可享受的保障政策

今后城市、县镇中小学校教师自然减员空岗优先聘用服务期满特岗教师。同时，鼓励服务期满特岗教师继续从教，对自愿留在本地学校的，要负责落实工作岗位，工资发放纳入当地财政统发范围。

2006年以来，"特岗教师计划"有力缓解了农村地区教师紧缺和结构性矛盾，促进了农村学校面貌发生新变化。同时，也为应届大学生创造了新的就业选择，缓解了就业压力。相信"特岗教师计划"很快将会成为大学生们又一个新的主流职业选择方向。

3. 招聘对象和条件

（1）以高等师范院校和其他全日制普通高校应届本科毕业生为主，可招少量应届师范类专业专科毕业生。

（2）取得教师资格，具有一定教育教学实践经验，年龄在30岁以下的全日制普通高校往届本科毕业生。

（3）参加过"大学生志愿服务西部计划"、有从教经历的志愿者和参加过半年以上实习支教的师范院校毕业生同等条件下优先。

（4）报名者应同时符合教师资格条件要求和招聘岗位要求。

（三）"三支一扶"计划

2009年4月21日，人力资源和社会保障部与中央组织部、教育部、财政部、农业部、卫生部、国务院扶贫办、共青团中央联合下发了《关于做好2009年高校毕业生"三支一扶"计划实施工作的通知》（人社部发〔2009〕39号），并在4月23日召开2009年高校毕业生"三支一扶"计划实施工作电视电话会进行安排部署。

1. "三支一扶"计划在招募、待遇等政策方面的规定

根据今年就业形势，贯彻落实国务院有关文件和会议精神，2009年4月，人保部与中央组织部、教育部、财政部、农业部、卫生部、国务院扶贫办及共青团中央八部门共同下发了《关于做好2009年高校毕业生"三支一扶"计划实施工作的通知》（人社部发〔2009〕39号）。在2009年的实施工作中，"三支一扶"计划结合就业新政策的落实，在项目统筹协调工作的框架下，进一步完善相关政策和管理服务：

（1）在招募培训方面，严把关口，加强培训。要求各地在扎实统计岗位需求的基础上适当扩大规模，同时要确实将基本素质好、成绩优良、具有奉献精神，而且

所学专业为农村急需的高校毕业生招募进来。招募工作完成后，要认真开展岗前培训，让大学生们在派下去之前就能更多地掌握党和国家有关基层工作特别是农业、农村等方面的方针政策，对即将面对的新工作、生活环境有所准备，以便更好地投入到基层工作中去。需要特别说明的是，考虑到2009年高校毕业生就业形势比较严峻，而每年的4—6月是高校毕业生离校前的就业关键期，因此2009年"三支一扶"计划招募截止时间比往年提前了近3个月，即6月30日止，以此为高校毕业生多提供一些就业渠道。

（2）在管理培养方面，搞好服务，注重培养。要求各地按照《通知》要求，进一步完善日常管理制度，切实做好工作、生活方面的服务，提供更多的在岗培训和业务学习机会，形成管理培养的长效机制。

（3）在待遇保障方面，提高标准，加强保障。《通知》专门强调，从2009年起，"三支一扶"大学生的工作补贴、生活补贴标准参照当地乡镇事业单位初任人员标准执行，并且按照当地规定参加各项社会保险。

2．服务期满大学生的优惠政策

服务期满的就业工作，要充分发挥市场机制的基础性作用，政府广开就业渠道，最终还是要依靠高校毕业生的自身努力。在就业服务方面，《通知》进一步明确了就业四条渠道和相应的政策。

（1）报考公务员。《通知》规定，各省（区、市）市（地）级以上党政机关录用公务员，要坚持凡进必考，并明确录用具有两年以上基层工作经历人员的比例。乡镇党政机关招考方面，按相关规定执行。各地要认真解决报考过程中报考资格、录用比例等操作问题，保证政策落实。

（2）参加事业单位公开招聘。《通知》在这方面作出新的规定，一是鼓励"三支一扶"大学生服务期满后留在当地就业，原服务单位有职位空缺或有相对应的自然减员需补充人员时，要聘用服务期满考核合格的"三支一扶"大学生；二是各省（区、市）县以上相关的事业单位公开招聘工作人员，应拿出不低于40%的比例，聘用具有两年以上基层工作经历的高校毕业生，在同等条件下要优先聘用"三支一扶"大学生。同时，今后招募的"三支一扶"大学生，在事业单位服务满一年后，在现岗位空缺情况下，经考核合格，可与所在单位签订不少于三年的聘用合同。

（3）自主择业。要在坚持市场就业机制的基础上，加大公共服务力度，对自主择业的"三支一扶"大学生，各级政府部门所属人才服务机构、公共就业服务机构要为其免费提供政策咨询、职业指导和职业介绍服务；组织他们参加职业资格培训、职业技能鉴定或就业见习，按规定给予职业培训补贴等；对服务期满后失业时间较长的"三支一扶"大学生要进行重点帮扶。同时，《通知》要求各级"三支一扶"办公室认真摸清底数，采取有效措施帮助自主择业的"三支一扶"大学生就业。

（4）自主创业。《通知》要求各地将服务期满"三支一扶"大学生纳入高校毕业生自主创业政策支持范围，为有自主创业愿望的"三支一扶"大学生提供政策咨询、项目开发、创业培训、创业孵化、小额贷款、开业指导、跟踪辅导等"一条龙"服务。按照有关政策，对从事个体经营符合条件的可免收行政事业性收费；对通过各种形式灵活就业的，符合规定的可享受社会保险补贴。

此外，在相关政策衔接方面，也有相应调整。一是高职（高专）毕业生参加"三支一扶"，服务期满考核合格的，可免试入读成人高等学历教育专升本；二是对服务期满报考研究生的，可享受加分等优惠政策；三是对已落实就业岗位的大学生，各级"三支一扶"办公室按规定落实助学贷款代偿政策、工龄计算、服务年限视同社会保险缴纳年限等政策，其户籍、档案转移接续手续按《关于做好2008年高校毕业生"三支一扶"计划实施工作的通知》（人社厅发〔2008〕6号）的规定执行。

（四）选聘村官政策

2008年4月由中共中央组织部、教育部、财政部、人力资源和社会保障部联合下发的《关于选聘高校毕业生到村任职工作的意见（试行）》的通知（组通字〔2008〕18号）文件中指出："为加强农村基层组织建设，培养有知识、有文化的新农村建设带头人；培养具有坚定理想信念和奉献精神，对人民群众有深厚感情的党政干部后备人才，形成来自基层和生产一线的党政干部培养链；引导高校毕业生转变就业观念，面向基层就业创业，到经济社会发展最需要的地方施展才华，为建设社会主义新农村、实现全面建设小康社会宏伟目标提供人才支持和组织保证，决定在全国范围内开展选聘高校毕业生到村任职工作。"

1. 选聘对象、条件和程序

选聘对象为30岁以下应届和往届毕业的全日制普通高校专科以上学历的毕业生，重点是应届毕业和毕业1~2年的本科生、研究生，原则上为中共党员（含预备党员），非中共党员的优秀团干部、优秀学生干部也可以选聘。选聘的基本条件是：

① 思想政治素质好，作风踏实，吃苦耐劳，组织纪律观念强。

② 学习成绩良好，具备一定的组织协调能力。

③ 自愿到农村基层工作。
④ 身体健康。

参加人力资源和社会保障部、团中央等部门组织的到农村基层服务的"三支一扶""志愿服务西部计划"等活动期满的高校毕业生，本人自愿且具备选聘条件的，经组织推荐可作为选聘对象。对于各省（区、市）此前已经选聘到村任职的高校毕业生，本人自愿，通过组织考察推荐，可转为选聘对象。

选聘工作要坚持公开、平等、竞争、择优和德才兼备的原则，一般通过个人报名、资格审查、组织考察、体检、公示、决定聘用、培训上岗等程序进行。

2. 选聘任职

选聘的高校毕业生是中共正式党员的，一般安排担任村党委组织书记助理职务；是中共预备党员的或非中共党员的，一般安排担任村委会主任助理职务；是共青团员的，可安排兼任村团组织书记、副书记职务。经过一段时间的实际工作、被大多数党员和群众认可的，可通过推荐参加选举担任村党组织书记、副书记等职务。

3. 待遇和保障政策

选聘到村任职的高校毕业生，享受以下政策待遇。

（1）比照本地乡镇从高校毕业生中新录用公务员试用期满后工资水平来确定工作、生活补贴标准，在艰苦边远地区工作的，按规定发放艰苦边远地区津贴、补贴，津贴按月发放，参加养老社会保险。

（2）在村任职期间，办理医疗、人身意外伤害商业保险。

（3）符合国家助学贷款代偿政策规定、聘期考核合格的，其在校期间的国家助学贷款本息由国家代为偿还。

（4）在村任职2年以上，具备"选调生"条件和资格的，经组织推荐，可参加选调生统一招考。

（5）在村任职2年后报考党政机关公务员的，享受放宽报名条件、增加分数等优惠政策，同等条件下优先录用。县乡机关公务员应重点从选聘到村任职的高校毕业生中招录。

（6）聘期工作表现良好、考核合格的，报考研究生享受增加分数等优惠政策，在同等条件下优先录取。

（7）被党政机关或企事业单位正式录用（聘用）后，在村任职工作时间可计算工龄、社会保险缴费年限。

(8) 到西部和艰苦地区农村任职的，户口可留在现户籍所在地。

（五）应征入伍政策

根据中华人民共和国教育部、公安部、民政部、总参谋部、总政治部〔2001〕参联字4号、〔2002〕参联字1号文件等有关规定："征集在校大学生入伍，是新形势下提高部队兵员素质、加强国防和军队现代化建设的重大举措。它不仅有利于加速和加快部队现代化建设，还充分体现了党和政府对在校大学生的爱心和爱护，实现大学生携笔从戎、报效祖国、献身国防的夙愿，履行法律赋予的光荣义务。"大学生到部队后，能够得到全面的锻炼和提高，有利于自身全面成长。同时，对学校的校风校纪建设也有一定的促进作用。

1. 征集的范围和对象

征集的对象为本人自愿入伍的男性学生。为便于征兵政治审查，以征集入学前户口所在地与就读学校在同一省的学生为主，外省为辅导，按非农业户口青年征集。

2. 优惠政策规定

（1）关于学籍。对高等学校自愿应征入伍的在校生，可保留学籍至退出现役后一年。退伍后复学的大学生，如本人自愿，且符合相关条件，在学校学习期间应优先选拔为国防生和部队招干。

（2）关于学业安排。在校大学生入伍前，学校应尽可能安排他们参加本学期所学课程的考试，也可以根据其平时的学习情况，对本学期所学课程免试，直接确定成绩和学分。对已经修完规定课程或已修满规定学分，符合毕业条件的，学校可准予毕业，发给其毕业证书。在校大学生入伍后，有条件的可以参加原学校组织的函授或自学原专业课程，经部队团级单位批准可以参加学校组织的考试。

（3）关于减免学费。在校大学生被批准入伍后，已交学杂费的剩余部分，根据本人自愿，由学校退还本人或由学校负责管理。退出现役后复学，其家庭经济困难的，由学校酌情减免学费；在服现役期间因工伤残的，有学习能力和生活自理能力者，复学后免交学费；入伍前享受优秀学生奖学金的，复学后提高一个奖学金等级（不含一等奖学金）；对荣立一次三等功奖励的，复学后按不低于50%的标准减免学费；荣立两次三等功或荣立二等功、一等功、被授予荣誉称号的，复学后免交全部学费。

（4）关于退役后的复学。退出现役后一般应回原学校原专业复学。对原就读学校撤销的，由省（自治区、直辖市）教育行政部门安排转入同等学力相关专业高等学校复学；原所学专业撤销的，由学校安排转入其他专业复学；个别学习有困难的，可以申请延长学习时间；对专科升本科、本科报考研究生的，在同等条件下应优先录取。在部队荣立三等功以上奖励的，原是本科生的可申请转到本校其他专业学习，原是专科生的可以免试转入本校同专业或相近专业的本科学习，荣立二等功以上奖励的，所学本科专业毕业后，可免试保送所学专业研究生。在新兵检疫复查期间退回或因身体原因不宜继续在部队服役中途退役的，学校应准其复学。服现役期间受除名、开除军籍处分或被劳动教养、判刑的，不予复学，部队保卫部门负责通报其就读学校，由入学前户口所在地人民政府按照民政部、公安部、总参谋部、总政治部《关于义务兵提前退出现役的暂行规定》（民〔1988〕安字18号）执行。

（5）优待安置政策。对批准入伍的在校大学生，服役期间，每年优抚金800元，其家属享受军属待遇，并由其入学前户口所在地人民政府按照本省（自治区、直辖市）有关义务兵家属优待的规定给予优待，退出现役后，不愿复学的大学生，由入学前户口所在地的退伍军人安置机构负责接收，并按照城镇退役士兵的有关政策规定，做好他们的安置工作。参战或因公负伤致残的由部队评定残废等级，发给革命伤残军人证，退出现役后丧失自理能力不能复学的，按照国家有关规定妥善安置。

（六）报考公务员政策

按照十七届四中全会的精神，公务员的考录政策进一步向基层进行倾斜，2009年加大了从基层和生产一线考录公务员的力度，这方面今年采取了以下四方面的措施：

（1）中组部、人力资源社会保障部和国家公务员局明确要求中央机关和省级以上的直属机构录用公务员的计划中应该有70％以上招录有2年工作经验的人。

（2）部分部委应该拿出一定的指标专门面向西部志愿者、大学生村官等进行招考。

（3）我国2009年要求县级以下基层的岗位主要面向的是高校应届毕业生招考。一方面是加强基层公务员队伍的建设，引导高校毕业生到基层就业；另一方面将这项工作作为上级党政机关人才的蓄水池和培养基地。

（4）对基层的这种工作经历的概念和范围进行了重新界定，所有的招考计划中要求具有工作经历的考生必须具有2年以上的基层和生产一线的工作经历，我们主要界定在县级以下党政机关、国有企事业单位、社区农村的工作经历，在军队团级以下的岗位上工作的经历也视为具有基层工作经历。同时这次招考对在地市以下党政机关工作的人员报考中央机关也视为具有基层工作经历。

下面摘录一些有关大学生报考国家公务员考试的政策规定：

① 2010年毕业的定向生、委培生原则上不得报考。如委培或定向单位同意其报考，应当由委培或定向单位出具同意报考证明，并经所在院校同意后方可报考。

② 非普通高等学历教育的其他国民教育形式（自学考试、成人教育、网络教育、夜大和电大等）毕业生取得毕业证后，符合职位要求的资格条件的，可以报考。

③ 国家统一招生的普通高校毕业生离校时和在择业期内（国家规定择业期为2年，有些地方延长至3年）未落实工作单位、其户口、档案和组织关系保留在原毕业学校或保留在各级毕业生就业主管部门（毕业生就业指导服务中心）、各级人才交流服务机构和各级公共就业服务机构的毕业生，可按应届高校毕业生对待。

④ 具有基层工作经历的应届毕业生，可以以应届毕业生的身份报考。如果符合职位规定的基层工作年限，也可以报考要求具有基层工作经历的职位。

⑤ 参加"选聘高校毕业生到村任职工作""农村义务教育阶段学校教师特设岗位计划""三支一扶"计划和"大学生志愿服务西部计划"等项目的人员报考的，要提供相应的证明材料。参加"选聘高校毕业生到村任职工作"项目的，要提供由县级组织人事部门出具的证明；参加"农村义务教育阶段学校教师特设岗位计划"项目的，要提供省级教育部门统一制作，教育部监制的"特岗教师"证书和服务"农村义务教育阶段学校教师特设岗位计划"鉴定表原件和复印件；参加"三支一扶"计划项目的，要提供各省"三支一扶"工作协调管理办公室出具的高校毕业生"三支一扶"服务证书（此证书由全国"三支一扶"工作协调管理办公室监制）原件和复印件；参加"大学生志愿服务西部计划"项目的，要提供由共青团中央统一制作的服务证和大学生志愿服务西部计划鉴定表原件和复印件。

以上材料在面试时与其他材料一并交招录机关审核。

⑥ 参加"选聘高校毕业生到村任职工作""农村义务教育阶段学校教师特设岗位计划""三支一扶"计划和"大学生志愿服务西部计划"等项目的人员，服务期满、考核合格的，可以报考限应届毕业生报考的职位。

讨 论

形式：小组讨论

时间：10分钟以内

操作程序：

(1) 将成员分成若干小组，每组若干人，让每组选择一个问题回答。

(2) 这些意见为教师提供了最佳机会来了解学生的需求，从而使教师在以后的课程中加以改进。

相关讨论题目，学生发言：

(1) 你知道国家都有哪些鼓励就业的政策？

(2) 你认为当代大学生需要什么样的就业政策？

练习题

1. 你了解哪些就业政策？
2. 你认真看过就业政策吗？
3. 哪些就业政策适合你，为什么？

参考书目

[1] 肖智勇. 当前我国大学生就业政策的思考 [J]. 时代教育，2010 (6).

[2] 孙绵涛. 关于国家教育政策体系的探讨 [J]. 教育研究，2001 (3).

[3] 国务院办公厅. 关于切实做好2007年普通高等学校毕业生就业工作的通知 [R]. 2007.

第八章
搜集就业信息及相关知识

学习目标

1. 了解就业信息的概念；
2. 了解获取就业信息的渠道；
3. 掌握就业心理调适的方法；
4. 学会甄选就业信息，保障自身权益。

案例导入

小王来自小县城，在南方某院校就读。有一次，一位即将毕业参加工作的老乡在临别时对他说："小王，现在找一份好工作太难了，我这次就吃亏在动手太迟上，你以后要吸取我的教训。我这里有一些找工作留下的资料，你可以拿去看看。"小王一看，大部分是用人单位的情况介绍，还有一些发布就业信息的报纸，还有一本就业指导书。把这些资料拿来后，他利用课余时间把它们翻阅了一遍，对求职知识和技巧有了一个大概的了解。转眼间，小王大三了，进入第一学期的小王不动声色地忙开了。他先是给在本地工作的师兄、师姐和老乡们打电话，请他们提供本单位本年度的需求信息。最后到学校就业指导中心走了一趟，查询了一下学校本学期就业工作的安排和即将举行的各地人才交流会的信息。做完这些后，他又根据自己收集的过去三年的需求信息，对学校的大客户需求情况做了一番分析和预测，给用人单位邮寄了一份求职信。在春节前，各种渠道的信息慢慢地反馈了回来，出乎他的意料，同时有七家单位愿意接受他。就这样，在其他毕业生毫无头绪、忙着收集信息的时候，他已在计划怎样迈好下一步了。

有时候，毕业生求职总是怨天尤人，怪学校公布的用人单位信息太少，社会上的用人单位太少等。实际上，命运青睐有准备的头脑。早做准备，才能抢占先机，捷足先登。

第一节 如何分析和利用就业信息

对面临求职择业的毕业生来说，最关心的莫过于能收集到更多的就业信息。谁能拥有更多、更有效的信息，谁将赢得择业的主动权。高职生就业的信息收集需注意以下问题：

（一）就业信息的内容

就业信息是指用人单位发布的、择业者未知的、经过加工处理后对择业者具有一定价值的、客观存在的有关就业的信息和情报。大学毕业生要成功地实现就业，不仅取决于个人的学业成绩、能力水平、综合素质及社会对人才的需求等因素，同时也与毕业生能否及时有效地获取就业信息密切相关。就业信息可以分为宏观信息和微观信息。

1. 宏观信息

宏观信息是指国家的政治经济情况，国家或地区社会经济的方针政策规定，国家对毕业生的就业政策与劳动人事制度改革的信息，社会各部门、企业的职业需求情况及未来产业、职业发展趋势所要求的信息。简单说，宏观信息包括行业信息、职业信息和企业信息等。掌握这些信息，就可宏观地把握就业方向。

2. 微观信息

微观信息是指某些具体的就业信息。如用人单位的职位空缺情况、岗位职责、职业发展前景、需求专业、任职条件和福利待遇等。这些信息是在大学即将毕业时必须搜集的具体材料。

（二）就业信息的筛选方法与技巧

搜集就业信息是必要的，但更重要的是对广泛搜集来的信息进行归纳整理、分析和判断，择优而行。

1. 搜集就业信息的方法

毕业生搜集就业信息主要有以下几种方法：

（1）全方位搜集法。把与专业有关联的就业信息统统收集起来，再按一定的标准进行整理和筛选，以备使用。这种方法获取的就业信息广泛，选择的余地大，但较浪费时间和精力。

（2）定方向搜集法。根据自己选定的职业方向和求职的行业范围来搜集相关的信息。这种方法以个人的专业方向、能力倾向和兴趣特长为依据，便于找到更适合自己特点、更能让自己发挥作用的职业和单位。需要注意的是，当毕业生选定的职业方向和求职范围过于狭窄时，有可能大大缩小选择余地，特别是所选定的职业范围是竞争异常激烈的"热门"工作时，很可能给下一步的择业带来较大困难。

2. 筛选就业信息的技巧

毕业生通过上述渠道所收集到的原始就业信息都比较杂乱，有相当一部分信息是没有用的。毕业生应根据自己的实际情况和需求，对信息进行去粗取精，去伪存真，有目的、有针对性地加以筛选处理，使获得的信息更具准确性、全面性和有效性，使之更好地为自己的求职服务，在处理这些信息时应把握以下技巧：

（1）搜集方向。专业相符、有发展前景、适合自己特点和有发挥作用空间的就业信息。

（2）掌握重点。将收集到的所有就业信息进行比较，初步筛选之后，把重点信息选出，标明并注意留存，一般信息则仅做参考。

（3）适合自己。每个人的情况不一样，毕业生应选择适合自己的信息。

（4）注意信息的时效性。搜集到就业信息后，应适时使用，以免过期。

（5）分类判断。把通过各种渠道搜集来的信息按地区、性质进行分类，再按自己的择业标准进行等级分类，把那些自己感兴趣的单位列为第一等级，作为求职择业的重要选择方向。

（6）兼顾冷门。确定信息搜集范围时不能局限于"热门"单位和周边较近地区，否则，会大大降低就业的成功率。

第二节　搜集就业信息的途径

就业信息越广泛，择业的视野就越宽阔；就业信息越有效，择业的把握性就越大。就业信息多种多样，搜集的渠道也各有不同。

一、招聘会

（一）高校毕业生就业市场

1. 院内招聘会

院内小型招聘会，其特点是用人单位少，一般是几家甚至一家用人单位，招聘会规模小、人数少针对性强、应聘率高。

2. 校际之间联办的高校招聘会

有相邻院校合办的招聘会，也有一个城市或临近几个城市同一类院校联办的招聘会，如北京市高校毕业生服务中心组织的师范类专场招聘会等，时间一般在11月上旬开始。

3. 其他院校组织的招聘会

其他院校每年在12月左右开始招聘会。很多院校的招聘会一般都是开放性的，允许非本院校的学生参加。

4. 针对学校所在地高校毕业生设立的常年招聘场所

如当地的高校毕业生服务中心。

（二）社会上各级各类人才市场举办的招聘会

目前全国各地已建立了由当地人事部门主管的人才市场。人才市场是高校毕业生就业市场的有益补充，是毕业生顺利就业的重要渠道。

1. 政府和人才市场组织的大型招聘会

人才招聘会主要是社会各级人才市场举办的与大学毕业生有关的招聘会，人才市场在一定的时间向用人单位提供场地，让他们现场招聘所需要的毕业生，这类招聘会往往规模较大，但参加单位成分较复杂，有时难免鱼目混珠。

2. 用人单位自己组织的人才招聘会

一般有能力单独在校园开展应届生招聘的都是一些具有影响力的集团和企业，或者专业性强的机构和对口单位。这类招聘会一般对应聘者要求严格，多重筛选，它目前在就业渠道中占据着重要的地位。

二、网络渠道

随着信息时代的到来,计算机网络的应用已经越来越普遍。互联网作为一个庞大的信息和服务资源基地,越来越多的公司和单位也开始选择在网上招募员工。

目前网上招聘会的渠道主要有:

(1) 各地教委的网站。比如,北京市教育委员会组织的北京市高校毕业生就业网。网址为:http://www.bjbys.net.cn

(2) 各地人力资源与社会保障局网站。比如,北京市人事局组织的北京市人事局毕业生就业网。网址为:http://www.bjbys.com

(3) 通过专业的求职网站国家教育部组织的中国高校毕业生就业服务信息网。网址为:http://www.myjob.edu.cn

专业性的求职网站在当前的校园招聘中起着越来越重要的作用,越来越多的著名企业都委托给第三方求职机构或网站来进行招聘,对于应届大学生来说著名的求职网站有中华英才网、智联招聘网、前程无忧网以及应届生求职网等。

中华英才网 http://www.chinahr.com

智联招聘 http://www.zhaopin.com

中国高校毕业生就业服务信息网 http://www.myjob.edu.cn

中国高校毕业生就业信息网 http://www.gradnet.edu.cn

全国高校毕业生就业信息网 http://www.gradnet.edu.cn

高校毕业生求职中心 http://cgcc.net

大学毕业生求职网 http://www.1stjob.net

中国人才网 http://www.chinatalent.com.cn

中国大学生就业网 http://www.jiuye168.com/

中国校园网 http://www.54youth.com.cn/

中国招聘求职网 http://www.528.com.cn/

人才职业网 http://www.rencaijob.com/

网大就业热线 http://job.netbig.com/

我要就业网 http://www.519yes.com/

中国就业培训技术指导中心网 http://www.osta.org.cn/

三、其他渠道

1. 用人单位自有渠道

当前也有很多单位自己通过自己的企业网站、通过让求职者邮寄简历或发送电子邮件到指定邮箱来进行校园招聘，一般这类信息都是通过企业自有网站、校园就业指导中心的信息或校园 bbs 等渠道获得。

2. 通过新闻媒体

在大学生毕业择业之际，广播、电视、报纸、杂志上都会有大量关于大学生就业的信息，包括就业政策、行业现状、职业前景、人才需求等方面的报道和分析。同时，有关大学生就业的专业媒体也在不断增加。比如，由国家教育部主管，全国高校学生信息咨询与就业指导中心主办的《中国大学生就业》，各地的《就业指导报》《人才市场报》《劳动信息报》等；电台、电视台也都辟有专门的栏目，成为毕业生搜集就业信息的另一种途径。新闻媒介涉及面广，是毕业生不可忽视的一条重要的就业信息搜集渠道。

3. 通过各种社会关系

通过社会关系网获得信息，也是一个重要的渠道，当毕业生在寻找就业信息的时候千万不要忘记了周围的亲戚、老师、朋友以及朋友的朋友，也许他们会给你提供一些机会。本专业的教师比别人更清楚你适合到什么单位就业，而且往往在科研协作、兼职教学中与对口单位有着广泛的接触。校友大多在对口单位工作，对所在单位情况了如指掌。通过他们可以获得许多具体、准确的信息。家长和亲友对你的就业更为关心，他们与社会的方方面面有一些联系，也可以帮助提供就业信息。

第三节　求职心理与调适

影响高职生就业的因素虽然很多，但主要的问题在学生心理方面。所谓就业心理问题是指学生出现了心理问题，表现出紧张、焦虑、自卑及抑郁等一系列不良情绪，且本人对此缺乏意识的状态。因此，只有深刻认识和剖析高职生就业心理，才有助于解决当前高职生就业难的问题。

一、就业心理问题"面面观"

"世界上没有两片完全相同的树叶",高职生个体存在差异,就业心理特征因个体差异也存在不同。有的高职生对就业郁郁寡欢,缺乏兴趣;有的高职生对就业感到茫然恐惧,极度自卑;有的高职生自吹自擂,好大喜功;有的高职生迷失自我,随波逐流等。总结这些心理问题,主要表现在以下几个方面。

(一)无地自容

无地自容表现为自卑,是一种消极的自我评价或自我意识。比如,大学几年寒窗苦读,具备了一定实力和优势,但面对激烈的竞争时,觉得自己这也不行,那也不行,具有严重的自卑心理,缺乏竞争勇气,缺乏自信心,走进就业市场心理就极度紧张;参加招聘会面试,心理焦虑不安,语无伦次,手足无措。一旦中途受挫,便缺乏心理上的承受力,总觉得自己确实不行。具有这种自卑心理的高职生往往过高估计就业压力,过低评价自己的形象、能力和品质,过低评价自身价值,以消极的心态对待就业。

(二)焦虑不安

焦虑是一种紧张、害怕、担忧混合交织的一种情绪体验。比如,成绩优秀的学生担忧找不到好的工作,成绩差的学生害怕企业没有选中自己;女高职生害怕就业遭遇性别歧视等。产生这种情绪,往往是由于高职生缺乏就业心理准备,一旦面临就业,就会感到非常棘手,力不从心。

(三)骄傲自满

骄傲自满表现为过分自信,就业期望值过高,好高骛远。比如,有的同学认为自己学习成绩优秀,政治条件好,学校牌子硬,专业需求旺,求职门路广,因而盲目自信,择业胃口很高,到头来往往由于自己估计过高,对自己的劣势和困难估计不足而在择业中屡屡受挫,具有这种心理的学生往往对自己的估价太高,自认为高人一等,孤芳自赏。实际上,用人单位重视的不是学历和成绩,而是人品、能力、志向和性格等综合素质。

(四)急功近利

急功近利现象是当代高职生普遍存在的问题,浮躁、目光短浅、缺乏长远考虑。比如,有些同学在择业时过分看重地位、工资收入、一心想进大城市、大机关,寻求挣钱多的地方、待遇好的单位,甚至为了暂时的功利宁可抛弃所学的专业,宁可不要户口等，这种心理可能会使你得到眼前的利益和满足，但从长远发展角度来看并非明智之举。

（五）患得患失

职业的选择往往是对机遇的一种把握，错过机遇，你将会与成功失之交臂。当断不断，患得患失，这山望着那山高，这也是导致很多毕业生陷入择业误区的一种心理障碍。

二、就业心理调适

就业是认识、适应和融入社会的一种活动。对于高职生而言，就业并非是一帆风顺的，这个过程势必会遇到很多困难和挫折。面对困难，需要摆正心态，找到主要矛盾，分析原因，找出对策，才能取得成功。其中，摆正心态的过程就是就业心理调适的过程。

（一）提高心理自我适应能力

好的开始是事业成功的一半，就业是高职生走向社会的开始，就业成功与否，关键在于高职生能否以平常的心态面对就业。换言之，就业对高职生提出了新的、更高的要求。如果个人不能迅速调适自己的心理活动，与社会要求保持一致，就会在就业的过程中遭受挫折，不仅影响就业，甚至会危及身心健康。在这个过程中，学生要充分认识自己，及时调整自己，迅速改善心境，面对挫折时才能做出最佳选择并顺利就业。

（二）正确看待挫折与失败

失败是成功之母，就业过程是一个由失败走向成功的过程。高职生就业不顺利本身是正常的，不应该逃避，因此，就业失败时，高职生不能怨天尤人，不能把现实的矛盾转化为心理冲突，应冷静分析原因。若是主观原因，应适当调整自己的动机、追求；若是客观原因，则不应过分自责，要坦然面对，只有保持良好的心态，高职生才能在就业的道路上，闯出一片属于自己的天地。

（三）保持自信的心态

自信心是一种力量的源泉，就业不仅是考验智慧能力的过程，也是挑战心理承受能力的过程。因此，面对就业，要相信自己一定能行，事实证明，即使高职生掌握了书本所有的知识，如果本人缺乏自信，那么面对就业时就会紧张惧怕，也终会败下阵来。当然，高职生要切记，过分自信是自负，这种心态非常不可取；完全丧失自信则是自卑,这种心态也是必须要克服的。

(四) 树立正确的价值观

千里之行始于足下,就业过程充满了很多不确定的因素,给高职生就业带来一定的风险,因此,高职生一定要立足现实,脚踏实地,一步一个脚印,才能取得成功。从某种意义上说,就业过程本身也是树立正确价值观的过程,如果一个高职生整日想着找一份薪水高、工作环境好、悠闲自在的工作,而不考虑工作的内容、特点和发展方向,那么,这个人的价值取向就是错误的,正确的价值追求更多地应体现在工作的发展空间大小,是否符合个人兴趣爱好以及是否代表个人志向方面。

第四节 注意求职安全,保护个人权益

求职安全是指求职者在求职过程中的安全。这里主要是指高职生在跨出校园踏入职场,寻找第一份职业时应该注意的安全问题。由于大学毕业生就业形势严峻,社会上的一些不法分子利用毕业生求职心切的心理和社会经验不足等弱点,采取各种手段,欺诈毕业生及其家庭的钱财,甚至对毕业生的人身安全构成威胁。加之大学毕业生对社会现状和招聘单位的信息缺乏了解,与用人招聘单位之间在用人标准、人才选择条件以及用人信息等方面不能及时有效地沟通,因而产生了利用这一空间进行各种欺诈犯罪活动的灰色行业及形形色色的求职陷阱,加之社会无业人员数量激增,这也在客观上刺激了各种求职欺诈行为的发生。

(一) 以试用的名义廉价谋取求职者劳动

一些用人单位看重毕业生迫切希望找到专业对口、薪酬丰厚的好职业的心理,巧设陷阱,引初涉职场的学生上钩。他们一般在面试时都能让应聘者较为顺利地通过并进入试用期,然后以口头方式告知学生试用期限,当应聘者被录用后,在试用期内尽管待遇很低,仍会不懈努力,争取获得正式职位,而试用期满后往往无人理会,问及原因,对方会说你的表现很好,但是还需要继续考察,应聘者会认为对方真想留用自己,并痛快答应继续试用的要求,当再次期满后,公司却以种种理由将其辞退。

(二) 谋取求职者的培训费用

一些公司在招聘时告诉求职者要先培训,培训合格拿到证书后才能上岗,而当

求职者交了培训费、考试费和证书费等各种费用，公司也举办了几天像模像样的培训，参加考试后，就陷入长时间的等待，当求职者问及公司时会被告知，考试未通过，不能上岗等，或电话无法接通。这些公司通常会与一些培训机构联合，双方各取其利，高职生因求职心切而掉入陷阱的不在少数。

（三）利用招聘无偿占有设计方案

由于聘请专家或专业人才的费用较高，有些设计公司或营销公司为了节约成本，通过大规模招聘的方式来获取好的创意或方案，这类招聘往往要求应聘者做设计、做方案等，目前，很多中小型企业甚至一些大型企业，将公司接手的项目作为考试题目直接交给应聘者完成，在不付出任何成本的情况下骗取应聘者的劳动成果，如让学生翻译文章、策划方案和设计程序等。

（四）不将承诺写入合同

在与用人单位签订劳动合同时，一定要仔细甄别合同内容，看合同是否存在陷阱。应聘者与用人单位签订合同时，要注意如下几个问题：

1. 合同必须合法

用人单位劳动合同主体须符合国家的法律法规条件，依法支付工资和缴纳社会保险，提供劳动保护条件，承担相应的民事责任，双方签订的劳动合同内容（权利与义务）必须符合法律法规和劳动政策的规定。

2. 合同内容要全面

按照《中华人民共和国劳动法》规定，劳动合同的必备内容包括劳动合同期限、工作内容、劳动保护和劳动条件、劳动报酬、劳动纪律、劳动合同的终止条件及违反劳动合同的责任。签订合同时应将合同内容与相关的具体规定进行比较。对试用期、培训、保险和福利等内容以及应聘者希望在劳动合同中体现的其他内容，当事人应提出并在劳动合同中写明。

3. 对合同文本要仔细推敲

签订劳动合同前，应仔细阅读关于岗位的工作说明书，岗位责任制、劳动纪律、工资支付规定、绩效考核制度、劳动合同管理细则和有关规章制度等文件，不管用人单位是否将这些文件作为劳动合同的附件，它都涉及应聘者多方面的权益，如遵守用人单位的劳动纪律和规章制度是职工的法定义务。当作为劳动合同附件时，与劳动合同具有同样的法律约束力，当劳动合同涉及数字时，应当使用大写汉字，劳动合同至少一式两份，双方各执一份，应聘者应妥善保管。用人单位事先起草了劳动合同文本，要求应聘者签字时，一定要慎重，应对合同文本进行仔细推敲，发现条文存在模糊语言或有歧义的词汇时要及时更正。

要踏上工作岗位，求职往往是整个职业生涯的第一步。面对越来越大的就业压力，获取各种招聘信息、寻求面试机会成为求职者进入职场的前提条件和必经之路。当今社会由于信息技术的高度发达，人们获取信息的途径多种多样，除了报刊、杂志、电视、网络和手机等信息平台之外，各种宣传广告、海报及专业信息机构等都为求职者获取求职信息带来了方便。也正因为信息平台的大量出现，随之而来的虚假信息、恶意诈骗信息、垃圾信息也都鱼目混珠，再加上媒体、网络营运商、广告制作商、杂志社及专业信息机构盲目追求利润，对信息的监管及筛选缺乏必要的机制，这在客观上为不法分子设置欺诈陷阱提供了温床。

案例 1

网络招聘的困扰

20多岁的小王是南方某著名大学经济学专业的学生，毕业在即，尤其是春节后大学校园里求职的气氛渐浓，应聘、找工作也成为小王的中心任务。对于今后工作的地点早在大一的时候，他就已经明确地锁定在了首都北京。小王认为，趁着年轻去大城市闯荡，可以避免今后留下遗憾，加之大城市给年轻人提供的就业机会也多。

作为著名学府的高材生，小王对自己的学识与能力有着充分的自信。凭着对未来的憧憬和信念，小王开始了他的求职历程。由于小王来自西部偏远的山区，在求职过程中没有多少社会资源可用，于是他选择了网上求职的形式。

我国从2000年左右开始出现"网络招聘"。当时，"网络招聘"服务对象主要是IT行业，他们最早使用网络，是第一批网络用户。目前，无论是高校毕业生，还是职场白领，网上求职已渐成气候。对年轻的大学毕业生而言，网络招聘是一条求职的便捷渠道。现在很多企业都通过网络发布招聘信息，在网络上对应聘者进行初选。于是，小王积极参与网络招聘会，几个月来，由于没有工作经验而碰壁无数。但幸运的是，在一次网络招聘会中通过现场的了解以及考试，一家北京的保险公司相中了他，并约他到北京参加公司主管岗位的面试。带着几许兴奋和对北京的憧憬，在同学羡慕的目光中，小王背着行囊来到北京。为了能在面试中脱颖而出，小王做了充分的准备，既广泛了解招聘单位的相关信息、应聘岗位的职责与要求，又对自己应该如何展现才能以及仪表、仪容都进行了较为周密的思考和详尽的计划。但面试结果却让他有了上当的感觉，招聘单位曾经许诺的主管竟然变成了保险代理人，也就是卖保险的。小王觉得保险代理人不是自己的志向，他的这次求职只好无功而返。但小王说："我相信到北京后机会更多。"虽然出师不利，但这次网上求职经历会让他在以后找工作时多个心眼。

点评：

网络招聘也被称为电子招聘，是指通过对网络技术手段的运用，帮助企业完成招聘的过程，即企业通过公司自己的网站、第三方招聘网站等机构，使用简历数据库或搜索引擎等工具来完成招聘过程。网络招聘主要有两种方式：一是注册成为人才网站的会员，在人才网上发布招聘信息，收集求职者资料，查询合适人才；另一个是在企业的网站上发布招聘信息，吸引人才。据2006年互联网实验室发布的《网络招聘未来之路——中国网络招聘研究报告》显示，我国网络招聘产业发展势头良好，潜力很大。网络招聘具有信息量大、时效性强、传播范围广、节约时间及成本低等优点。对求职者而言，行业覆盖广、范围大，无时间空间限制，为求职者提供了平等的求职机会，还能减少传统职介和求职中的油墨打印环节，可以节约纸张、降低求职成本；对参会单位而言，网上招聘用人范围更宽，选才面更大，每日数十万人次的点击量，使用网络招聘会使这种相对集中的形式更可以在短时间内吸引更多的目光。但是，虚拟的网络世界给少数虚假信息提供了可乘之机，对求职者和招聘者双方来说，也都存在对虚假信息的担忧。有些网站为了吸引人气，往往会发布一些过期的职位或某些虚假信息，还有一些企业通过发布并不存在的职位来招聘销售人员。本案例中谈到的小王，就遭遇过这种虚假信息，冲着主管岗位去应聘，结果对方要的是销售人员，甚至还有些企业虚假抬高职位薪水，吸引应聘者，并且，网络招聘由于缺少与用人单位面对面的沟通，求职者在投递简历后很多都会陷入被动等待的状态，经常是简历发出后数十天才接到反馈，有些甚至石沉大海。

高职生在参与网络招聘时，要尽量选择信誉度高的网站。由于信誉度高的网站会对招聘单位进行比较严格的审核，因此发布的信息较为真实。同时求职者对于即将去应聘的企业和拟聘的职位都要做事前的了解,尤其对拟聘职位的条件与要求可事先与企业核实与沟通。这样,既可以增加自己对拟聘企业的了解,提高应聘的成功性,也可以在一定程度上避免像小王一样对虚假信息的毫无防备。

案例 2

个人信息外泄后的麻烦

小洪大学毕业后为找工作,去某求职招聘网注册了个人信息。身为"上海电视艺术家协会成员"的他,很快通过该网站找到了一份满意的工作,却没想到留在网络上的个人信息给自己带来了很多麻烦。

小洪在找到工作后的一个月里,无论是上班还是空闲,经常会接到很多莫名其妙的电话,问他愿不愿意去对方单位上班。这不仅影响了他休息,还让很多同事甚至老板误以为他想要跳槽,引来不少的误会。小洪只能一遍一遍向大家解释自己绝无跳槽之意。起初,小洪以为这些单位可能是在招聘会上投过简历的单位,只是自己忘了,但越来越频繁的电话终于让他起了疑心。一天,又有公司打电话联系小洪,问他是否愿意去该公司工作。小洪终于忍不住问对方,如何知道自己的联系方式的,由此才解开他心头之谜。

原来小洪注册的招聘网站上外泄了他的个人资料。因为招聘网站上会员注册的信息是全部对外公开的,而他因为有"上海电视艺术家协会成员"这个身份,所以被某个中介机构看中了。于是该中介机构将小洪变成了他们的会员,以此来吸引用人单位在他们的机构注册缴费。不少求职者可能也有过这样的遭遇,莫名其妙地接到自己从来没投过简历的保险公司或传销公司的电话,不厌其烦地对其游说,更有甚者利用求职者的照片在一些不法网站上牟利。例如,长相不错的王同学看到某航空公司网上招聘空姐,于是按照要求寄过去自己的资料和艺术照。半个月后,复试通知没等到,却在网络上看到自己的照片被命名为某少妇玉照,点击率高达 2 万次。小洪随即联系了该网站,希望对方给出处理办法。但对方表示注册都是个人自愿的,他们也没有利用这个赚钱,要找人理论应该去找那个中介,而中介方对此又保持沉默。遭遇了泄露隐私带来的困扰后,小洪也总结了一下经验，他提醒求职者在网上递交简历时，把信息传达出去的同时也等于把自己放在透明的位置，对于信息的反馈可能会给你带来正面影响，但也可能带来负面的骚扰。

点评：

一般招聘网站的注册简历都会有公开、隐藏等不同的状态，许多人在网站上注册简历的时候都是处在正在找工作或准备找工作的状态，往往会将简历设置为开放，所以有资格的一些企业可以主动查看到部分个人简历信息。正规招聘网站对于简历的管理是有着自己的一套系统的。只有求职者将自己的简历状态设置为公开时，企业才有可能搜索到你的简历。但他们能看见的只是简历的内容，并不能看到求职者的联系方式。企业只有付费之后，才有权利下载简历并取得联系方式。因为下载就意味着企业需要付费，所以基本上能杜绝恶意欺骗的行为。大家在网络求职时，要找比较正式的网站，不要留下过多的私人信息。而在获取自己满意的职位后，记得及时与网站交流，撤销自己发布的信息。一旦发现自己的信息外泄了，要尽快查清源头，并要求对方停止泄露自己的信息。

讨 论

形式：小组讨论

时间：10分钟以内

操作程序：

（1）将成员分成若干小组，每组若干人，让每组选择一个问题回答。

（2）在一个较短的信息收集阶段之后，请各组的报告人员将清单展示给全体成员。

（3）这些意见为教师提供了最佳机会来了解学生的需求，从而使教师在以后的课程中加以改进。

相关讨论题目，学生发言：

（1）你了解哪些就业信息？

（2）你需要了解哪些就业信息？

1. 你了解哪些获取就业信息的渠道？

2. 你开始建立自己获取就业信息的计划了吗？

 参考书目

[1] 张双会，刘春魁. 大学生心理健康教育 [M]. 北京：中国经济出版社，2005.
[2] 李桂荣. 大学生职业生涯规划与就业指导 [M]. 北京：科学出版社，2008.

第九章
简历撰写

学习目标

1. 了解简历的重要性；
2. 掌握写简历的原则。

案例导入

小吴，工科专业，毕业时向某用人单位投递简历。简历用的是一个从网上下载的模板，由于没有仔细查看，在性别一栏，将自己男性的性别写成了女性。导致用人单位将其筛选出去。和用人单位联系时，对方说小吴不认真，暂时不能满足该单位的要求。小吴很是后悔。

后来了解到，其实小吴专业成绩不错，平时同学反映很好，但就那么一点疏忽导致其求职时出现了问题。

在如今竞争激烈的社会，对于每一个职位都有成千上万的求职者，那么如何能够成为这上千万人中的佼佼者呢？找工作实际上就是推销自己，那么如何成功地把自己推销给招聘人员呢？简历就是高职生推销自己的首要工具，招聘人员在面试之前所获取的所有关于你的信息都是来自简历，个人简历是高职生自我生活、学习、工作、实践和成绩的概括集锦，他将求职者的个人能力、过往经历及教育状况等内容在方寸之间展示给招聘单位。

第九章　简历撰写

> 通过筛选简历来进行招聘是人力资源招聘的主要渠道，所有的招聘几乎都是通过个人简历来对求职者进行初步的筛选和判定。无论是通过哪一种招聘渠道——企业网站申请、招聘会、平面媒体以及他人推荐，都需要个人简历。
>
> 通过个人简历，我们可以以不变应万变，将自己的简历准备好，就相当于你向招聘人员推销自己的一个独特的品牌介绍，所以一份好的简历，能在众多的简历中脱颖而出，给你赢得一次面试的机会。

第一节　简历撰写原则

一、简短

经常有求职者觉得简历越长越好，以为简历越长就说明经历越丰富、能力越强，其实不然。招聘人员每天要面对大量的求职履历，工作非常忙。冗长啰唆的简历不但让人觉得你在浪费他的时间，甚至还会让人得出求职者做事不干练的结论。言简意赅、流畅简练、令人一目了然的简历，在哪里都是最受欢迎的，也是对求职者的工作能力最直接的反映。

对简历的压缩是个痛苦的过程，你必须反复掂量，删除一些不太相关的信息，或者换用更简练的方式来表达原有的信息量。这里有几种办法，可用来对简历进行重新布局，用一两页纸表达丰富的人生：

（1）简历中的重要信息一定要出现在第一页。

（2）每页中重要的标题项尽量出现在靠近页首或页尾处。如果你出身名校，一定将教育背景紧跟名字列出。

（3）每项标题项中最重要的细节一定要出现在第一项，次重要的细节出现在最后一项，其他信息安排在中间，从而避免给人虎头蛇尾的感觉。

（4）要用短句，避免用大段文字。短句的长度，最多不要超过两行；三句为佳，不超过五句。三是一个很微妙的数字，两个显得太少，四个就多了，三个正好。

（5）删除无足轻重的细节，将内容重复的细节合并，使你提供的细节更简洁，内容更有效。

（6）如果你想突出自己的实践经验，可以给它们留出更宽松的格式，也可以将它们纵向排列开来，还可以为它们添加更多的细节。

（7）简历页面是寸土寸金的，不要让你的姓名、性别、地址和电话等占据过多的空间。将姓名作为标题，联系方式紧跟标题给出。

（8）英文简历避免使用完整句，以动词性的短句为主。这点很重要，记得运用对称结构的时候，真的是要"对称"的，例如，动词引导的短句或名词性结构的短句等。一般来说，这类并列结构的句式并不需要完整的主谓结构。

（9）如果你使用两页纸的简历，千万要使第二页充满三分之二以上，不然就坚决选择一页纸的简历。

（10）除非公司特别要求，否则无须在简历上贴照片。

（11）选用合适的模板，可以在最小的面积上最有条理地表达最丰富的信息。

二、量体裁衣

有些同学认为自己精心设计一份简历就可以了，实际上不同的单位对毕业生的需求不同，在一份简历当中不可能针对不同性质的单位，突出你的所有特长。要针对不同类型的单位准备不同的简历。

求职者通常有两个地址，特别是在学习阶段：一个是家庭地址；一个是学校地址。在简历中提供一个地址就可以了，提供两个地址会使招聘者在选择信函或电话地址时左右为难，而且也会使简历显得冗杂。如果提供 E-mail 地址，你就必须经常浏览邮件。有些人在简历中提供 E-mail 地址只是因为这好像显得时尚，但实际上他们很少使用互联网收发邮件。

是否应该在简历中提供关于年龄方面的信息？这是一个争议颇大的话题。在提供年龄信息方面，各国之间有很大的差异，但有一点是确定无疑的：如果在简历中提供了年龄信息，招聘者可能会认为你对于一份特定的工作来说显得太年轻或太老。

对于职场新手而言，年龄可能是一个积极因素，也可能会成为消极因素。如果你不能确定在简历中提供年龄信息是否有利，那么就不要在简历中提及年龄。体现你的才能与背景，先获得面试机会，让面试者再去询问你的年龄。在各种媒体中刊登的招聘信息通常会有一定的年龄限制，如 20～35 岁。如果你 38 岁，你是否应该因为超出这个年龄界限而放弃申请这份工作呢？当然不是，你要做的就是推销个人才能，在面试中让招聘者感到年龄标准不是最重要的考虑条件。

在失业率较高的时段，如果没有特殊原因，年纪稍大一些的求职者不应该将年龄信息置于简历的显著位置。年轻的求职者通常认为年轻是一个有利条件，因为他们能带来新的思想与活力；但招聘者也很有可能认为他们幼稚、没有经验。活力是一个很难确定的因素。在求职信中，只有与所谓的"活力"直接相关的个人业绩方面的具体实例才能体现求职者的自我评价。

三、内容突出

突出你的经验、能力以及过去的成就，千万不要忘了你的特长！一份非常平淡的简历，没有展现任何特长，是不可能在众多的简历当中脱颖而出的。

（1）要强调技能，强调专业背景或专业技能和素质是你可以利用的法宝。比如，应聘护理员职位，可以在教育背景中体现出你的专业特长，会熟练操作哪些仪器、擅长哪些护理操作技巧以及熟练程度、获得过哪些奖项或专业等级证书等。这样，招聘人员才能通过你的描述，了解到你的专业理论学习情况。如果仅仅是列举专业课程，或者解释一下你对"护士"这一职业的理解，等于向招聘人员传递无效信息。

（2）要强调自己的丰富实践经验。应届毕业生多数缺少必要的实习经历，在这种较为弱势的情况下，你必须在简历中有所偏重。如果有过实习或其他社会活动经验，会略胜一筹，但是一定要表达清楚和完整。很多学生写到在某单位实习，却在职责描述中只写出"参观实习"，那么，HR会了解到什么呢？你究竟参观了什么？学习到了什么？做了哪些工作？有收获吗？轻描淡写的表述效果不佳。或者你没有去企业实习的机会，但是你可能有做过志愿者的经历，或者在学校组织过某些活动，或者你有过家教经历，这些都可以作为你的实践经历来展现。比如，你应聘教师，那么你的家教经历，尤其是所教的学生有了何种程度的进步将成为你优先胜出的有力证据。

四、赏心悦目

完整阅读两页单行空格的打印简历需要 2~5 分钟，即使快速浏览也要 40 秒左右。在这 40 秒时间里，人力资源专家必须找到一个能够继续看下去的"理由"，否则，他就要准备看下一份了。因此，一份赏心悦目的简历就显得至关重要。

首先，心态上要摆正，要选一个可以静下心来的场所，梳理好头绪：你要什么样的工作？你有什么样的优势？你有什么样的发展计划？而不是不经过思考简单地将自己的经历和信息全部填进各种表格，让 HR 来判断你能做什么。你需要思考、提炼和总结，给出一个肯定和结论性的答案。像高考作文一样慎重对待你的简历。心态决定你的简历大体上的风格和气质，人力资源专家是能够感受到和看到的。为什么 HR 在 2 秒之内就能排除掉 50％的简历？皆源于你的态度。只要看一眼你的简历，HR 立刻能判断出你对于这份工作的渴求度有多高。比如，个人信息残缺不全，使用的标点符号有明显的网聊痕迹，描述的口吻完全是口语，添加的照片是大头贴或不规范的自拍，各项信息没有内在的逻辑性，甚至在简历中表达出只要给你工作你什么都能做，这都会暴露出你漫不经心的态度。

其次，总体上简历应以大方实用和简洁作为基调，要避免把简历做得特别花哨或"简历不简"，把简历做得过长。大部分编写简历的人都清楚，自我推销的内容不应超过两页。然而许多人却以这一上限为理由，将两页纸填得满满当当。他们利用第一人称，把个人历史资料尽可能详尽地堆砌在这部分，通篇满是代词、形容词和从句。避免第一眼看上去便感到厌烦或提不起兴趣，所以不要使用密密麻麻的大段文字和窄小的段落间隔。简历中的空行要宽，标题要用粗体，段落首行要缩进，或者使用粗圆点之类的标记，要求它能迅速引导 HR 的视线指向那些可能吸引 HR 的内容。应当避免使用花哨的字体、浮华的格式或其他惹人注意的特殊视觉效果。它们有损于简历的内容，并且给 HR 不想再看下去的理由。

另外，在一些细节上，要注意简历上图画的风格，注意平衡概念的运用。可以采用一些方法，比如，我们可以从左至右地列出这些内容，因为所有人的阅读习惯都是从左至右的。另外，人还有一个阅读习惯就是自上而下，因此，简历中的职位也应当自高而低地列出，换句话说就是，你应当用倒叙的手法写简历：目前的工作在最前面，学历在最后面。对于简历所使用的纸张，也非常有讲究：用 A4 规格的纸张，尽量不要用其他规格的；不要用复印件，用原件；更不要用廉价粗糙的纸张等。

第二节　简历撰写方法

一、简历的类型

个人求职简历的类型一般有时序型、功能型和综合型三种，时序型按照经历的时间排列，一般是最新的经历放在前边，越早的经历越向后排。功能型简历主要是根据职位要求和岗位要求来编辑简历，越重要的经历和项目在简历中的位置越靠前，所占篇幅也相对越大。综合型简历是将两种方法结合起来的简历形式，一般教育背景等项目都是采取时序型，而项目经验部分就可以采取功能型的阐述方法。

根据求职者的简历类型和简历形式，企业招聘人员可以从以下几个方面来考察求职者：

（1）从简历判断求职者的思维特点。简历行文里透露出来的信息其实很重要。对方表述自己的语言、行文方式及简历撰写的层次性、逻辑性、流畅性和重点性，都能流露出作者的思维特征。

（2）从细节考查求职者的职业诚信。企业看重职业道德和职业诚信，通常会注意查看简历内容的完整性、真实性以及应聘者工作的连续性和稳定性。有时企业并不在意应聘者有其他方面的工作经历、不够良好的教育背景和中断的工作时间，但隐瞒和欺骗就会使公司对你个人的诚信和职业道德有所怀疑。

（3）从经历判断求职者的能力。企业看重应聘者过去学习过什么、做过什么，但更看重他现在实际掌握了什么，在过去做出过哪些业绩。因此，简历中应该有具体的事迹来证明应聘者具备胜任该岗位所需要的特质、能力或经验。

二、简历的基本要素

一份简历的基本要素包括个人基本信息、求职目标、教育背景、奖励证书、工作经历或项目经验和个人爱好等部分。

1. 个人信息与联系方式

简历的开始主要是个人的基本信息部分，其中包括姓名、年龄、性别和学历等个人基本信息以及电话、地址、E-mail 等联系方式，这一部分属于简历的必需部分，但是这部分并非越全面越好，求职者要根据单位的性质和要求来填写这部分信息，一些不必要的信息就没必要陈列，而对于一些单位要求的信息就必须要体现出来。

2. 求职目标

求职时需要挑选一个特定的、具体的目标。求职目标体现在简历中是让用人单位明确知道求职的目的，在简历中必须描述求职者能胜任该工作的条件，越具体越好。

3. 教育背景及奖励证书

对于应届毕业生来说，教育背景是简历中一个很重要的信息，一般按照时间逆序的写法来写，主要是个人从大学阶段到毕业前所获得的学历，时间上需要衔接。最近的学历放在最前面，即如果你现在即将硕士毕业，那么要先写硕士再写本科。大学以前高中阶段、初中阶段经历一般不写，但如果有获得特别的奖励或与众不同的经历的话，例如，全国数学奥林匹克竞赛一等奖或高考状元之类的也可以写上。

4. 工作实习经历、项目经验和所参加的活动

本部分是简历的核心部分，本部分需要写明工作（项目）名称、时间、工作（项目）介绍以及个人成果。在描述工作经历、项目和参加的活动时，一般采用倒叙的方式，列明求职者的职责，注意突出重点，责任的描述之后应该紧跟工作业绩，也可以根据经历的重要性来进行本部分的描述。简历中尽量提供能够证明自己业绩的量化数据，比如，拓展了多少个新的市场客户，年销售业绩达到多少万元，每年完成了多少项目等。

三、写一份成功的求职简历

1. 高职生简历常见问题

在校园招聘中出现的常见问题，主要有以下三类：

（1）不够重视。对于简历不够重视，主要体现为结构混乱、错字与不通畅、没有求职目标或目标盲目。简历一旦被发现具有这样的错误，它在 HR 眼中是很难过关的。

（2）不会描写个人经历。不会描写个人经历主要体现为项目经验叙述不够专业或描述较肤浅，其次就是工作经历存在着不真实的描述。

（3）不会优化简历内容。简历的内容表述应该在原有的个人经历上适当加工，使得简历既体现事实又有重点，而许多简历的描述往往没有重点，或者简历内容千篇一律。

2. 写一份好简历的步骤

（1）简历定位。雇主们之所以花时间和精力来到招聘现场阅读简历、筛选人才，他们的目的就是想知道你可以为他们做什么，而不是来欣赏你的文采和笔锋。所以含糊的、笼统的和毫无针对性的简历会使雇主感到茫然，也会使你失去很多机会。为你的简历定位，明确你到底能干什么，最能干的是什么，如果你也有多个目标，最好写上多份不同的简历，在每一份上突出重点，这将使你的简历更有机会脱颖而出。

（2）经历描述要有事件更要有结果。仅有漂亮的外表而无内容的简历是不会吸引人的，要注意，内容决定一切。所以简历中一定要有过硬的内容，特别要突出你

的能力、成就以及取得的经验,这样才会使你的简历富有特色而更加出众。仔细分析你的能力并阐明你能够胜任这份工作,强调以前完成的事件然后要写上结果。当然对所完成事件的描述是应该有所选择的,突出用人单位会欣赏的经验和能力,不要不着边际地写上一大堆。

(3)让简历醒目。简历的外表不一定要很华丽,但它至少要清楚醒目。审视一下简历的空白处,用这些空白处和边框来强调你的正文或使用各种字体格式,如斜体、大写、下划线、首字突出、首行缩进或尖头等办法。

(4)尽量使你的简历简短,有可能只使用一张纸。雇主一般只会花30秒来扫视你的简历,然后决定是否要面试你,所以简历越简练精悍效果越好。如果你有很长的职业经历,一张纸写不完,试着写出最近5~7年的经历或组织出一张最有说服力的简历,删除那些无用的东西。

(5)力求精确。阐述你的技巧、能力和经验时要尽可能准确,不夸大也不误导,不要模糊处理,同时要确信你所写的与你的实际能力及工作水平相符。

(6)强调成功经验。雇主们想要你证明自己的实力,记住要证明你以前的成就以及获得这些成就的原因和经验,一定要客观和准确地说明你在取得这些成就的过程中有什么创新、有什么特别的办法,这样的人才一般会普遍受到用人单位的青睐。

(7)使用有影响力的词汇。使用这种词汇,如证明的、分析的、线形的、有创造力的和有组织的,这样可以提高简历的说服力,尽量每句都用到这种词汇。

(8)最后测试。写完以后,再检查一下你的简历是否回答了以下问题:它是否清楚并能够让雇主尽快知道你的能力?是否写清了你的能力?是否写清了你要求这份工作的基础?有东西可删除吗?尽力完善你的简历直到最好。

四、简历和求职信范本

(一)求职信

×××中国

人力资源部×先生

尊敬的×先生:

您好!

我是××学校电子专业的应届毕业生。我有幸在××处得知了有关贵公司招聘销售专员的信息，我非常希望能够应聘该职位。为此，我整理了我在大学三年的学习情况和成长经历，并带着对该项工作的热情，向贵公司投递简历，申请"销售专员"一职。

除了在××学校的三年学习经历外，我还努力争取在各种社会实践和学生工作中提升自己各方面的能力，不仅有优秀的××能力，而且还有××能力（应聘职位所需能力），同时××××的经历（能够体现所需能力和具备与应聘职位相关的经历），都为我应聘贵公司的××职位做好了充分的准备。我相信我的到来，将会给贵公司的市场营销团队带来我应有的贡献。理由如下：

×××"营销专员"所需求的素质	我所具备的素质
• 学历	××学院电子专业，具有较好的学术背景和学历
• 具有相关研究工作经验者优先考虑	曾在IBM实习，熟知软件开发的整体流程，同时具备独立项目研发能力
• 对软件开发工程有深刻的理解，良好的专业技术水平	优秀的专业知识水平，在本科阶段既已参加导师课题组的研究
• 流利的英语听说能力	在多家跨国企业中实习，锻炼了良好的听说能力；学习成绩优异
• 吃苦耐劳，责任心强，耐心细致，具备团队合作精神	熟练掌握与人沟通的技巧，同时具有较好的团队协作精神
• 能够在工作中承受一定的压力	在高压力环境下工作的能力强

非常感谢您能在百忙之中抽出时间来阅读我的求职信，同时我也万分期待能够在您方便的时候与您见上一面，给我一个机会向您展示更多的我。

顺颂商祺！

签名：李四（手写签名）

××学院电子专业

联系地址：××××学院华山宿舍×栋×××室　邮编：100081

手机：86-×××-×××××××××　　固定电话：86-××××-××××××××

E-mail：××××××@126.com

(二) 简历

张三

男　党员　22岁　电话：(＋86) 1390-000-0000　E-mail：zzzzzzzz@163.com

北京市海淀区××大学××楼××宿舍

求职目标　　　　　　　　基金行业机构或渠道销售类岗位

教育背景

2008年9月—2010年7月　　　　××学院　　金融学　　成绩排名：8/50

学院获奖最多者和最高奖学金获得者

主修课程：市场营销、统计学、财务管理、管理学、经济学、数学建模、金融学及管理学等

核心竞争力

- 专业背景：金融营销相结合＋华夏、东方基金渠道市场类实习＋证券资格
- 职业技能：系统的营销思维＋精通 PPT、Excel＋演讲能力＋创意突出
- 学习能力：市状元＋成绩第一＋学院获奖最多者＋自学高级计量和金融计量软件
- 其他方面：抗挫折能力强，校园社团和兼职经历丰富，爱好广泛（写作、书法和乒乓等）

工作经历

2009年7—9月　　　　××基金管理有限公司　　零售业务部渠经理助理

- 为渠道经理提供辅助支撑，协助新基金客户宣传工作，跟踪宣传物料的渠道发放
- 与地方建行、工行沟通宣传新基金发行事宜，负责策划和全程跟踪上海投资策略会议
- 为渠道经理制作财商教育、新基金发行和一对多产品的演讲 PPT

2010年3—5月　　　　××基金管理有限公司市场开发部经理助理

- 进行北方区的持续营销计划和活动组织，

实地拜访北京区域银行网点
- 制作新基金路演、投资策略报告PPT，接受宏观经济、基金定投和股指期货等系列培训

2009年9—11月　　　　××金融有限公司研究部助理研究员
- 搜集数据，协助行政事务，撰写行业和个股的投资跟踪报告，判断行业走势
- 跟踪TMT行业，跟踪行业的3G发展进展，进行产业分析、用户分析和盈利分析

社团活动

2004年7月—2006年12月
班长
- 近全票当选，组织班级成功竞选"全校十佳班级"，成为全院唯一当选的班级
- 组织完成了北京高职生移动通信市场调查，用SPSS分析特征数据，完成调查报告

2005年11月—2006年1月　　博鳌亚洲论坛　　××区志愿者负责人
- 负责深圳机场嘉宾接待、志愿者分工、流程控制和媒体跟踪，接待汪延等与会嘉宾
- 被评为博鳌亚洲论坛优秀志愿者，为《××商报》报道，锻炼了活动控制和沟通能力

2006年9月—2007年8月
学生会副主席
- 主管宣传、大型活动的选址，参与项目控制
- 筹办"欢乐杯"维权活动，负责拉赞助和宣传工作；使赞助商在线游戏人数增加2倍

所获奖励

学习：北京地区高校优秀毕业生，国家奖学金（院最高奖）、校一等奖学金、三等奖学金各1次，优秀毕业论文

能力：三好学生2次、优秀干部1次、优秀团员1次、勤工助学先进2次、博鳌亚洲论坛优秀志愿者1次

竞赛：优秀创新提案一等奖，校级书法大赛一等奖3次，社会实践论文大赛三等奖

其他信息

通过证券从业资格；使用E-views、SPSS和Excel进行数据分析；熟练掌握MS

Office；掌握C++和Delphi；英语CET-6，与外宾有交流经历；有驾照（C类）；文学社长，有多篇文章见报；国家级书法协会会员；院乒乓球冠军

项目训练

简历制作比赛

1. 形式：情境模拟企业招聘，学生在对企业招聘启事进行需求分析的基础上完成该企业的简历制作。

2. 目的：

（1）掌握求职简历的内容、形式；

（2）掌握撰写求职简历的基本要求；

（3）掌握求职简历的撰写技巧；

3. 情境设置：

某职业技术学院应用专业应届毕业生，拟应聘某有限公司，该公司招聘信息如下：

某公司招聘启事

公司简介：

我公司自1994年成立以来，发展迅速，已成为拥有固定资产上亿元，职工3 000人的大型机械加工企业，公司先后从德国引进了100多台CNC加工中心数控车床等设备，能承接各种大批量的机箱、机柜、机械零件、模具及磁头高精密零部件的生产制作以及各种电子版的焊接装配，产品销往世界各地，主要客户有华为、富士康和西门子等世界知名企业。

现因公司扩充机械设备，特面向职业院校招聘数控专业应届毕业生。

招聘岗位：

（1）普通机械操作员（包括车床、铣床、钻床、攻丝机及磨床等设备的操作技术人员）。

（2）机械制图员。

招聘条件：

大专及以上学历应届毕业生，数控、模具等专业优先。

福利待遇：

（1）试用期基本工资900元/月，试用期奖金300~600元/月。

(2) 公司为员工办理养老、医疗及工伤等社会保险。

有意者请将个人简历发送至 QQ××××××××或××××××@163.com 或直接将简历交到学校就业指导中心×××老师处。

4. 比赛方法：

请参赛学生对上述信息做好情境分析，并自己设计制作一份求职简历，简历制作完毕交到小组长处，由各小组组织评选，各小组推荐本组设计最好的前两名，参加最终评选。老师对设计优秀的作品进行点评，并在班级展示优秀设计作品。

讨 论

学生提前提交简历。

形式：小组

时间：10分钟以内

操作程序：

(1) 将成员分成若干小组，每组若干人，让每组编写一份简历。

(2) 请各组的报告人员将清单展示给全体成员。

相关讨论题目，学生发言：

哪个组的简历最好，为什么？

练习题

写一份自己的简历。

参考书目

[1] 戴裕崴. 高职生职业生涯规划与就业创业指导 [M]. 北京：高等教育出版社，2011.

第十章 面试

学习目标

1. 了解面试的种类；
2. 了解面试的常见问题。

案例导入

小李第一次去公司面试，非常紧张。"请先自我介绍一下吧。"在做了充分准备后，本以为可以对答如流，谁知，面试官的第一句话就让小李不知道怎么回答了："啊？简历上不是都有吗？"在与面试官对视几秒后，小李尴尬地咳嗽一声，大声地悉数自己的个人经历："我是××年出生的，今年22岁，汉族，团员，毕业于××学院管理专业。在校期间曾担任过学习委员，连续两年拿过奖学金，参加过××社团；通过英语四级考试、计算机二级考试；放假时做过兼职……"几乎重复了一遍简历上的个人简介后，小李又直愣愣地看着面试官。"还有吗？"面试官继续追问，小李又说："嗯，我父母都是教师，快退休了。"小李想了想，说，"其他的我也想不起来了，您就看我的简历吧，我就不细说了。我的简历已经给您了，您没看到吗？"

看得出来，小李是被面试官的问题"吓"住了，随后又有些不耐烦。这样的回答和态度，显然不能通过面试。面试时，很多求职者对"自我介绍"并没有给予足够的重视，认为这只是对简历内容的一种重复表述，从而产生厌烦感，在面试开始阶段就使气氛变得有些尴尬，最后导致不理想的面试结果。

作为应聘者，在作自我介绍时要保持放松的状态，自然流利地介绍自己的经历及优势，阐明自己为什么适合所应聘的职位。自我介绍要包括姓名、工作经历、籍贯、学历和兴趣等基本要素，同时要掌握好分寸，语言简洁，时间以1分钟左右为佳，如无特殊情况最好不要长于3分钟。保持微笑，充满自信，既不妄自菲薄也不骄傲自满；语气平和自然，语速不要过快。最重要的是，千万不要出现不耐烦的语言和态度，否则就会事倍功半的。

目前，高职生求职择业，面试几乎是必须经历的一关，有很多招聘单位在招聘现场就开始面试。这说明面试对求职者来说，不仅仅是对自我的挑战，更重要的是通过面试要赢得面试官的青睐。所谓面试就是指用人单位通过与求职者进行面对面的交谈，以此对应聘者进行考核的一种测试方式。它不仅能考核应聘者的形体相貌、思想素质和知识才能，还可以考核应聘者的口才和应变思维能力等。所以在面试的过程中，一方面是招聘单位了解求职者的过程；另一方面则是求职者展现自我能力和才学的过程。毕业生要想顺利通过面试，首先必须对面试的方式、面试中应答的问题、面试前的准备以及面试时的礼仪等方面的问题有明确的把握。

第一节　面试的种类

面试是整个应聘过程中最具有决定性意义的一环，面试是求职成功的必经之路，也是求职中最具有挑战性的过程。面试的方式很多，根据面试的内容，大致有以下几种分类方法。

（一）根据面试内容分类

1. 模式化面试

由主试人根据预先准备好的询问题目和有关细节，逐一发问。毕业生对具体问题逐一进行回答。其目的是为了获得有关应试者全面、真实的材料，观察应试者的仪表、谈吐和行为并了解其沟通意见等。

2. 问题式面试

由面试人对应试者提出一个问题或一项计划，请应试者在一定的时间内予以完成或解决。其目的是为了观察应试者在特殊情况中的表现，以判断其分析问题和解决问题的能力。因其大多情况下都将应试者置于一定的情境中，所以此种形式也称为情境式面试。

3. 非引导式面试

即主考官海阔天空地与应试者交谈或应试者自由地发表议论，尽量活跃谈话气氛，在闲聊中观察并了解应试者的能力、知识、谈吐和风度。

4. 压力式面试

由面试人有意识地对应试者施加压力，针对某一问题采用一连串的发问，不仅详细，而且追根问底，直至无法回答。有时甚至正话反说，有意刺激应试者，看应试者在突如其来的压力下能否做出恰当的反应，以考验其机智程度和应变能力。

5. 综合式面试

由面试人通过多种方式综合考察应试者多方面的才能。如用外语同应试者会话以考查其外语水平，让应试者写段文字以考察其书法，让应试者即时作文以考查其文字能力，让应试者讲一段课文以考查其演讲能力等。

（二）根据面试的形式划分

1. 主导式面试

从由多人组成的考官组中确定一个主考官，提前收集好各种准备提出的问题，当求职者进入考场后，主要由主考官提问，二者一对一地对话，其余考官如有问题，需向主考官递纸条，由主考官决定是否提问。或经主考官同意后，其余考官方可提问。此种方法一般在用人单位招聘比较重要的岗位人员时使用。

2. 答辩式面试

由多人组成的考官组同时与一个求职者对话，提出的往往是不同角度、不同性质的问题，要求求职者进行不同程度的回答，给求职者造成的压力较大。此种方法与上一种方法相似，一般在招聘重要岗位时使用。

3. 集体式面试

面试的一方由多人组成考官，另一方是众多的求职者，双方通过提问和对话，当场比较优劣。此种方法一般气氛比较热烈且持续时间较长，对于毕业生来说，竞争比较激烈。一般在招聘普通职员时使用。

4. 讨论式面试

招聘与应聘双方多人就预先拟出的问题展开讨论,讨论有时由招聘者主持,有时也请求职者轮流当主持人。这种面试方法同上一种方法相似,竞争也比较激烈,且一般用在招聘普通职员时使用。

(三)根据面试中涉及问题的类型划分

1. 直接式问题的面试

这种面试比较简单,问题也比较容易回答。面试者只要针对每个问题简明扼要地回答即可,切记不可拖泥带水,或画蛇添足。诸如,何时出生?你是哪个学校的毕业生?你学什么专业等问题。

2. 选择式问题的面试

这种面试也比较简单,问题也比较容易回答。这一类问题通常都是由主考官提供一至两个标准答案,由面试者根据实际情况做出选择即可,切不可模棱两可或似是而非。诸如,你是否学过××课程?你善于搞技术还是做营销等问题。

3. 自由式问题的面试

这种面试较前两种难度加大,而问题的回答也没有标准答案和固定的模式,给求职者一个自由发挥的机会,回答时也可以充分表达自己的想法,但应记住,不要发挥太多,避免给主试者以夸夸其谈的感觉;同时,也不能左思右想、吞吞吐吐,避免给人以反应不灵敏、思维不活跃的感觉。诸如,你的兴趣爱好是什么?你喜欢从事何种职业,为什么等。

4. 因果式问题的面试

这种面试具有较大的难度,而且问题总是一个接一个地提出,要求求职者按着顺序一个接一个地予以回答,换句话说,就是前一个问题将导致后一个问题的结论,如果第一个问题回答不当将使回答第二个问题陷入困境。如,你的数学成绩如何?适合计算机软件编程的要求吗?再如,你的英语口语如何?我们单位对外交流从没有翻译,你能适应这个要求吗?

5. 测试式问题的面试

这种面试是由主考官设计一个情形,通过求职者的回答,来测试求职者的反应能力,从求职者的回答中测试求职者的个性、气质、为人处世的态度、人生哲学以及求职者随机应变的能力等。回答这类问题没有特定技巧可谈,关键在于求职者平时的积累。如,如果你所在的科室里需要提拔一个人担当主任,而你和你的同事都想当，你会怎么做？再如，今天来参加面试的有十位同学，如何证明你是最优秀的？像这类问题不宜直接回答，因为被面试者总有别人所没有的缺点、别人也总有许多优点是你所不具备的。针对这种问题应该采取一种如辩证的回答，避免被主考官抓住把柄，导致面试失败。

6. 挑战式问题的面试

这种面试一般由主考官从求职者比较薄弱的地方寻找突破口，提出一些富有挑战性质的问题，希望求职者陈述理由或加以反驳，目的在于考察求职者的逻辑思维能力。回答这一类问题切记要心平气和，较为委婉地表示出自己的不同意见，有理有据地予以反驳或申诉个人理由，不能气急败坏或情绪激动，避免引起主考官的反感。如主考官问：你是应届毕业生，没有什么工作经验，应聘这一职业不太合适吧？作为被面试者可这样回答：这样的说法有一定的道理，但我恐怕不能完全接受，因为我在大学里非常喜欢这方面的知识，平时利用业余时间常看这方面的书，并且也曾经从事过××工作，我个人觉得能够胜任这份工作。

7. 误导式问题的面试

这种面试是主考官为了测试求职者是否有主见、测试求职者是否诚实、测试求职者是否有创新精神的一种面试。主考官提出的问题自己早有答案，却故意说出相反答案。被面试者不能怕得罪主考官而一味地讨好主考官，否则顺着主考官的错误答案进行回答，就可能误入主考官的圈套。主考官会认为求职者要么没有主见，要么不诚实，要么缺乏创新精神。

8. 诱导式问题的面试

这种面试是由主考官设定一个特定的背景式条件，希望求职者谈自己的真实想法。求职者在回答这种问题时要特别谨慎、特别小心，因这种问题的提出往往就是一个陷阱，求职者稍不注意就会引起主考官的反感。一般来说，任何一种答案都不是很理想，这时就需要用模糊语言来表示。因此也被称作陷阱式问题的面试。如主考官问：从你的自荐材料上看，你对××工作似乎很精通，请谈一下你的看法。如果此时闭口不谈或谈不出东西来，主考官会认为求职者的材料不真实；如果忘乎所以地大谈特谈，主考官会认为这是自以为是。因此，最好的办法就是回答"也谈不上精通，只是略知一点，我们可以共同探讨一下"。再如，主考官问：从你的材料可以看出，你的水平很高，应该能够找到比我们更好的单位吧？这种问题很难回答，如果你说"是"，则可能说明你诚心不够；如果你回答"否"，又可能会说明你的能力有问题或对自己的自信心不足；如果你回答"不知道""不清楚"，则又说明你对自己没有正确的认识。对于此种问题可以这样回答：不可一概而论。或许我可以找到更好的单位，但贵单位有××优点是我所向往的，别的单位或许在人才培养方面不如贵单位重视，机会也不如贵单位多；也或许我找不到更好的单位，但我认为珍惜现在最为重要等。

（四）根据面试的结果划分

1. 情况介绍式面试

这类面试一般是在某一行业举办大型人才招聘会或某一单位举办单位内部不同部门联合面试而由人事领导或更高级领导为众多毕业生组织的面试活动。这种面试相当于正式面试前的动员大会或信息发布会，一般由主考官进行讲解，毕业生不需要回答任何问题，只需认真听、记，并注意获取不同类型职业和工作环境的有关信息、对所感兴趣的领域内的主要问题进行探讨，了解你所感兴趣的某些职业或工作的特点，结识此领域内的一些人以便将来联系并获得更多的信息和帮助。

2. 筛选型面试

这是一种你寻找特殊工作时才可能参加的面试，通常由一名人事部门专家、业务专家和联合招聘人员出面进行，他们往往是经验丰富的面试者，应记住，虽然他们的工作不能决定你是否能成为本工作的理想人选，但也在一定程度上起着关键作用。他们通常会与主管人员或部门负责人交换意见，如果你有机会，他们将继续对你进行面试，因此，不要轻视这种面试，这种面试的时间往往很短（15~45分钟），往往是在你提交了工作申请后，在人事部门的办公室里进行。现在以电话进行这类面试的方法也逐渐被人们采纳。由于面试者不能看到你的仪表，声音和表达能够体现求职者的精神风貌。

3. 决策型面试

在某种程度上，这是一种很重要的面试方式，往往由主管人员、部门负责人或有权决定是否录用你的人来对你进行当面试验，对求职者进行面试的人有数名，有时要花费一整天的时间。有时，主持面试的人并不是面试的专业人员，这对于求职者来说可能不得不回答一些古怪的问题。但是，如果求职者准备充分，就能通过提出一些关键性的问题，并在适当的时机恰到好处地介绍自己的情况从而在面试中占据主动。

4. 研究与筛选型面试

这是一种比较少用的面试形式，一般来说，当公司招聘经验丰富的人员（如高级管理人员、行政官员）时才采用这种面试方式。被面试者一次要与5~10名面试者进行交谈，他们都将向你提问，都有同等的权力来决定是否雇佣你，参加这种面试做好充分准备是非常关键的。

对于面试进行有效分类可以使求职者针对不同的面试形式采取不同的准备方法。在实际面试过程中，主试人可能只采取一种面试方式，也可能同时采用几种面试方式。有的应聘人数比较多的用人单位，初试后还要进行复试，最后确定录用名单。面试没有固定的形式、问题和答案，一般来说因招聘的目的、主试人的价值观不同而不同。

第二节　面试的内容及准备

一、面试的内容

从理论上讲，面试可以测评应试者任何素质，但在人员甄选实践中，并不是以面试去测评一个人的所有素质，而是有选择地用面试去测评它最能测评的内容，面试项目测评的主要内容、评价要点和典型问题如表10-1所示：

表10-1　面试测评的主要内容等

面试项目	评价要点	提问问题
仪表与风度	体格外貌、穿着举止、礼节风度、精神状态	
工作动机与愿望	过去和现在对工作的态度，更换工作与求职原因，对未来的追求与抱负，本公司所提供的岗位或工作条件能否满足其工作要求和期望	请谈谈你现在的工作情况，包括待遇、工作性质、工作满意程度等
		你为何希望来本公司工作
		你在工作中追求什么？个人有何打算
		你想怎样实现你的理想和抱负
经营意识	判断应聘者是否具有商品概念、效率观念、竞争意识以及是否具备基本的商品知识	通过经营小案例来判断其是否有这方面的观念和意识
知识水平、专业特长	应聘者是否具有应聘单位所需要的专业知识和专业技能	你大学学的什么专业或接受过哪些特殊培训
		在大学对哪些课程最感兴趣？哪些课程学的最好
		询问专业术语和有关专业领域的问题
		询问一些专业领域的案例，要求其分析判断
思维力、分析力、语言表达力	对主试所提问题是否能够通过分析判断，抓住事物本质，并且说理透彻，分析全面，条理清晰；能否顺畅地将自己的思想、观点、意见用语言表达出来	你认为成功和失败有什么不同
		你认为富和贫、美和丑有什么区别
		如果让你筹建一个部门，你将如何入手
		提一些小案例，要求其分析判断

而其中的面试成绩评定表也相应地在相关项进行打分,具体明细如表10-2所示:

表10-2 面试成绩评定表

考 号		姓 名		性 别		年 龄	
应聘单位				所属部门			
应试项目	好	分数	中	分数	差	分数	
仪表			一般		不整洁		
表达能力			基本达意		含糊不清		
态度			一般		随便		
进取心			一般		欠缺		
实际经验			一定经验		肤浅		
情感			一般		轻浮		
反应			一般		迟钝		
评定总分			评定等级				
备注与评语							
评分人:		评分日期:			年 月 日		

二、面试的准备

针对面试的内容,求职者面试之前必须做足一定量的准备工作。一般情况下,求职者需要做的准备工作有:

(一) 提前了解应聘单位和职位的要求

面试官提问的出发点往往与招聘单位有关。因此,面试前应尽可能多了解一些该应聘单位的情况,对该单位的性质、业务范围和发展情况等做到心中有数。了解信息的途径有上网查询、查看单位的宣传资料及有关媒体的报道、向公司雇员询问等。需要了解的信息包括企业文化、历史、背景、该公司的产品及服务范围、行业特征及主要竞争对手、组织结构、公司提供的培训及提升机会、公司的福利情况、应聘的职位及相关要求等。

(二) 准备适当的自我介绍

在面试前,一般面试官都要求应聘者做自我介绍,一方面以此了解应聘者的大概情况;另一方面考察应聘者的口才、应变能力、心理承受能力和逻辑思维能力等。自我介绍是推销自己的好机会,所以,一定要好好把握,自我介绍时要注意以下几点:

(1) 接到面试通知后,最好先打个自我介绍的草稿,然后试着讲述几次,感觉一下。

(2) 自我介绍时首先礼貌地做一个简短的开场白,并向所有的面试官致意。

（3）注意掌握时间。自我介绍不应该太长，也不应该太短，3分钟最为恰当。

（4）恰当的自我介绍应该更多地谈一些跟你所应聘职位有关的工作经历和取得的成绩，以证明你确实有能力胜任你所应聘的职位。

（5）自我介绍时，眼睛不要东张西望，最好要多注视面试官，尽量少用手势。

（6）在自我介绍后，不要忘了道声谢谢。

（三）适当模仿面试场景

面试技巧是完全可以通过练习来提高的，并且需要反复练习准备。首先，关于面试的一些基本题目，大家都非常熟悉，参加过几次面试后，你也会发现话题大同小异。所以事先有所准备和无准备效果是截然不同的。

最基本的练习就是自己对着镜子说。这样反复练习，才能有真切体会，对面试肯定有帮助。每一次面试机会都不要放弃，都是积累实战经验的好机会。失败不要紧，关键是要在失败中获得经验，在下一次中提高。条件允许的话，可以找师兄师姐帮忙模拟面试或同学间相互面试，但切忌生硬地进行背诵。

（四）熟悉自己简历中的所有经历和项目

主试者往往以求职者的有关个人经历情况作为面试的切入点，这个问题看似简单，其实往往不是所有的人都能应付自如的。因此，面试前还得将有关自己的情况在已有个人特色简历的基础上加以浓缩提炼，再拟好提纲性副稿，以便很短时间内较完整流利地介绍自己，重点突出，以免临时手足无措，词不达意。

（五）注意仪表朴实、大方、端庄

服装和外貌同交谈一样，是主试人了解应聘者的重要凭据。从某种程度上说，这绝不亚于面试中的对白语言，应着重对自己的外观进行一番打扮，使自己在面试时有一个良好的外表和精神面貌。修饰仪表应注意一些具体细节。

（六）保持正常心态

心态对于面试来说是非常重要的，紧张的心态会抑制思维的活力。如果有一个放松而平静的心态，那就会稳定思绪，发挥出本来就想到的东西，甚至还会创造性地应答意外性的问题。特别对于初试者，由于心中底数差一些，更应保持放松的心态，如何保持面试前的心理放松呢？首先，要正确分析自我，根据自身的特长，选准适当的就业位置，保持积极主动的择业心态，敢于竞争、敢于自荐，增强心理承受能力。其次，要有充足的睡眠，保持清醒的头脑，预测可能出现的问题，对回答问题的策略做好通盘考虑，以良好的心态从容应试。

第三节 面试的应对和技巧

一、语言运用方面

面试场上的语言表达艺术标志着面试者的成熟程度和综合素质,对求职应试者来说,掌握语言表达的技巧无疑是重要的。

1. 认真聆听,流利回答

主考官向你介绍情况时,要专注,对其问题要逐一回答,语言文雅大方。交谈时还要注意控制说话的速度,答话要简练、完整,尽量不要用简称、方言、土语和口头语,以免对方难以听懂。对方在谈话时可以在适当的时候点头或适当提问、答话。一般情况下不要打断主考官的问话或抢问抢答,否则会给人留下急躁、鲁莽和不礼貌的印象。

2. 语气平和,语调恰当,音量适中

面试时要注意语言、语调和语气的正确运用。语气是指说话的口气,语调则是指语音的高低轻重配置。打招呼问候时用上语调,加强语气并带拖音,以引起对方注意。自我介绍时,最好多用平缓的陈述语气,音量的大小要根据面试现场情况而定。以每个面试官都能听清你的讲话为原则。

3. 注意听者的反应,及时调整

求职者面试不同于演讲,而是更接近于一般的交谈。交谈中,应随时注意听者的反应。比如,听者心不在焉,可能表示他对求职者的这段话没有兴趣,求职者就应设法转移话题;听者侧耳倾听,可能说明由于音量过小使对方难于听清;皱眉、摆头可能表示你的语言有不当之处,根据对方的这些反应,适时地调整语言、语调、语气、音量和修辞,包括陈述内容,这样才能取得良好的面试效果。

二、问题应答方面

1. 把握重点,简洁明了,条理清楚,有理有据

一般情况下回答问题要结论在先,议论在后,即先将自己的中心意思表达清晰,然后再做叙述和论证,否则,长篇大论会让人不得要领。面试时间有限,神经太紧张,多余的话太多,容易离题,反倒会将主题冲淡或漏掉。

2. 讲清原委，避免抽象

面试官提问总是想了解一些应试者的具体情况，不应该简单地以"是""否"作答。针对所提问题的不同，作细节回答，有的需要解释原因，有的需要说明程度。不讲原委，过于抽象的回答，往往不会给主考官留下具体的印象。

3. 有个人见解，有个人特色

主考官接待应试者若干名，相同的问题问若干遍，类似的回答也要听若干遍。因此，主考官会有乏味、枯燥之感。只有具体独到的个人见解和有个人特色的回答，才会引起对方的兴趣和注意。

4. 知之为知之，不知为不知

面试遇到自己不知、不懂和不会的问题时，回避闪烁、默不作声、牵强附会及不懂装懂的做法都不可取。诚恳坦率地承认自己的不足之处，反倒会赢得主考官的信任和好感。

三、面试问题举例

针对经常出现的面试问题，在这里按照归纳内容不同分两类来列举。

（一）第一类面试问题

1. 关于个人情况

谈谈自己，通常作为第一个问题提出，为面试者消除紧张心理。

（1）"你家庭情况怎样？"

（2）"你恋爱了吗？"

（3）"你有什么特长爱好？"

对这类问题要据实回答，不可无中生有，也不可过分谦虚。"你有什么优缺点？"这是一个常被问及且较难回答的问题，在这里态度比回答的内容更重要。

2. 关于单位情况

（1）"你了解我们单位吗？"

（2）"你为什么喜欢这种工作？"

（3）"你找工作首先考虑的因素是什么？"

（4）"你的理想是什么？"

（5）"到本单位上岗之前，让你先到基层锻炼两年，你愿意吗？"

回答这些问题要求求职者事先对面试进行准备。应该对用人单位和面试官的情况做一些调查研究。某单位一旦约定与求职者见面，作为求职者则应该马上进行相关的准备。通过熟人或朋友或有关部门了解该单位和当天面试官的有关情况。此时求职者对情况了解得越多，招聘单位越认为求职者有诚意。

3. 关于专业情况

（1）"你为什么选择读此专业？"

（2）"你学过的科目与我们的工作有什么关系？"

（3）"你最喜欢或最不喜欢什么课程？为什么？"

（4）"你对自己的学习成绩是否满意？"

（5）"如果让你重新考大学，你会报什么专业？"

回答这些问题要根据自己的专业知识和技能水平、个人志趣及特长等正确评价自己，正确定位求职岗位，恰如其分地回答上述问题。

4. 关于工作能力

（1）"你的适应能力如何？"

（2）"你有什么特长？"

（3）"你在大学里曾担任过何种职务？成绩怎样？"

众所周知，面试就是要展现自己的优点。可用较为客观的方式表现自我优点，期间可以加入学校或别人曾给你的正确评价或赞美，使对方充分了解，起到"毛遂自荐"的作用。

5. 关于人际关系

（1）"你喜欢与什么样的人交往？"

（2）"你喜欢独立工作还是与别人合作？"

（3）"你喜欢什么样的领导？"

良好的人际关系是团结的基础。人际关系状况反映一个单位的精神文明状况。人际关系好，这个单位就团结，同事及上下级之间会齐心协力，工作高效而愉快；反之，人际关系紧张，必然内耗丛生、涣散无力、缺乏生气。所以，新入职者到一个单位一定要搞好人际关系。可以从以下几个方面来考虑搞好人际关系：

① 尊重他人，不自视清高；

② 平等待人，不厚此薄彼；

③ 宽人律己，心胸开阔；

④ 服从领导，遵章守纪。

6. 关于工作态度

(1) "怎样对待面前的困难?"

(2) "如果因为某事你受到批评怎么办?"

(3) "你想怎样取得成功?"

为适应社会主义市场经济发展的要求,高职生要树立竞争意识,培养竞争能力,敢于竞争,善于竞争。同时,还要有顽强的意志,顺境中不要只安于现状,不思进取;逆境中不要自暴自弃,而要自强不息,积极进取,顽强拼搏。这就是回答上述问题的核心。

7. 其他方面

面试内容广泛,绝不仅限于上述 6 个方面。因此,高职生们应广泛涉猎政治、经济、文化及国际国内社会各方面的知识,用科学的世界观和人生观武装自己的头脑,从容应对考官提出的各种问题。

(二) 第二类面试问题

1. 性格、工作期望和理想方面

(1) "请简单介绍你自己?"

(2) "请描述一下你自己的性格倾向?"

(3) "你有什么兴趣与爱好?"

(4) "你通常与哪种人相处最融洽?为什么?"

(5) "你认为什么人最难相处?你会如何去面对他们?"

(6) "你认为在哪种工作环境中最能发挥你的才能?"

(7) "你有没有制订你的人生目标?是什么?"

(8) "什么是你选择工作的首选因素?"

(9) "五年以后你对你的工作有什么期望?"

(10) "你对你的事业有什么长远打算?你打算如何达到它?"

(11) "你认为要怎样才能算事业成功?"

(12) "你如何处理曾遇到的困难?"

(13) "你认为自己是不是一个有野心的人?"

问题解析:

(1) ~ (5) 条问题是用人单位想了解应聘者是否能够与其他人相处和谐,主要考察应聘者的处事能力、协调能力以及团队精神。后面几个问题用人单位是想从中了解应聘者的价值观是否与企业价值相符,主要考察应聘者对公司的价值观与企业文化有多大程度的认同,以确认应聘者能够真正融入到公司中去。因此对于应聘者来说应该更多了解企业的相关背景和业务以及行业发展前景等相关知识。

2. 学校生活与学习计划

(1)"你在学校最喜欢和最不喜欢哪一门课?为什么?"

(2)"你认为考试成绩能否反映你的实际才能?"

(3)"在这几年的学校生活中,你最难忘的经历是什么?"

(4)"你从课外活动中学到了什么?"

(5)"你有没有考研、出国留学或其他方式继续深造的打算?"

问题解析:

通过以上问题用人单位能够了解应聘者的学习生活以及在校园的基本表现,从而考察其能够具备什么样的基本素质与技能。这一组问题与前一组问题是丝丝相扣的,因此如果应聘者信口开河、随意对答,很容易陷入前后矛盾的困境,这样用人单位会怀疑应聘者的诚信。因此面试前应该做好准备,仔细想好这些问题,避免前后矛盾。

3. 申请职位与部门

(1)"你为什么申请这个职位?"

(2)"你为什么想加入本公司?"

(3)"你对本公司有多少了解?"

(4)"你了解这份工作的职责吗?哪一方面最吸引你?"

(5)"你认为自己最大的优点和缺点在哪方面?"

(6)"假如你被录用了,你将如何开展工作?"

(7)"你为什么认为自己非常适合这份工作?"

(8)"你认为哪些经历会有助于你即将担任的这份工作?"

(9)"你认为在本公司成功发展需要什么样的条件?"

(10)"你还申请了什么职位?若被多家公司录用,你如何选择?"

(11)"你能否到外地工作或经常出差?"

(12)"如果工作需要的话,你能否加班?"

问题解析:

在仅有一次持续时间不长的面试过程中，用人单位如何去判断应聘者的求职诚意与个人素质？最常用的方式就是通过这些问题深入了解应聘者对职业的态度与职业素质，从而判断应聘者是不是公司所需要的人才。而对于应聘者来说，对用人单位的了解同时也是对它的尊重与向往，而这些主动的态度恰恰是公司判断应聘者是否有诚意的一个很重要的标准。

用人单位了解了应聘者的优点与缺点后并不通过它来确定取舍的标准，而是从职业发展来考虑的，应聘者如果就事论事地谈缺点，往往会陷入困境。因此在用适当的语言来客观地评价自己的缺点时，还应该提出克服这些缺点的方法，面试人员其实对应聘者有什么样的缺点（除非是致命的）并不感兴趣，而是想了解应聘者认识问题和解决问题的能力。

4．工作经验

（1）"你有什么工作经验和社会经验？"

（2）"简单描述一下你参加某一次活动的情况以及你的职责。"

（3）"你从学校和社会的一些实践活动中学到了什么？"

（4）"在这些活动中，你最喜欢什么？不喜欢什么？"

（5）"在学校和社会活动中，你遇到的最大困难是什么？如何解决的？"

（6）"你认为在学校获得的工作经验能否应付新工作？"

（7）"在学校中你和同学相处得如何？"

问题解析：

面试人员希望能够从你有限的社会经验中衡量你能否承担这份工作，因此作为应聘者应该强调在学校的各种活动中或社会实践中所得到的经验能够运用到这份工作上。应聘者应该注意的是不随便去指责别人，否则会让面试人员觉得应聘者不够成熟与宽容，从而会怀疑应聘者的处事能力与协调能力。

5．工作技能及语言能力

（1）"你有没有参加一些专业考试？成绩如何？"

（2）"你计算机水平如何？会哪些软件？"

（3）"你的普通话水平如何？能否用普通话作自我介绍？"

（4）"请用英语作自我介绍。"

（5）"你懂得其他语言吗？"

（6）"你有没有参加过与这个职位相关的培训？"

问题解析：

面对这些问题，应聘者应该如实回答，切忌夸张失实。现在一些毕业生往往在简历中描述自己的计算机或英语水平时爱用"精通""流利"等稍显张扬的词语。但这些能力往往很容易当场进行测试，应聘者一旦有所闪失，用人单位便会认为你夸夸其谈、华而不实，会有受骗上当的感觉。

应聘者应该从所学知识与应聘职位要求方面向面试人员描述自己这方面的能力培训有助于自己从事这份工作的需要，符合该单位职位的要求。

6. 时事问题

（1）"你看了最近的政府工作报告了吗？你有什么想法？"

（2）"你认为最近政府的哪些措施会对本行业发展有重要影响？"

（3）"你主要注意哪些方面的媒体报道？"

问题解析：

两耳不闻窗外事，一心只读圣贤书的学生已不能适应现代社会的要求，关心时事，并能从中敏锐地发现相关信息（如国家的产业结构调整对相关行业、企业的影响、带来的机遇等），应聘人员往往会对应聘者刮目相看。

这些问题主要想考察学生的独立思考问题的能力，从中发现应聘者是否能够广泛地吸取各方面信息，并提出自己的观点。

7. 假设性问题

（1）"假设有顾客不满意你的服务，并要投诉你，你会如何处理？"

（2）"假设由于你的失误而使工作出现问题，但你的上司并不知情，你会怎样处理？"

问题解析：

用人单位利用这些问题，主要是对应聘者的应变能力和反应进行评估。而这些问题往往都会和单位的工作处境相关。

应聘者在回答这些问题时首先要镇定，慌张和不理智在这时是最大的致命伤，同时还应很快做出反应，迟钝或停顿时间过长都会给招聘人员留下不好的印象。

8. 向招聘人员询问的问题

（1）与该职位相关的问题："对于担任该职位的员工，公司有什么期望和要求呢？"（该问题能够显示应聘者对该职业的兴趣与诚意。）

（2）与该公司相关的问题："未来几年，公司会有什么新的发展计划？"（该问题显示应聘者对该公司的兴趣,也可从中了解更多有关该公司的发展潜力、未来发展方向等资料,以决定自己最后的去向。)

(3) 对公司员工进修的看法:"公司对于员工在业余时间进修持什么态度?"(该问题表示应聘者有兴趣去进修及在该行业发展。)

问题解析:

这个时候是应聘者表现自己的最后机会,因此应聘者应该借此机会对自己之前的失误或不足加以补救,同时表现出自己的最大诚意。应聘者也可借此机会对用人单位作进一步了解,来作为应聘与否的参考。

在提出薪酬时不能操之过急,应由招聘方提出,同时对薪酬应该做到心中有数,而不给人以斤斤计较的感觉。应聘之前应该做到对相关行业及相关职业的薪酬有个大致了解,同时最好能先确定一下自己的底线,但除薪酬外,应聘者还应该将该单位的员工福利、发展空间和行业前景等因素考虑进去,这样做决定时才能不目光短浅,才能符合自己事业发展的整体规划。

第四节 面试礼仪注意事项

一、气质高雅与风度潇洒

面试时,招聘单位对你的第一印象最重要。仪态大方得体,举止温文尔雅,要想树立起自己的良好形象,就必定要借助各种公关手段和方法。各种公关手段主要有言词语言公关、态势语言公关和素养公关。这些公关手段又包括多种方法,如,幽默法、委婉法等。还应掌握一些公关的基本技巧。只有在了解有关公关的常规知识之后,才能顺利地、成功地树立起自己良好的形象。如果你能使一个人对你有好感,那么也就可能使你周围的每一个人甚至是更多的人都对你有好感。往往是风度翩翩者稳操胜券,仪态平平者则屈居人后。

在人际交往中,人们常常用"气质很好"这句模糊其意的话来评价对某个人的总体印象,似乎正是其模糊性才体现出较高的概括力。然而,一旦要把这个具体的感觉用抽象的概念作解释,就变得难以表达了。其实言谈举止就反映内在气质,从心理学的角度来看,一个人的言谈举止反映的是他(她)的内在修养,比如,一个人的个性、价值取向、气质及所学专业……不同类型的人,会表现出不一样的行为习惯,而不同公司、不同部门也会在面试中通过对高职生言谈举止的观察,来了解他们的内在修养、内在气质,并以此来确定其是否是自己需要的人选。面试能否成功,是在应聘者不经意间被决定的,而且和应聘者的言谈举止有很大关系。而这些内在素质,都会在平常的言谈举止中流露出来。

如果说气质源于陶冶,那么风度则可以借助于技术因素,或者说有时是可以操作的。风度总是伴随着礼仪,一个有风度的人,必定谙知礼仪的重要,既彬彬有礼,又落落大方,顺乎自然,合乎人情,外表、内涵和肢体语言的真挚融合为一,这便是现代人的潇洒风度。每个人都有自己的形象风格,展现自我风采的另外一个重要因素便是自信,体现出一种独特的自然魅力,自我风采便无人能挡。

二、语言就是力量

语言艺术是一门综合艺术,有着丰富的内涵。一个语言艺术造诣较深的人需要多方面的素质,如具有较高理论水平,广博的知识和扎实的语言功底。如果说外部形象是面试的第一张名片,那么语言就是第二张名片,它客观反映了一个人的文化素质和内涵修养。谦虚、诚恳、自然、亲和和自信的谈话态度会让你在任何场合都受欢迎,动人的公关语言、艺术性的口才将帮助你获得成功。面试时要在现有的语言水平上,尽可能地发挥口才作用。对所提出的问题对答如流、恰到好处、妙语连珠、耐人寻味,又不夸夸其谈、夸大其词。自我介绍是很好的表现机会,应把握几个要点:第一,要突出个人的优点和特长,并要有相当的可信度。特别是具有实际管理经验的要突出自己在管理方面的优势,最好是通过自己做过什么项目这样的方式来叙述,语言要概括、简洁、有力,不要拖泥带水,轻重不分。重复的语言虽然有其强调的作用,但也可能使考官产生厌烦情绪,因此重申的内容,应该是浓缩的精华,要突出你与众不同的个性和特长,给考官留下难忘的记忆。第二,要展示个性,使个人形象鲜明,可以适当引用别人的言论,如老师、朋友等的评论来支持自己的描述。第三,坚持以事实说话,少用虚词、感叹词之类。第四,要符合常规,介绍的内容和层次应合理、有序地展开。要注意语言逻辑,介绍时应层次分明、重点突出,使自己的优势很自然地逐步显露。第五,尽量不要用简称、方言、土语和口头语,以免对方难以听懂。当不能回答某一问题时,应如实告诉对方,含糊其辞和胡吹乱侃则会导致失败。

第五节　面试中的注意事项

面试，在很多情况下是与面试官最直接的"短兵相接"，一举一动、一言一行，都让面试官尽收眼底。面试礼仪就是最为重要的一个环节，礼仪是个人素质的一种外在表现形式，是面试制胜的法宝。面试礼仪这个环节又由许多小环节构成，如果礼仪知识知之甚少或忽视礼仪的作用，在一个小环节上出现纰漏，必然会被淘汰出局。

在面试中，根据面试官对求职者的了解，眼神交流和面试者的气质、形象、身体语言占了绝大部分，所以求职者在面试时不仅要注意自己的外表及谈吐，而且要注意避免谈话时做出很多下意识的小动作和姿态。

一、面试前的准备

1. 服饰

面试中，男士应该穿上整洁的服装，但不必刻意打扮。女士应穿得整洁、明亮，选择服装的关键是看职位要求。应聘银行、政府部门，穿着应偏向传统正规；应聘公关、时尚杂志等，则可以适当地在服装上加些流行元素。除了应聘娱乐影视广告这类行业外，最好不要选择太过突兀的穿着。应届毕业生允许有一些学生气的装扮，可以穿休闲类套装。此外应聘时不宜佩戴太多的饰物，这容易分散考官的注意力。

2. 守时

守时是职业道德的基本要求，提前10~15分钟到达面试地点效果最佳。提前半小时以上到达会被视为没有时间观念，但在面试时迟到或是匆匆忙忙赶到却是致命的。不管你有什么理由，迟到也会被视为缺乏自我管理和约束能力。如果路程较远，宁可早点出门，但早到后不宜立刻进入办公室，可在附近的咖啡厅等候。面试礼仪是进入面试单位的第一形象。

3. 其他事项

到了办公区，最好径直走到面试单位，而不要四处张望，甚至被保安盯上；走进公司之前，口香糖和香烟都收起来，因为大多数的面试官都无法忍受你在公司嚼口香糖或吸烟；手机坚决不要开机，避免面试时造成尴尬局面，同时也会分散你的精力，影响你的成绩。一进面试单位，若有前台，则开门见山说明来意，经指导到指定区域落座；若无前台，则找工作人员求助。这时要注意用语文明，开始的"你好"和被指导后的"谢谢"是必说的，这代表你的教养；一些小企业没有等候室，就在面试办公室的门外等候；当办公室门打开时应有礼貌地说声："打扰了。"然后向室内考官表明自己是来面试的，绝不可贸然闯入；假如有工作人员告诉你面试地点及时间，应当表示感谢；不要询问单位情况或向其索要材料，且无权对单位作以品评；不要驻足观看其他工作人员的工作或在落座后对工作人员所讨论的事情或接听的电话发表意见或评论，以免给人留下肤浅嘴快的印象。

二、面试过程中的礼仪

1. 眼神交流

眼神交流中目光要注视对方，但万万不可死盯着别人看。如果不止一个人在场，要经常用目光扫视一下其他人，以示尊重和平等。

2. 握手的礼仪

面试时，握手是最重要的一种身体语言。专业化的握手能创造出平等、彼此信任的和谐氛围。自信也会使人感到你能够胜任而且愿意做任何工作。这是创造好的第一印象的最佳途径。怎样握手？握多长时间？这些都非常关键。因为这是你与面试官的初次见面，这种手与手的礼貌接触是建立第一印象的重要开始，不少企业把握手作为考察一个应聘者是否专业、自信的依据。所以，在面试官的手朝你伸过来之后就握住它，要保证你的整个手臂呈 L 形（90°），有力地摇两下，然后把手自然地放下。握手应该坚实有力，有"感染力"。双眼要直视对方，自信地说出你的名字，即便你是位女士，也要表示出坚定的态度，但不要太使劲，更不要摇晃；不要用两只手，用这种方式握手在西方公司看来不够专业。而且手应当是干燥、温暖的，如果他（她）伸出手，却握到一只软弱无力、湿乎乎的手，这肯定不是好的开端。如果你刚刚赶到面试现场，应用凉水冲冲手，使自己保持冷静。如果手心发凉，就用热水捂一下。

握手时长时间地拖住面试官的手，偶尔用力或快速捏一下手掌。这些动作说明你过于紧张，而面试时太紧张表示你无法胜任这项工作；轻触式握手显得你很害怕而且缺乏信心，在面试官面前应表现出你是个能干的、善于与人相处的职业者；远距离在对方还没伸手之前，就伸长手臂去够面试官的手，表示你太紧张和害怕，面试者会认为你不喜欢或不信任他们。

3. 面试的坐姿

面试时的坐姿应该端正，不要紧贴着椅背坐，不要坐满，坐下后身体要略向前倾。一般以坐满椅子的三分之二为宜。这既可以让应试者腾出精力轻松应对考官的提问，也不至让人过于放松。

4. 面试中的谈吐

语言是求职者的第二张名片，它客观反映了一个人的文化素质和内涵修养。面试时对所提出的问题要对答如流、恰到好处，又不夸夸其谈、夸大其词。谈吐上应把握几个要点：第一，要突出个人的优点和特长，并有相当的可信度。语言要概括、简洁、有力，不要拖泥带水，轻重不分。第二，要展示个性，使个人形象鲜明，可以适当引用别人的言论，如用老师、朋友的评论来支持自己的描述。第三，坚持以事实说话，少用虚词、感叹词。第四，要注意语言逻辑，介绍时层次分明、重点突出。第五，尽量不要用简称、方言、土语和口头语，以免对方难以听懂。当不能回答某一问题时，应如实告诉对方，含糊其词和胡吹乱侃则会导致失败。

5. 避免小动作

求职者在面试时不可以做小动作，比如，折纸、转笔等，这样会显得很不严肃，分散对方注意力。不要乱摸头发、胡子、耳朵，这可能被理解为你在面试前没有做好个人卫生。用手捂嘴说话是一种紧张的表现，应尽量避免。

6. 把握进屋时机

如果没有人通知，即使前面一个人已经面试结束，也应该在门外耐心等待，不要擅自走进面试房间。自己的名字被喊到，就有力地答一声"是"，然后再敲门进入，敲两到三下是较为标准的。敲门时千万不可敲得太用劲，以里面听得见的力度敲即可。听到里面说"请进"后，要回答"打扰了"再进入房间。开门关门尽量要轻，进门后不要用后手随手将门关上，应转过身去正对着门，用手轻轻将门合上。回过身来将上半身前倾30度左右，向面试官鞠躬行礼，面带微笑称呼一声"你好"，彬彬有礼而大方得体，不要过分殷勤、拘谨或过分谦让。

三、面试后的礼仪

在面试之后许多学生认为就基本告一段落听天由命了，从社交礼仪的角度出发，为了加深招聘人员的印象，增加求职成功的可能性，面试后的两三天内，求职者最好给招聘人员写封信表示感谢。感谢信要简洁，最好不超过一页纸。信的开头应提及自己的姓名、简单情况以及面试的时间，并对招聘人员表示感谢。感谢信的中间部分要重申对公司、应聘职位的兴趣。信的结尾可以表示对自己的信心以及为公司的发展壮大做贡献的决心。

项目训练

1. 举办校园模拟面试比赛

形式：情境模拟企业面试的全过程。

目标：通过真实的情境显现，使学生切实感受面试氛围，发现问题，找出不足，积累经验，提高技能，为应聘实践打下基础。

操作过程：

（1）模拟面试应基于不同用人单位分别组织，使学生能有针对性地准备面试。

（2）模拟面试的考官应为模拟招聘企业的实际人力资源管理人员或熟悉企业文化和用人需求的就业指导人员，这样才会使模拟面试更加真实。

模拟面试策划：

（1）活动意义：当前，毕业生就业竞争压力日益加大，为了提供给学生展现自我风采、提高就业技能的平台，学院特举办本次比赛。

（2）活动组织。

①以系部为单位，根据专业特点，确定模拟用人单位，发布模拟用人单位信息。

②比赛分为两轮，第一轮为初赛，在各系进行，每个系选派10名选手参加第二轮比赛，第二轮比赛采用小组面试形式进行。

③获奖和名次，设一等奖1名；二等奖2名；三等奖6名；学院颁发荣誉证书。

④面试内容分为两部分：一是结构面试，问题由所邀请企业人力资源部评委确定；二是分小组讨论，完成指定问题。

2. 3分钟自我介绍小演讲比赛

形式：以小组为单位进行比赛，逐层选拔，最终在年级或全校进行比赛展示，要求全体学生必须参加。

目标：通过搭建演讲比赛的平台使学生的言语表达能力、面试礼仪及技巧方面的能力得到普遍提高。

操作过程：

（1）采用评分制，从普通话、气质、仪表、内容和总体效果方面给予评价。

（2）评委由老师和每组各一名学生代表组成。

（3）比赛成绩计入学生期末成绩考核中。

讨 论

形式：模拟面试

时间：20分钟以内

操作程序：

（1）将成员分成若干小组，每组若干人。

（2）一个人面试，其他人做面试官，轮流进行。

相关讨论题目，学生发言：

对面试的认识。

练习题

1. 熟练地进行自我介绍。

2. 面试有哪些类型？

3. 练习面试的各个环节。

第十一章
高职生创业

学习目标

1. 理解创业及创业意识的基本概述；
2. 了解创业应具备的能力；
3. 熟悉创业的一般程序；
4. 熟知创业的政策和法律；
5. 掌握创业过程中的常见问题及对策。

案例导入

　　14岁时，袁旭迷上了MUD游戏（通过文字描述场景来进行互动游戏），这也是网游的前身。游戏中，高级玩家可以通过简单编程来体验竞争的乐趣。在此基础上，袁旭和朋友开设了"江湖聊天室"，并把MUD游戏的部分功能移植到了"江湖聊天室"，聊天室里的人物有自己的属性，可以互相虚拟攻击，使聊天的趣味增强了很多。随后，袁旭开始在游戏中出售虚拟道具，这是他的第一次创业，也使他赚到了人生的第一桶金——20万元。"赚到20万元后，我第一件事就是把买服务器欠的3万元钱还了。"袁旭表示，自己出生于一个普通家庭，但父母却非常支持自己创业，最初借了3万元给自己买服务器，因此在总结成功经验时，他坦言兴趣和家庭支持是他的两大动力。

赚到 20 万元后，创业梦就在袁旭的脑海中生根发芽。2004 年，在众人羡慕的北京大学仅仅待了一年后，袁旭就离开了北京回到四川创业。

那时袁旭发现，在几年的蓬勃发展后，互联网游戏面临最大的问题是网游的速度不够流畅，影响了游戏体验。随后，袁旭便和几个业内电脑高手一起自主研发了"迅游游戏加速器"，该技术把网游数据从互联网中剥离出来，目前这一技术可针对 470 款 MUD 网络游戏、110 款网页游戏和 70 多款平台对战游戏。而个人用户只需 30 天支付 20 元，就可以解决网络传输中的卡机掉线问题。

2005 年 3 月，袁旭在成都注册成立了四川蓝月科技有限公司，奇虎董事长周鸿祎成为了他的天使投资人。"当过老板后，就再也不想打工。"提起休学创业，袁旭说主要有两个原因："一是选错了专业，计算机专业不是我喜欢的；二是当时我已经有成功的创业经验，于是就回来创业了。"事实证明，袁旭当初的选择是对的。"财散人聚，财聚人散，我一直都相信这句话。"袁旭透露，现在公司技术人员月薪在 20 000 元左右。

据悉，去年袁旭的公司盈利已超过千万，接近创业板的水平。他坦言，随着今年业务的增长，如今公司已经达到了创业板的要求，最近更不断有风投公司抛来"绣球"。"上市是迟早的事，但具体是上创业板还是上主板，目前还在考虑中。"袁旭胸有成竹地透露。同时，袁旭认为公司的发展前景非常乐观："国际上比较知名的美国 Akamai 公司也提供网络加速方面的业务，目前已经是市值超过百亿美元的上市公司。"

高职生创业是市场经济深化发展的产物。开展高职生创业教育是顺乎时代发展和大学教育要求的顺势之举。培养具有创新精神和创新能力的二十一世纪优秀高职生，是大学创业教育的首要目标。为每一个梦想和立志创业的高职生，在大学就读期间提供理性、实用和针对性强的创业教育，帮助高职生在创业精神、创业知识、创业能力及创业心理等方面打下基础，最终助推高职生成功创业，是大学的现实任务。

第一节　创业意识的培养

大凡有成就的人，无不经过艰苦创业。创业的过程也是锻炼的过程，是不断学习提高、不断发展的过程。通过创业可以使自己的事业得到发展，实现自身价值的最大化，可以激活人才资源和科技资源，使得许多新创意、新科技、新发明及新专利迅速转化为现实的产业和产品，实现对社会贡献的最大化。21世纪的知识经济给社会带来了巨大变革，尤其是知识产业化、信息产业化的迅速发展，既给高职生带来严峻的挑战，也给高职生提供了发展的机遇。树立与培养高职生的创业意识，指导高职生走上自主创业之路不仅能帮助其成长、成才，还可以拓宽高职生就业渠道，增加社会就业岗位，实现就业渠道的多元化。

一、高职生创业

高职生创业是指创业者在校学习期间或毕业离校之时发现机会、整合各种资源独立开创或参与开创新企业，提供新产品或新服务，最终实现自身创业目的的一系列活动。

（1）高职生往往对未来充满希望，他们有着年轻的血液、蓬勃的朝气以及"初生牛犊不怕虎"的精神，而这些都是一个创业者应该具备的素质。

（2）高职生在学校里学到了很多理论性的东西，有着较高层次的技术优势。

（3）现代高职生有创新精神，有对传统观念和传统行业挑战的信心和欲望，而这种创新精神也往往造就了高职生创业的动力源泉，成为成功创业的精神支柱。

（4）由于高职生社会经验不足，常常盲目乐观，且没有充足的心理准备；急于求成、市场意识及商业管理经验的缺乏，是影响高职生成功创业的重要因素。

二、创业意识的含义及要素

创业意识是指在创业实践过程中对创业者起动力作用的个性倾向，包括创业的需要、动机、兴趣、理想和信念等要素。也是高职生对创业这一实践的正确认识、理性分析和自觉决策的心理过程。

创业意识包括创业的需要、动机、兴趣、理想和信念等心理成分，支配着创业活动中创业者的态度和行为，是创业的动力因素。

创业需要是创业活动的最初诱因和最初动力。只有当创业需要上升为创业动机时，才能形成心理动力。

创业动机对创业行为产生促进、推动的作用，有了创业动机，标志着创业实践获得即将开始。

创业兴趣能激发创业者的深厚情感和坚强意志，使创业意识得到进一步升华。一般在创业实践活动中取得一定的成效时，便能引起兴趣的进一步提高。

创业理想、信念属于创业动机范畴，是创业者对未来奋斗目标的向往和追求，是人生理想的组成，有了创业理想、信念，创业者的创业行为就会充满朝气和活力。

学生创业是当前大学校园的一个热门话题，高职生自主创业对于当今社会、经济的发展和高职生自身的成长都非常重要。创业一方面可以解决自身的就业问题，获得精神和物质上的满足；另一方面提供了更多的就业机会，在一定程度上解决更多人的就业问题。这无疑是缓解就业压力的一个现实而非常有效的途径。众所周知，就业压力的缓解对于家庭和谐、社会稳定和民族经济发展强大至关重要，并构成稳固社会主义建设事业环境的一个必备因素。如今，创业热潮已成为澎湃于浩渺商海的一道风景。而广大有活力、有抱负、高素质的高职生亦在这股创业热潮中一显身手。要创业就得从培养创业意识入手，因为意识是行动的指南。

（1）创业意识集中体现了创业素质的社会性质，支配着创业者对创业活动的态度和行为，是创业素质的重要组成部分。为此，我们要强化高职生的创业意识，做好创业的精神准备，开拓进取，有所作为。

（2）创业意识在很大程度上影响了高职生的创业态度、创业方式和创业结果。

三、培养创业意识的方法

创业意识是高职生从事创业活动的强大内驱动力，因此只有培养好高职生的创业意识，才能使高职生真正实现自我创业。

培养高职生的创业意识，着力做好以下几个方面：

（一）不畏艰难，敢于拼搏

培养强烈的事业心和责任感，刻苦钻研，勤奋工作，努力学习，牢固掌握专业知识及技能；树立高标准、严要求，不怕困难，勇于创新、敢于创业，争创一流的思想，从而激发创业意识。

（二）摒弃安逸思想，培植个人求发展的心理

创业活动过程会遇到很多困难，如果没有坚定的创业信念，仍抱着随遇而安的安逸思想是不可能成就一番事业的。在生活工作中要注意培植个人求发展的心理，积极进取，不安于现状，使创业需要发展为创业动机。

（三）积极投身社会实践，养成善于观察、勤于思考的良好习惯

在实践中锻炼自己，了解社会、了解自我，完善素质、提高能力；通过对事物

的观察和思考，激发创业需要，树立创业理想，坚定创业信念。

（四）培养脚踏实地的工作作风

在日常工作与学习中，要坚持解放思想与实事求是相统一，既要敢想敢干，又要求真务实；积极参与各种创业与创新活动中去，在活动中感受创业情境。

（五）发展健康个性与兴趣

健康的个性与兴趣可以激发创业者的创业热情，升华创业意识，是创业意识形成的重要因素。因此，要创造可发展健康个性和兴趣的自由空间，积极参加兴趣小组和社团活动，有意识地培养兴趣、发展兴趣。

第二节 创业能力

一个创业成功的人，除有一技之长外，还要具备良好的创业能力。在市场经济条件下，企业之间的竞争是非常激烈的。作为创业者，不能只凭一时热情，既不去了解创业的特点，也不去了解创业者应具备的心理品质和能力，认为别人能创业成功，自己也一定能成功，结果往往是以热情开始，以失败告终。所以，对于创业者来说，创业能力是非常重要的。下面重点讲述创业应具备的几种基本能力。

一、决策能力

决策能力是创业者根据主客观条件，因地制宜，正确地确定创业的发展方向、目标、战略以及具体选择实施方案的能力。决策是一个人综合能力的表现，一个创业者首先要成为一个决策者。创业者的决策能力通常包括分析、判断能力和创新能力。高职生要创业，首先要从众多的创业目标以及方向中进行分析比较，选择最适合发挥自己特长与优势的创业方向和途径。在创业的过程中，能从错综复杂的现象中发现事物的本质，找出存在的真正问题，分析原因，从而正确处理问题，这就要求创业者具有良好的分析能力。所谓判断能力就是能从客观事物的发展变化中找出因果关系，并善于从中把握事物的发展方向，分析是判断的前提，判断是分析的目的，良好的决策能力是良好的分析能力同果断的判断能力共同作用的。创业实际就是一个充满创新的事业，所以创业者必须具备创新能力，有创新思维、无思维定式，不墨守成规，能根据客观情况的变化，及时提出新目标、新方案，不断开拓新局面，创出新路子。可以说，不断创新是创业者不断前进的关键环节。

二、经营管理能力

经营管理能力是指对人员、资金的管理能力。它涉及人员的选择、使用、组合和优化；也涉及资金聚集、核算、分配、使用和流动。经营管理能力是一种较高层次的综合能力，是运筹性能力。经营管理能力的形成要从学会经营、学会管理、学会用人及学会理财几个方面去努力。

(1) 学会经营。创业者一旦确定了创业目标，就要组织实施，为了在激烈的市场竞争中取得优势，必须学会经营。

(2) 学会管理。要学会质量管理，要始终坚持质量第一的原则。质量不仅是生产物质产品的生命，也是从事服务业和其他工作的生命，创业者必须严格树立牢固的质量观。要学会效益管理，要始终坚持效益最佳原则，效益最佳是创业的终极目标。可以说，无效益的管理是失败的管理，无效益的创业是失败的创业。做到效益最佳要求在创业活动中人、物、资金、场地及时间的使用，都要选择最佳方案运作。做到不闲人员和资金、不空设备和场地、不浪费原料和材料，使创业活动有条不紊地运转。学会管理还要敢于负责，创业者要对本企业、员工、消费者、顾客以及对整个社会都抱有高度的责任感。

(3) 学会用人。市场经济的竞争是人才的竞争，谁拥有人才，谁就拥有市场、拥有顾客。一个学校没有品学兼优的教师，这个学校必然办不好；一个企业没有优秀的管理人才、技术人才，这个企业就不会有好的经济效益和社会效益；一个创业者不吸纳德才兼备、志同道合的人共创事业，创业就难以成功。因此，必须学会用人，要善于吸纳比自己强或有某种专长的人共同创业。

(4) 学会理财。学会理财首先要学会开源节流。开源就是培植财源，在创业过程中除了抓好主要项目创收外，还要注意广辟资金来源。节流就是节省不必要的开支，树立节约每一滴水、每一度电的思想。但凡百万富翁、亿万富翁都是从几百元、几千元起家的，都经历了聚少成多、勤俭节约的历程。其次，要学会管理资金。一是要把握好资金的预决算，做到心中有数；二是要把握好资金的进出和周转，每笔资金的来源和支出都要记账，做到有账可查；三是把握好资金投入的论证，每投入一笔资金都要进行可行性论证，有利可图才投入，大利大投入，小利小投入，保证使用好每一笔资金。总之，创业者心中时刻装有一把算盘，每做一件事、每用一笔钱，都要掂量一下是否有利于事业的发展，有没有效益，会不会使资金增值，这样，才能理好财。

（5）要讲诚信。就创业者个人而言，诚信乃立身之本，"言而无信，不知其可也。"创业者在创业过程中，如不讲信誉，就无法开创出自己的事业；失去信誉，就会寸步难行。诚信，一是要言出即从；二是要讲质量；三是要以诚信动人。

三、专业技术能力

专业技术能力是创业者掌握和运用专业知识进行专业生产的能力。专业技术能力的形成具有很强的实践性。许多专业知识和专业技巧要在实践中摸索，逐步提高、发展并完善。创业者要重视创业过程中知识积累的专业技术方面的经验和职业技能的训练，对于书本上介绍过的知识和经验在加深理解的基础上予以提高、拓宽；对于书本上没有介绍过的知识和经验要探索，在探索的过程中要详细记录、认真分析，进行总结、归纳，上升为理论，形成自己的经验特色，积累起来。只有这样，专业技术能力才会不断提高。

四、交往协调能力

交往协调能力是指能够妥善地处理与公众（政府部门、新闻媒体及客户等）之间的关系以及能够协调下属各部门成员之间关系的能力。创业者应该做到妥当地处理与外界的关系，尤其要争取政府部门、工商以及税务部门的支持与理解，同时要善于团结一切可以团结的人，团结一切可以团结的力量，求同存异共同协调的发展，做到不失原则、灵活有度，善于巧妙地将原则性和灵活性结合起来。总之，创业者搞好内外团结，处理好人际关系，才能建立一个有利于自己创业的和谐环境，为成功创业打好基础。

交往协调能力在书本上是学不到的，它实际上是一种社会实践能力，需要在实践活动中学习，不断积累总结经验。这种能力的形成：一是要敢于与不熟悉的人和事打交道，敢于冒险和接受挑战，敢于承担责任和压力，对自己的决定和想法要充满信心、充满希望。二是养成观察与思考的习惯。社会上存在着许多复杂的人和事，在复杂的人和事面前要多观察多思考，观察的过程实质上是调查的过程，是获取信息的过程，是掌握第一手材料的过程，观察得越仔细，掌握的信息就越准确。观察为思考做准备，观察之后必须进行思考，做到三思而后行。三是处理好各种关系。

可以说，社会活动是靠各种关系来维持的，处理好关系要善于应酬。应酬是职业上的"道具"，是处事待人接物的表现。心理学家称："应酬的最高境界是在毫无强迫的气氛里，把诚意传达给别人，使别人受到感应，并产生共识，自愿接受自己的观点。"搞好应酬要做到宽以待人，严于律己，尽量做到既了解对方的立场又让对方了解自己的立场。交往协调能力并不是天生的，也不会在学校里就形成了，而是在走向社会后通过慢慢积累社会经验，逐步学习社会知识而形成的。

五、创新能力

创新是知识经济的主旋律，是企业化解外界风险和取得竞争优势的有效途径，创新能力是创业能力素质的重要组成部分。它包括两方面的含义：一是大脑活动的能力，即创造性思维、创造性想象、独立性思维和捕捉灵感的能力；二是创新实践的能力，即人在创新活动中完成创新任务的具体工作的能力。创新能力是一种综合能力，与人们的知识、技能、经验和心态等有着密切的关系。具有广博的知识、扎实的专业基础知识、熟练的专业技能、丰富的实践经验及良好心态的人容易形成创新能力，它取决于创新意识、智力、创造性思维和创造性想象等。

上述五个方面的基本素质中，每一项基本素质均有其独特的地位与功能，任何一个要素都会影响其他要素的形成和发展，影响其他要素的功能和作用的发挥，乃至影响创业的成功。因此一个未来的创业者，不仅要注意在环境和教育的双重影响下培养自己的创业素质，而且要重视其整体结构的优化，在创业实践中不断提高自我的创业素质。

第三节 评估自己的创业能力

创业的道路充满了艰辛，而且是一场持久的战争，存在很大的风险，只有"知己知彼"，才能"百战不殆"，因此从创业伊始，创业者首先需要对自己进行评估。那么，从哪几方面进行评估呢？下面列举了六个方面：

一、家庭经济能力

越来越多的研究表明，家庭在个体发展中起着至关重要的作用。家庭经济状况直接或间接地影响了高职生的诸多人生选择。对于家庭经济环境比较好的学生来说，不需要其养家糊口，有个缓冲的时期，有个自我寻找出路的时间，鼓励其创业是可行的。高职生创业需要家庭的支持。

二、心理素质

创业过程中，成功的案例有，失败的案例更多。创业对创业者心理素质要求比较高，这就需要高职生在平时生活学习中多注意锻炼自己的心理承受能力。敢于面对现实，挑战现实，在复杂多变的环境里能够生存、发展。

三、管理能力

创业意味着自己当家做主，自己是整个团队的管理者，需要学习大量的企业管理知识，懂得经济核算，提高经济效益，才能在激烈的竞争中处于不败之地。

四、沟通能力

沟通的目的是让更多的人认识自己，了解自己。以便得到家人，老师，以至以后的同事、下属的支持和配合，从而有效地开展创业活动。一个创业者要获得成功，就必须学会与人合作，必须致力于人际沟通。

五、执着精神与创新意识

创业的企业指的是有创新的企业。如果从长久来看，必须有创新理念，包括组织模式的创新、经营模式的创新、技术模式的创新、管理模式的创新和发展模式的创新等。在一个人取得成功的过程中，智力因素很重要，但非智力因素更重要。谁能坚持到最后，谁才能有所成就。如果没有毅力，没有执着的精神，最终难成大事。

六、知识结构

对创业者的要求中，知识结构是非常重要的，它包括创业的手续、产品的专利、财务知识、管理知识和法律知识等。学生对于各种知识都要掌握，尽量使自己成为多元化、复合型的人才。有的学生在创业过程中连如何签协议、如何签合同都不清楚，有些同学写的商业计划书尽管想法有些创新，但目的不明确，特别是文字表达能力非常欠缺。

在上述的几个方面中，心理素质是最重要的，是最需要高职生特别增强的方面。创业成功者的经验能借鉴，但不能够复制，也不能模仿。有很多高职生创业成功的案例，但在高职生创业开始前，这是可遇不可求的目标。因为创业具有巨大的风险，首先要有失败的心理准备。高职生往往看到成功的例子，没有从失败的例子中吸取经验。社会是多元化的，价值取向也是多元化的，高职生可以在困难的时候先就业，有了一定的经验后再创业，因此不要以别人的成功来设计自己的道路。

创业能力测评

测评说明：

（1）无论是刚从学校毕业进入就业市场的年轻人，还是在社会经历了多年的上班族，许多人都希望拥有一份属于自己的事业。当老板不是一件容易的事，是否适合创业？有无创业潜力？做下列测试可帮助你决定自己能否做老板。

（2）本测试由一系列陈述句组成，请根据实际情况，选择最符合自己特征的答案。

（3）在选择时，一定要根据第一印象回答，请不要做过多的思考。

测评题：

（1）是否曾经为了某个理想而制订两年以上的长期计划，并且按计划进行直到完成？

是□　　否□

（2）在学校和家庭生活中，你是否能在没有父母及师长的督促下，就可以自动地完成分派的工作？

是□　　否□

（3）是否喜欢独自完成工作，并且做得很好？

是□　　否□

（4）当你与朋友在一起时，你的朋友是否会常寻求你的指导和建议？你是否曾被推举为领导者？

是□　　否□

（5）求学时期，你有没有赚钱的经验？你喜欢储蓄吗？

是□　　否□

（6）是否能够专注地投入个人兴趣连续 10 小时以上？

　　是□　　　否□

（7）是否有习惯保存重要资料，并且井井有条地整理，以备需要时可以随时提取查阅？

　　是□　　　否□

（8）在平时生活中，你是否热衷于社会服务工作？你关心别人的需要吗？

　　是□　　　否□

（9）是否喜欢音乐、艺术、体育以及各种活动课程？

　　是□　　　否□

（10）在求学期间，你是否曾经带动同学，完成一项由你领导的大型活动，如运动会、歌唱比赛等？

　　是□　　　否□

（11）喜欢在竞争中生存吗？

　　是□　　　否□

（12）当你为别人工作时，发现其管理方式不当，你是否会想出适当的管理方式并建议改进？

　　是□　　　否□

（13）当你需要别人帮助时，是否能充满自信地要求，并且能说服别人来帮助你？

　　是□　　　否□

（14）当你要完成一项重要工作时，总是给自己足够的时间仔细完成，而绝不会让时间虚度，在匆忙中草率完成？

　　是□　　　否□

（15）参加重要聚会时，你是否会准时赴约？

　　是□　　　否□

（16）是否有能力安排一个恰当的环境，使你在工作时能不受干扰，有效地专心工作？

　　是□　　　否□

（17）你交往的朋友中，是否有许多有成就、有智慧、有眼光、有远见和老成稳重型的人物？

　　是□　　　否□

(18) 你在工作或学习团体中，被认为是受欢迎的人物吗？

是□　　　否□

(19) 自认是一个理财高手吗？

是□　　　否□

(20) 是否可以为了赚钱而牺牲个人娱乐？

是□　　　否□

(21) 是否总是独自挑起责任的担子，彻底了解工作目标并认真完成工作？

是□　　　否□

(22) 在工作时，是否有足够耐心与耐力？

是□　　　否□

(23) 是否能在很短时间内，结交许多朋友？

是□　　　否□

测评标准：

选"是"得1分，选"否"不计分。统计分数，参照答案。

0～5分：目前不适合自己创业，应当训练自己为别人工作，并学习技术和专业。

6～10分：需要在旁人指导下创业，才有创业成功的机会。

11～15分：非常适合自己创业，但是在否的答案中，必须分析出自己的问题加以纠正。

16～20分：个性中的特质足以使你从小事业慢慢开始，并从妥善处理中获得经验，成为成功的创业者。

21～23分：有无限的潜能，只要懂得掌握时机和运气，将是未来商业界的成功者。

第四节　提升自己的创业能力

高职生创业实践成功的关键是要有较强的创业能力作支撑。良好的创业能力从何而来？以下五点对这个问题进行了阐述。

一、重视创业素质的自我培养是首要条件

重视创业素质的自我培养是成功的创业者具备的主要特质和次要特质，要有创

业观念、有才、有胆、有识，同时有坚忍不拔的意志，克服创业过程中的困难，这些高要求决定了当代高职生想走上创业之路，就必须按照创业者素质的培养规律，重视创业素质的自我培养，注重培养自己的能力，锤炼自己的胆子，同时培养自己的创业人格、创业者思维和创业意识与技能。克服中国传统教育模式下培养出的"积累型""继承型"，掌握的死知识多，运用的知识少，胆子小，生存能力差的人才类型。其次要克服万事俱备再去创业或自己具备全部企业者特质再去创业的错误观念。如果那样，没有人能去创业，因为不可能有一个具备上述全部创业者特质的人。

实践证明，创业者素质的培养是有规律的，其成长也是有过程的。而从实践中汲取经验和教训都是创业者成长的捷径，中国有句俗话："一年学成个庄稼汉，三年学成个生意人"说的就是这个道理。

二、注意在思想上和精神上锤炼自己是重要环节

要树立自信、自强、自主和自立意识。自信就是对自己充满信心，相信自己有能力，有条件去开创自己未来的事业。自信赋予人主动积极的人生态度和进取精神，相信自己能够成为创业的成功者，尤其在遇到失败和挫折时更需要自信。自强就是在自信的基础上，通过企业的实践，不断增强自己各方面的能力，进一步磨炼自己的意志，建立起自己的形象，敢说敢当，敢作敢为，不贪图眼前的利益，永远进取，使自己成为强者。自主就是具有独立的人格，具有独立性思维能力，不受传统和世俗偏见的束缚，不受舆论和环境的影响，能自己选择自己的道路，善于设计和规划自己的未来，并采取相应的行动。自主还要有远见、有敢为人先的胆略，能把握住自己的航向。自立就是凭自己的头脑和双手，凭借自己的智慧和才能，凭借自己的努力和奋斗，建立起生活和事业的基础。

三、广泛获取创业经验是基础

如今，不少大学都开设了创业指导课，教授创业管理、创业心理等内容，帮助高职生打好创业知识的基础。大学图书馆也提供创业指导方面的书籍，高职生可通过阅读增加对创业市场的认识。其次，创业是目前媒体报道的热门领域，无论是传统媒体，如报刊、书籍及广播电视，还是网络媒体，每天都提供大量的创业知识和信息。一般来说，经济类、人才类媒体是首要选择，比较出名的有《创业家》《21世纪经济报道》《第一财经》，以及"中华创业网""中国创业论坛"等专业网站。此

外,各地创业中心、高职生科技园、留学生创业园等机构的网站,也蕴藏着丰富的创业知识。通过这种途径获得创业知识,往往针对性较强。

四、注重能力的综合培养是重要方面

高职生要学会认知,学会做事,学会共同生活,学会生存创业。创业涉及方方面面,需要与不同的人和事打交道,对人的能力要求很高。从事创业的人既要懂经营,又要善管理;既要能协调处理各方面的关系,又要当机立断,临危不乱,指挥若定;既要能言善辩,又要能谈判公关;既要能开拓创新,又要不怕挫折、困难。因此,创业能力的综合性很强,其中要有管理能力、组织协调能力、创造能力、经营能力、语言表达能力、判断能力、公关能力、应变能力、分析问题和解决问题能力、把握机遇的能力、谈判能力及心理调适能力等。而联合国教科文组织把"学会认知,学会做事,学会共同生活,学会生存"作为21世纪教育的4个支柱,并把其作为开启未来人生大门的四把"钥匙"。"学会认知"就是教人掌握认知的方法,学会学习的方法、手段,培养人发现问题、分析问题和解决问题的能力。"学会做事"就是要培养人的创新能力、应变能力和驾驭处理复杂突发事件、危机的能力。"学会共同生活"就是要培养人的团结协作能力和团队精神,培养人的竞争意识和管理能力。"学会生存"就是要不断增强人的自主性、判断力和个人的责任感,培养人的交际能力、语言表达能力和判断能力等。因此,高职生要主动树立"学会认知,学会做事,学会共同生活,学会生存"的意识,提高创业能力,从而使自己在创业时"走得出""站得住""干得好"。

五、通过各种渠道积极参加实践活动,培养自己的创业能力是关键

第一,实践环节能使高职生在校期间积累创业经验,培养创业能力。所以高职生在校期间要积极参与创业实践活动,如高职生创业大赛、创业计划书大赛等。

第二,高职生还可通过参与社团组织活动、创业见习、职业见习、兼职打工、求职体验、市场和社会调查等活动来接触社会,了解市场,并磨炼自己的心志,提高自己的综合素质。

第三,商业活动无处不在,高职生平时可多与有创业经验的亲朋好友交流,甚至还可通过E-mail和电话拜访自己崇拜的商界人士或向一些专业机构咨询。这些"过来人"的经验之谈往往比看书本的收获更多。通过这种人际交往途径获得最直接

的创业技巧与经验，将使高职生在创业过程中受益无穷。

第四，投身于真正的创业实践。在毕业前后进入创业启动阶段，可以单独或与同学轮流租赁或承包一个小店铺进行加工、修理、销售和服务等，在真刀真枪的创业实践中提高自己的创业能力。这些活动成为高职生步入社会大课堂的第一步，同时高职生在参与实践的过程中，既为他们将来开展创业活动积累了经验，也培养了他们分析问题和解决问题的能力、组织协调能力、管理能力、应变能力及语言表达能力等，也有利于增强高职生的创业意识和创业热情，为高职生提供应对挫折、面对各种困难的心理准备，促进大学创业成功。

第五节　创业的一般程序

谈到创业，几乎人人都有一套可以高谈阔论的生意经，然而真正付诸执行的个案实在是屈指可数。原因在于，害怕创业的人总是多过愿意承受创业压力的人。其实，创业的想法并不是那么可怕的。因此，我们在这里把创业过程分成八个步骤，引领学生们在创业之路上走得更踏实。

一、从三百六十行中选择你的最爱

人人都可以创业，但是，却不是人人都可以创业成功的。这其间有着许许多多成功创业的小秘诀，而这些秘诀并非都来自创业成功个案的经验，很多是从失败的例子中去反省、领悟而来的。综合这些经验谈，创业者首先必须做的便是决定要从事哪一种行业、哪一类项目。在你做决定之前，最好先为自己做个小小的测验，了解自己在哪方面较有创意、有潜力；哪方面的事业较能吸引自己的注意力、并鞭策自己勇往直前等。一旦做好选择，接下来的许多课题便需要创业者一步步地去执行，才能逐渐地迈向成功之路。

二、持续自我成长与学习

有了完整的创业点子，下一步骤便是尽量让自己多接触各种信息与资源渠道，如专业协会及团体等组织机构。这些团体、组织不仅可以帮助你评估自己的创业机会与潜力，并可以尽早让创业计划到位。其他有效的资源：如创业者的自传、创业丛书和商业杂志等；或是专业的商业组织，如中小企业管理局的计划书顾问群等，也都可以提供许多的好材料给创业者去脑力激荡。创业者也可主动出击，把公司信息告知当地的商业组织、团体等来增加公司曝光率。即使有可能遭受到地区性竞争者的妒忌，你还是可以试着与其他地区的同行交换创业心得、征询适时的忠告。有很多成功的创业者都有这种类似的经验，差别只是解决方法不同而已，所以别太早死心，枉送别人的美意。

三、慎选你的品牌或公司名称

最佳的品牌或公司名称是要能够充分反映你的产品或服务与众不同的特色及单一性。基本上，品牌或公司名称与产品之间的关系是成正比的，亦即要能在消费者或顾客群的心目中产生一种紧密的联想力。具创意的品牌或公司名称不仅有助于建立品牌的形象，同时也能打动顾客的购买欲。选择品牌或公司名称时应该具有前瞻性与远见；所选择的品牌或公司名称要能很有弹性地将自己推荐给消费者。最后，别忘了先作注册公司名称调查，确定你所选择的名称仍然还未被登记或已在公司商标法的保护中。切记，别取一个过于冗长的名称，消费者不容易记得。

四、确定公司的组织与架构

在开始计划营运前你必须选择确定何种法定组织架构适合你的创业大计。简而言之，首先你必须决定是要自己创业？还是合伙创业？如果选择合伙创业，公司的起始资本额要如何分配？

合伙创业的模式可以是有限股份公司制或是以一集团公司名称方式创业。这中间并没有一套可依循的准则，用来分析各种可能状况以区分孰优孰劣，因此，你必须先了解各种公司组织形态的利弊及运筹方式，再选择最适合组合模式配合你的创业计划方式。

尽管各种公司营运架构有些细微的差异性，但是最需要注意的焦点是一旦公司营运出状况时，公司内部将由谁担负起最后法律上的财务责任？举例来说，以独资或合伙人形态创业，公司组织法要求个人自行负担公司的债务归属问题。也就是说，一旦公司因牵连上财物官司而败诉，则个人名下所属财产及不动产等都会受到法院的扣押、拍卖以偿还债务。无论一开始你选择哪一种经营模式，都不代表公司的经营体制已经定型不变，还是可以依据公司的发展与未来潜力做适时的变更。

五、做好创业预算

经营一项有利润的新事业必须要有充分的流动资金,并且要能与实际经营运作时所需的开销相平衡,所以草拟一份年度预算表是必要且马虎不得的。要草拟一份精确的年度预算表并不容易,即使是一位最有预算概念的大师来编列预算表,还是多少会有低估预算或遗漏某些小细节,这些小细节常常是发生在预算表中的杂支及超支项目;另外,有时公司成长太快也会出现这些小麻烦。总之在开始编列预算时必须注意的是公司草创第一年的年度预算应该包括公司首次营运费用及持续营运的每个月开销。

不管公司状况如何,一份理想的预算报告最好在编列预算时,稍微调高所需预算比例,直到公司可以负担营运成本以及本已低估的获利能力。最好是听听其他同行的意见,并在编列具体的预算评估表时能按照专家建议,把最好和最坏的财务评估案例折中试算,然后把预算设定于两者之间。专家则建议去一趟会计事务所将会让你对公司的开销、营收及流动资本运作计划更了解。

六、考察适合的经营场所

在决定了自主创业也选好了项目之后,接下来最重要的恐怕就是选址的问题了。选址对于办公司开店铺到底有多重要?专家的看法是不论创立何种企业,地点的选择都是决定成败的一大要素,尤其是以门市为主的零售、餐饮等服务业,店面的选择往往是决定成败的关键,店铺未开张,就先决定了成功与否的命运。可以说,好的选址等于成功了一半。

尽管在选择经营场地时,各行业的考虑重点不尽相同,但是有两项因素是绝对不可忽略的,即租金给付的能力和租约的条件。经营场地租金是最固定的营运成本之一,即使休息不营业,都照样得支出,尤其在房价狂飙后,租金往往是经营者的一大负担,不能不好好"计较"。有些货品流通迅速、体积小而又不占空间的行业,如精品店、高级时装店及餐厅等,负担得起高房租,可以设于高租金区;而家具店、旧货店等,因为需要较大的空间,最好设置在低租金区。租约有固定价格及百分比两种,前者租金固定不变,后者租金较低,但业主分享总收入的百分比,类似以店面来投资作股东。租期可以订为不同时限,但对于初次创业者来说,最划算的方式是订一年或两年租期,以预备是否有更新的选择。

七、准备充足的创业资金

俗话说得好:"用钱创造财富"。在众多创业失败的例子中,资金的不足经常是最后让创业者黯然落下"英雄泪"的主要原因。因此,信心满满的创业者别忘了在公司正式营运前,一定得先把资金募集充足;换言之,创业者必须明白公司在草创期的第一年内可能无法赚到一毛钱,创业者因而要有所警悟且做好万全的准备,以渡过难关。

创业者在筹措创业资金时,必须是以能支付公司创业第一年内所有的营运开销为目标。一般而言,除非中了彩票大奖外,创业者的最简单、最方便的募集资金方式便是从每月的薪资中节省下来。如果这种方式对你而言并不是个好办法,向外募款也是最普遍的资金来源。

创业者募集创业资金的来源相当多,简单地说,亲戚、朋友、银行、房屋抵押及退休金,甚至是信用卡借贷也能派上用场。但是,创业者必须谨记在心的是,一位成功的创业者总是知道如何善用各种合法渠道去募集充足的资金,来作为创业的坚强后盾,千万不可只从单一渠道取得资金,以免一旦资金吃紧时找不到后路来救急。

八、了解各种法律规定并完成注册登记

在开始营业之前,你必须了解所有与商业法规相关的条文规定、执照或许可证申请的细节。切记一点,各县市政府对营利事业单位的规定可能有所差异,因此别忘了询问在你工作室或办公室所在县市区域内,有哪些是该特别注意的法律规范条文。通常,你可以从各地的中小企业协会或商会取得这些信息。同时,别忘了留意营业执照相关申请规定及办法。

第六节 创业的政策与法律

市场经济是法制经济,法律是规范企业一切活动的准绳。在创业活动中,只有严格按照法律程序办事才能将自己置于主动创业位置,自身的权益才能得到保障。无论在创业之初还是在企业发展之中,我们都有必要学习了解有关国家对高职生创

业的政策和法律问题。

一、国家鼓励高职生自主创业的政策

每年高职生的就业都是一个热点的社会问题，随着高职生就业形势的严峻和随之引起的社会问题，越来越多的人呼吁高职生努力争取自主创业，不仅可以体现知识的价值，而且有助于社会的整体良性发展。高职生创业会是一个主流的方向，政府也会提供相关的优惠政策来帮助高职生创业。作为一个想创业的高职生，除了学习一些创业的技巧和能力外，了解优惠政策也是很有必要的。

税收方面：凡高校毕业生从事个体经营的，自工商部门批准其经营之日起1年内免交税务登记证工本费。新办的城镇劳动就业服务企业（国家限制的行业除外），当年安置待业人员（含已办理失业登记的高校毕业生，下同）超过企业从业人员总数60%的，经主管税务机关批准，可免纳所得税3年。劳动就业服务企业免税期满后，当年新安置待业人员占企业原从业人员总数30%以上的，经主管税务机关批准，可减半缴纳所得税2年。

具体不同的行业还有不同的税务优惠：大学毕业生新办咨询业、信息业、技术服务业的企业或经营单位，经税务部门批准，免征企业所得税两年；新办从事交通运输、邮电通信的企业或经营单位，经税务部门批准，第一年免征企业所得税，第二年减半征收企业所得税；新办从事公用事业、商业、物资业、对外贸易业、旅游业、物流业、仓储业、居民服务业、饮食业、教育文化事业、卫生事业的企业或经营单位，经税务部门批准，免征企业所得税一年。

贷款方面：政府要求各国有商业银行、股份制银行、城市商业银行和有条件的城市信用社要为自主创业的毕业生提供小额贷款，并简化程序，提供开户和结算便利，贷款额度在5万元左右。贷款期限最长为2年，到期确定需延长的，可申请延期一次。贷款利息按照中国人民银行公布的贷款利率确定，担保最高限额为担保基金的5倍，期限与贷款期限相同。

大学毕业生在毕业后2年内自主创业，到创业实体所在地的工商部门办理营业执照，注册资金（本）在50万元以下的，允许分期到位，首期到位资金不低于注册资本的10%（出资额不低于3万元），1年内实缴注册资本追加到50%以上，余款可在3年内分期到位。如果有其家庭成员的稳定收入或有效资产提供相应的联合担保，资信良好、还款有保障的，在风险可控的基础上适当加大发放信用贷款，并可以享受优惠的低利率。

企业运营方面：员工聘请和培训享受减免费优惠。对大学毕业生自主创办的企业，自工商部门批准其经营之日起1年内，可在政府人事、劳动保障行政部门所属的人才中介服务机构和公共职业介绍机构的网站免费查询人才、劳动力供求信息，免费发布招聘广告等；参加政府人事、劳动保障行政部门所属的人才中介服务机构和公共职业介绍机构举办的人才集市或人才、劳务交流活动给予适当减免交费；政府人事部门所属的人才中介服务机构免费为创办企业的毕业生、优惠为创办企业的员工提供一次培训、测评服务。

以上优惠政策是国家针对所有自主创业的高职生制订的，各地政府为了扶持当地高职生创业，也出台了相关的政策法规，而且更加细化，更贴近实际，所以高职生如果准备创业一定要去了解当地的详细的创业优惠政策。此外，高职生自主创业在档案保存和社会保障办理方面也有对应的优惠政策，是为了鼓励高职生自主创业，解决创业的后顾之忧，提供有效的保障和服务。

二、高职生创业的法律保障

法律对高职生创业起引导、指导和规范作用，法律保障是高职生创业环境的重要组成部分。根据我国现行法律，高职生在创业过程中涉及的法律可以分为以下几个方面：

（一）企业创建的法律形式

我国的企业分类是按所有制的标准进行的，在《中华人民共和国民法通则》中，将企业分为全民所有制企业、集体所有制企业、外资企业、私有企业和个体工商户。但国际上对企业分类的通行标准是根据企业投资者的出资方式和责任形式的不同而进行的，据此企业可分为独资企业、合伙企业和公司企业。我国已颁布实施的《中华人民共和国公司法》《中华人民共和国个人独资企业法》和《中华人民共和国合伙企业法》是高职生创业者选择企业形式时必须熟知的。

1. 个人独资企业

2000年1月1日起实施的《中华人民共和国个人独资企业法》从组织形式上完善了自然人市场准入法规。所谓的个人独资企业是指依照《中华人民共和国个人独资企业法》在中国境内设立，由一个自然人投资，财产为投资人个人所有，投资人以其个人财产对企业债务承担无限责任的经营实体。设立条件包括对作为投资的自然人、合法的企业名称、投资人申报的出资、固定的生产经营场所和必要的生产经营条件、必要的从业人员五方面的规定。设立时，到所在区域的工商行政管理部门进行登记注册，递交设立申请书，设立申请书中载明：企业的名称和住所、投资人的姓名和居所、投资人的出资额和出资方式及经营范围。工商行政管理部门在收到设立申请文件之日起 15 日内，对符合《中华人民共和国个人独资企业法》规定条件的予以登记，发给营业执照，营业执照的签发日期就是该企业的成立日期。

2. 合伙企业

《中华人民共和国合伙企业法》于 1997 年 8 月 1 日起施行，是指依照《中华人民共和国合伙企业法》在中国境内设立的由各合伙人订立合伙协议，共同出资、合伙经营、共享收益并共担风险，并对合伙企业债务承担无限连带责任的营利性组织。申请设立要满足有两个以上合伙人，并且都是依法承担无限责任者，有书面合伙协议，有各合伙人实际缴付的出资，有合伙企业的名称，有经营场所和从事合伙经营的必要条件。设立时，到所在区域的工商行政管理部门提交登记申请书、合伙协议书和合伙人身份证明等文件，工商行政管理部门自收到申请登记文件之日起 30 日内，做出是否登记的决定。对符合规定登记条件的，将被发给营业执照，合伙企业以营业执照的签发日期为其成立日期。

3. 公司

我国《中华人民共和国公司法》于 1993 年施行，1999 年年底修订，是指按照法律，以营利为目的，有股东投资而设立的企业法人。分为有限责任公司和股份有限公司。

（1）有限责任公司。有限责任公司是指由一定人数的股东组成，股东以其出资额为限对公司承担责任，公司以其全部资产对公司债务承担责任的公司。设立时要满足股东符合法定人数、股东出资达到法定最低资本限额、股东共同制订公司章程、有公司名称，建立符合有限责任公司要求的组织机构、有固定的生产经营场所和必要的生产经营条件等条件。通过订立章程、缴纳出资、验资、申请设立登记后公司成立。

（2）股份有限公司。股份有限公司是指全部资本分为等额股份，股东以其所持股份为限对公司承担责任，公司以其全部资产对公司债务承担责任的法人。设立股份有限公司注册资本方面要求非常高，最低限额为 1 000 万元人民币。

4. 个体工商户

个体工商户是指从事个体工商业经营的个体经济形式。它以本人或家庭的生产经营资料进行生产经营活动,成员为劳动者本人或其家庭成员。经营范围包括工业、手工业,可从事产品生产、加工、矿产开采以及生产设备、生产工具等修理;商业经营,可从事商品的收购、销售、运输、存储及保管等;交通运输业,可从事公路、水上的货运、装卸、搬运等;建筑业;餐饮业;服务业;修理业;其他。

(二)知识产权保护问题

知识产权是人们对于自己的智力活动创造的成果和经营管理活动中的标记、信誉依法享有的权利。它包括专利权、商标权和著作权等,是企业的重要资产。

1. 专利权

专利是指为了促进科学技术的发展和应用,经国家专利主管机关依照专利法规定的审批程序审查,被授予专利权的发明创造。《中华人民共和国专利法》于1984年3月12日颁布,于1992年9月4日第一次修订,2000年8月25日第二次修订。受保护的对象分为发明、实用新型和外观设计。其应具备新颖性、创造性和实用性三个条件。申请人通过向专利局提交请求书、说明书、摘要及权利要求书来申请专利。发明专利的保护期限为20年,实用新型和外观设计是10年。对于高职生创业者来说,可以通过自己发明并申请专利、对他人的专利产品进行改造以及购买来取得专利优势。

2. 商标权

商标是商品生产者、经营者及服务的提供者为了表明自己的商品或服务与他人相区别而使用的一种专用标记。一般由显著的文字、图形、字母、数字、三维标志和颜色等要素组合构成。《中华人民共和国商标法》于1982年8月23日颁布,自1983年3月1日起实施,于1993年2月22日进行第一次修订,2001年10月27日进行第二次修订。商标的设计、注册、使用、转让和保护是高职生创业者要面对的一个问题。

3. 著作权

著作权是指文学、艺术和科学作品的作者或其他著作权人对其创作的作品依法享有的权利。《中华人民共和国著作权法》于1990年9月7日颁布,自1991年6月1日起施行,2001年10月27日进行了修正。1991年5月30日,《中华人民共和国著作权法实施条例》颁布实施。

(三)税法问题

依法纳税是每个企业和公民应尽的义务,高职生创业者必须学习和了解这方面的内容。我国的税收制度的核心是税法,是国家向纳税人征税的法律依据和操作程序。现行税法规定,纳税人在开业的一定时间内应当向当地税务机关办理税务登记。

税种分为国税和地税两部分。国税局核定缴纳的主要是增值税（部分企业还要缴纳消费税等其他税种），地税局核定缴纳的主要为营业税、个人所得税、企业所得税、城建税和教育附加税等。我国对于新创企业还有法定的税收优惠政策，主要包括：

① 为农业生产提供服务：对农村的为农业生产前、产中、产后服务的行业，即乡村的农技推广站、植保站、水管站、林业站、畜牧兽医站、水产站、种子站、劳务所得到的收入以及城镇其他各类事业单位上述技术服务或劳务所取得的收入暂免征收所得税。

② 为科研院所提供服务：对科研单位和大专院校服务于各业的技术成果转让、技术培训、技术咨询、技术服务、技术承包所取得的技术性服务收入暂免征收所得税。

③ 新办企业：对新办独立核算的从事交通运输业、邮电通信业的企业或经营单位，自开业之日起，第一年免征所得税，第二年减半征收所得税。对新办独立核算的从事咨询业、信息业、技术服务业的企业或经营单位，自开业之日起，第一年至第二年免征所得税。新办从事公共事业、商业、物资业、对外贸易业、旅游业、仓储业、居民服务行业、餐饮业、教育文化事业、卫生事业的企业或经营单位，自开业之日起，报经主管税务机关批准，可减免或者征所得税1年。对新办的三产企业经营多业的，按其经营企业（以实际营业额来计算）来确定减免税政策。私营新办的生产型企业缓征所得税1年。对于高新技术企业，按规定一般企业所得税减免期满后，高新技术企业仍可延长3年减半缴纳企业所得税。

第七节 高职生创业过程中的常见问题及对策

一、常见问题

创业是就业的另一种模式。随着商业经济的高速发展和知识经济的迅猛来临，越来越多的高职生投入到创业的浪潮中。为了引导高职生的创业活动，使高职生的创业活动健康发展，现将高职生在创业过程中应该注意的问题总结如下，希望能够给正在创业和准备创业的高职生一些启示。

一般说来，创业初期的资金分配与调度、人才招募、营销策略、管理技巧，以及继之而来的市场潮流变化、竞争、应对策略等，都有可能导致你所创办的企业遭受无法继续生存的命运。以下便是创业过程中最常见的失败原因：

1. 资金短缺

创业者低估了财务上的需要，财务预算有缺失，同时在营运或生产上也无法有效运用资金，因此难以创造盈利。

许多人在创业之初并没有考虑到流动资金的重要性，所以在没有足够的流动资金的前提下就贸然创业。殊不知，很多人在创业后经营不是很顺利的时候，需要坚守一段时日时，就因为没有充足的流动资金而不得不提前关门。如果创业者在创业时没有充足的流动资金以维持半年以上的运作，最好不要轻易去创业。

2. 市场资讯不足

包括不能真正了解潜在市场的需求量，错误预估占有率及对销售渠道和竞争对手的情况了解不清等。

许多创业者并不去了解竞争对手的经营运作情况，也不去仔细分析竞争对手的经营策略，不清楚对手下一步将有什么措施和手段来对付自己。特别是不去分析双方的优劣所在，一味凭自己的感觉行事，到头来往往吃尽苦头。

3. 不良产品太多或不良率太高

由于不良产品太多，或者不良率太高，成本和损耗都过大，加上创业之初产品也缺乏知名度，因而导致产品滞销，造成大量库存囤积。

4. 错误的策略

不当的企业价值观、无效的经营管理及销售策略以及对竞争者估计错误等，这包括创业理念与竞争策略的错误，由于这些策略关系到一个企业的生死存亡，因此，这也是导致失败的主因。一旦创业者发生较大的错误或事变时，也往往欠缺应对经验和解决办法。因此，对于初次创业者来说，一个错误的策略就可能是致命的。

5. 产品淘汰率太快

如果产品的生命周期太短，又或者生产出来的产品不合潮流，产品面世不久就遭到淘汰命运，这种不合潮流容易被淘汰的产品，在创业之后，短期内就很可能遭到失败的命运。

通常针对年轻人的流行产品一般都是寿命很短的，创业者一定要摸清这个规律，当某个流行产品大行其道的时候，你再去投资想分一杯羹时就要特别小心，可能当你的新产品上市之时，也就是该产品不再流行之时。

6. 管理不当

创业者管理经验不足，朝令夕改，常常在错误中学习，但却耗费了公司的许多资源，无法建立一套合理、具弹性与有效率的制度。比如，用人不当，造成不必要的内耗；财务制度有漏洞，让员工有损公肥私的机会；不重视安全生产，造成重大的人员伤亡事故等。

7. 在不恰当的时机创业

例如，冬天开空调机专卖店，受到产品淡季因素的影响，可能使你的创业生涯招致挫折。或者是创业不久就受到国家、地方新颁布的行业管理条例的限制，从而无法预期设想，造成资源浪费或无法经营。

8. 不了解国家的有关规定

国家规定许多的行业是不能由私营业主经营的。也有一些行业原先允许经营，因政策改变而受影响，甚至会无限期对某个行业进行停业整顿等，这些都要了解清楚。

二、对策

（一）创业要有足够的资源

很多人在初次创业的时候，资源都是十分欠缺的。资源不足，使企业创业成功的概率降低，但要有完全充分的资源也是不可能的。在资源具备上，一般来说，要符合两种条件：一是要有进入一个行业的起码的资源；二是具备差异性资源。如果任何条件均不具备，创业成功的可能性很小。

创业资源条件主要包括几个方面：

（1）业务资源：赚钱的模式是什么；

（2）客户资源：谁来购买；

（3）技术资源：凭什么赢取客户的信赖？

（4）经营管理资源：经营能力如何；

（5）财务资源：是否有足够的启动资金；

（6）行业经验资源：对该行业资讯与常识的积累；

（7）行业准入条件：某些行业受到一些政策保护与限制，需要进入资格条件；

（8）人力资源条件：是否有合适的专业人才。

以上资源创业者并不需要100%的具备，但至少应具备其中一些重要条件，其他条件可以通过市场化方式来获取。创业者如有足够的财力资源，其他资源欠缺也可以弥补；如果有足够的客户资源，其他资源的欠缺也容易改变。

（二）创业前要考虑全面

创业前要认真思考、反复评估，考虑成熟再行动。除了要有足够的资源准备外，心理准备最重要。以下几个方面的问题，值得认真思考。

（1）我为什么要创业？是否有足够的决心，愿意承担风险吗？过去的利益是否舍得放弃？

（2）我是否具备创业者应有的能力与素质，是否能承受挫折，是否具有综合全面的素质，还是有专项技术特长？

（3）我创业成功的核心资源优势是什么？我具备的条件是足够的资本？行业经验？客户资源？技术创新？商业运作能力？与即将面对的竞争对手相比是否有明显的优势？

（4）是否有足够的耐心与耐力度过创业期，估计通过多长时间走过创业瓶颈阶段，自己有多长时间的准备？

（5）创业最大的风险是什么，最坏的结果是什么，我是否能承受？不要只想到乐观的一方面，对风险一定要有充分的心理准备，否则，一旦碰到现实状况与想象不一样，便会造成信心动摇。

回答清楚以上问题之后，再决定是否创业也不迟。很多创业者的失败，都是与创业前心理准备不够，匆匆忙忙进行创业，最后失败得一塌糊涂，假如准备不足，条件不具备，晚一点创业也不迟。

（三）先有业务，再创业

进入该行业为别人打工，通过打工的经历来积累经验与资源。那么"学费"自然由别的老板给你付了。

很多人创业是迫于生存的压力，希望多赚点钱，过上较好的生活。因此，在创业之初，是无所谓事业的，创业选择极具盲目性，为创业而创业，在刚开始创业之前，进入什么行业，以什么为盈利模式，都是一片茫然。很多创业者，先将公司注册好了，再考虑业务范畴。

创业者在创业之前，一定要有明确的创业方向，再决定创业。假如，选择了某一个行业，创业前一定要积累一些该行业的经验，收集相关的资讯。如果有可能，可以先考虑进入该行业为别人打工，通过打工的经历来积累经验与资源。那么"学费"自然由别的老板给你付了，也就用不着自己创业时间交学费，行业知识、客户资源渠道和赢利模式都有了，再创业，成功就指日可待了。

（四）经营能力最重要

经营赚钱的能力是最重要的，只要有非常出色的经营能力，自然会找到投资者，很多投资家天天都在找好项目投资。

很多年轻人在创业时，过多强调资金因素影响力，其实不然，创业条件中资金虽然很重要，但最最重要的是创业者个人的经营能力，特别是业务能力。如果资金是根本因素，那好，我给你投资1 000万元，你经营什么？你有什么可以确保赚钱吗？我想，很多人恐怕都无法保证，也不知道投资干什么，所以资金因素不是唯一的。经营赚钱的能力是最重要的，只要有非常出色的经营能力，自然会找到投资者，很多投资家天天都在找好项目投资。

在创业初期，创业者个人的能力非常重要，事无巨细，都要自己亲自动手，创业不是一件很轻松的事情。在创业者的个人能力中，业务能力、开发客户能力及综合应变能力都非常重要。创业者其实很多时候就是一个业务经理，能够拿到订单什么都好办了。很多创业成功者，都是做业务出身。有了客户，有了订单，自然事情都变得容易了。

对于有志创业者而言，不断打造好自己的经营能力是至关重要的。从学做业务开始，当能力有了，创业机会自然很多。特别是今天，进入靠能力赚钱的时代，经营能力更是重中之重。

（五）内部创业更容易

在创业者中，有几种成功的类型，一是自己从零开始独立创业成功者；二是有技术与他人合作成功者；三是在企业内部创业成功者。我们认为第三种创业方式最容易成功。

一个创业者比较好的选择就是有计划与策略地进入一家成功公司，先取得老板的信任，再找准机会，建议老板从公司发展角度投资新项目，这样创业的机会就有了，作为项目的提出者，自然会被老板赋予重任。很多企业都会有发展新项目的需要，如果冒昧地找人投资，合作机会不会太多，关键是一个信任感的问题，萍水相逢，人家为什么要信任你？国内企业管理控制乏力，企业用人时，对忠诚度的在意，甚至超过对能力的重视。

在企业内部创业，有很多有利条件：雄厚资本实力的支持、管理的指导、综合资源的共享、业务资源的利用和品牌形象借助等，如果创业公司的业务与母体公司的业务有延续性或关联性，创业起来更容易成功。

拓展知识

一、国家促进高校毕业生就业政策问答（节选）

什么是基层就业？

基层就业是到城乡基层工作，国家近几年出台了一系列优惠政策，鼓励高校毕业生积极参加社会主义新农村建设和应征入伍。一般理解,"基层"既包括广大农村,也包括城市街道社区,即县级以下的党政机关、企事业单位、社会团体、非公有制组织和企业。

1. 什么是公益性岗位?什么是公益性岗位社会保险补贴?什么是公益性岗位补贴?

由政府出资开发,以满足社区及居民公共事业为目的的管理服务岗位。公益性岗位优先安排困难人员或特殊人群,并从就业专项资金中给予社会保险补贴和岗位补贴。

符合公益性岗位条件的用人单位招用就业困难和零就业家庭的高校毕业生并按规定为其缴纳社会保险费后,政府从当地财政再就业资金中给予用人单位资金补助。

街道(社区)或其他经批准的劳务派遣组织安排就业困难和零就业家庭的高校毕业生从事公益性岗位工作,并对聘用人员实行统一管理、统一发放工资、统一缴纳社会保险费,签订劳动合同,由当地财政对用人单位给予补贴。

2. 什么是大学生志愿服务西部计划?

大学生志愿服务西部计划是由共青团中央牵头,教育部、财政部、人力资源和社会保障部共同组织实施。计划从2003年起,每年招募一定数量的普通高等学校应届毕业生,到西部贫困县的乡镇从事为期1～3年的教育、卫生、农技、扶贫以及青年中心建设和管理等方面的志愿服务工作。

3. 公民应征入伍要满足哪些基本身体条件?应征入伍高校毕业生的年龄条件是什么?

应征入伍的公民要身心健康、体魄强健,需具备如下基本条件:

身高:男性162cm以上;女性160cm以上。

体重:男性不超过标准体重的+20%、-10%;女性不超过标准体重的±15%;标准体重=(身高-110)kg;个别体格条件较为优秀的应征男青年,体重可放宽至不超过标准体重的25%;不低于标准体重的15%。

视力:陆勤岗位视力标准,大学专科以上文化程度的青年入伍,右眼裸眼视力放宽至4.6;左眼视力放宽至4.5。

内科:乙型肝炎表面抗原呈阴性等。

高职(专科)毕业生当年年龄为18～23岁,本科及以上学历的可以放宽到当年年龄24岁。

毕业生应征入伍服义务兵,除享有优先报名应征、优先体验政审、优先审批定兵及其他优待安置政策外,还享受优先选拔使用、考学升学优惠、补偿学费或代偿国家助学贷款等优惠政策。

4. 什么是士官?与义务兵有什么区别?

我军现役士兵按兵役性质分为义务兵役制士兵和志愿兵役制士兵。义务兵役制士兵称为义务兵;志愿兵役制士兵称为士官。士官属于士兵军衔序列,但不同于义务兵役制士兵,是士兵中的骨干。义务兵实行供给制,发放津贴,士官实行工资制和定期增资制度。

5. 具有高等教育学历的士兵退役后,享受哪些升学、考学优惠政策?

(1)参加政法院校为基层公检法定向岗位招生时,优先录取;

(2)退役后三年内参加硕士研究生考试初试总分加10分;

(3)立二等功及以上的,退役后免试推荐入读硕士研究生;

(4)具有高职(专科)学历的,退役后免试入读成人本科或经过一定考核入读普通本科。

6. 应征入伍给予学费补偿和助学贷款代偿的内容是什么?高校毕业生应征入伍都可以享受学费补偿或助学贷款代偿政策吗?学费补偿和助学贷款代偿的标准是多少?

从2009年起,国家对应征入伍服义务兵役的高校毕业生在校期间缴纳的学费实行补偿,在校期间获得国家助学贷款的,学费补偿款必须首先用于偿还助学贷款本金及其全部偿还之前产生的利息。国家对服义务兵役的毕业生每学年补偿学费或代偿国家助学贷款本息的金额,最高不超过6 000元的金额实行补偿或代偿;高校毕业生在校学习期间每年实际缴纳的学费或获得的国家助学贷款本息低于6 000元的,按照学费和国家助学贷款本息两者就高的原则,实行补偿或代偿。

二、关于保险的相关知识

(一)什么是社会保险

社会保险是指国家通过立法,多渠道筹集资金,对劳动者在因年老、失业、患病、工伤、生育、减少或丧失劳动收入时给予经济补偿,使他们能够享有基本生活保障的一项生活保障制度。社会保险具有强制性、共济性和普遍性等特征,主要包括养老保险、失业保险、医疗保险、工伤保险和生育保险等项目,社会保险的对象主要是全体劳动者,目的是保障基本生活,具有补偿收入减少的性质。社会保险的资金来源主要是用人单位和劳动者,只有履行了缴费义务,才能获得相应的收入补偿权利。

(二) 什么是"五险一金"

"五险"即社会保障种类,包括养老保险、医疗保险、失业保险、工伤保险和生育保险五大险种;"一金"指住房公积金,其中,养老保险、医疗保险和失业保险是由企业为员工个人缴纳,企业与个人各承担一半;工伤保险和生育保险完全是由企业承担的,个人不需要缴纳。"五险"已经纳入法定范围,而"一金"不是法定的。

(1) 养老保险。养老保险是社会保障制度的重要组成部分,是社会保险五大险种中最重要的险种之一。养老保险制度是国家根据一定的法律和法规,为解决劳动者在达到国家规定的退休年龄或年老丧失劳动能力退出劳动岗位后的基本生活而建立的一种社会保险制度。

(2) 医疗保险。医疗保险是劳动者因患病需要治疗时,由政府向其提供必需医疗服务的一项社会福利制度。职工和用人单位按工资收入的不同比例,按月向社会保险机构缴纳费用。医疗保险实行社会统筹和个人账户相结合制度,其中缴纳费用的全部和用人单位缴费的一部分,记入职工个人账户,用于职工本人的一般医疗服务,其余基金作为社会统筹用于全体参保人员的特殊医疗服务。

(3) 失业保险。失业保险是指国家通过立法强制实行的,由社会集中建立基金,对因失业而暂时中断生活来源的劳动者提供物质帮助的制度。它是社会保障体系的重要组成部分,是社会保险的主要项目之一。

(4) 工伤保险。工伤保险是指劳动者在从事生产劳动或与之相关的工作时,发生意外伤害,包括事故伤残、职业病以及因这两种情况造成死亡时,劳动者或直系亲属从国家和社会获得物质帮助的一种社会保险制度。根据现行规定,工伤保险费由用人单位向社会保险机构缴纳,职工个人不需要缴纳。

(5) 生育保险。生育保险是指女职工在生育期间的收入补助和保障措施,生育保险是国家通过立法,在怀孕、分娩女职工暂时中断劳动时给予生活保障和物质帮助的一项社会政策,其宗旨在于通过向职业妇女提供生育津贴、医疗服务和产假等方面的待遇,帮助她们恢复劳动能力,重返工作岗位,从而体现国家和社会对妇女在这一特殊时期给予的支持和爱护。

(6) 住房公积金。住房公积金是指国家机关、企事业单位及其在职职工缴存的专项用于住房消费支出的长期住房储蓄金,住房公积金包括五个方面的含义:

①住房公积金只在城镇建立,农村不建立住房公积金制度。

②只有在职职工才建立住房公积金制度。无工作的城镇居民不实行住房公积金制度。离、退休职工也不实行住房公积金制度。

③住房公积金由两部分组成，一部分由职工所在单位缴存，另一部分由职工个人缴存，职工个人缴存部分由单位代扣后连同单位缴存部分一并缴存到职工住房公积金个人账户。

④住房公积金缴存的长期性。住房公积金制度一经建立，职工终止期间必须不间断地按规定缴存，除职工离、退休或发生《住房公积金管理条例》规定的其他情形外，不得终止和中断，这体现了住房公积金的稳定性、统一性、规范性和强制性。

⑤住房公积金是职工按规定存储起来的专项用于住房消费支出的个人住房储金，具有两个特征，一是积累性，即住房公积金虽然是职工工资的组成部分，但不以现金形式发放，并且必须存入住房公积金管理中心再受委托银行开设专户内，实行专项管理；二是专用性，住房公积金实行专款专用，存储期间只能按规定的给予构建、大修自住住房或缴纳房租，职工只有在离退休、死亡、完全丧失劳动能力并与单位终止劳动关系或户口迁出原居住城市时，才可提取本人账户内的住房公积金。

项目训练

创业体验活动

创业教育是指进行创办企业所需要的创业意识、创业精神、创业知识、创业能力及其相应实践活动的教育，下面就从活动中讲解创业教育的相关内容。

活动一：展示你的想象

画出你心目中"老板和打工者"的形象，也可以反映一个人观察和思考问题的方式方法。

1. 将班级分成若干组，每组发一张白纸，请每组同学充分讨论，形成统一的意见，然后分别画出你们心目中的"老板与打工者"，全体成员签字，以备记入成绩（本组同学要有团队协作意识、集思广益、创造性的发散思考才能在规定时间内，高质量地完成作品，充分反映创业创新品质）。

2. 10分钟后将各组作品展示，并由各组代表讲解作品的创意，老师与每组出3人进行评分，最后评出成绩（语言表达，逻辑思维，对团队其他成员信息的接受、转化和应用，对现场质疑风险的化解，与其他团队的竞争等，此是创业者必备的能力）。

活动二：请写出解决生活中一些不便或难题的创意，如果这个创意有价值，它很可能是你或他人今后创业的领域或方向。

1. 将班级分成若干组，每组发一张白纸，请每组同学充分讨论，形成统一的意见，然后分别简写团队创意的目的、内容和针对的群体等，并为创意写一句广告语或标题。最后小组成员全体签名，以备记入成绩（只有善于发现、好捕捉信息、相互配合、集思广益、创造性地发散思考，才能在规定时间内，高质量地完成作品，这正是创新创业的品质要求）。

2. 20分钟后将各组作品展示，并由各组代表讲解作品的创意，老师与每组出3人进行评分，最后评出成绩（每组要接受其他团队代表及教师的质疑答辩。因为创业不仅需要勇气，更需要智慧，要有构想、目标、资源和风险意识等，这些都是决定你能否成功创业的重要因素）。

讨 论

向同学们说明，所受到的限制不仅存在于外界，更重要的在于他们自身。

形式：小组讨论

时间：15分钟以内

操作程序：

科学家做过一个实验，把一条梭子鱼放进一个有许多小鱼的水池里，任何时候梭子鱼饿了，只要张张嘴，把小鱼吞进去就行了。过了一段时间，科学家用一个玻璃瓶罩住了梭子鱼。开始时，小鱼在瓶子外面游来游去，梭子鱼就迎上去，但每次都撞在了瓶壁上。慢慢地，梭子鱼的冲撞越来越少，最后，它完全绝望了，放弃了捕食小鱼的所有努力。这时，科学家取走了套住它的瓶子，备受打击的梭子鱼沉到了池底，一动也不动了。无论有多少小鱼在它的身边甚至嘴边游来游去，它都不会再张嘴。最后，这条可怜的梭子鱼就这么活活饿死了。

将成员分成若干小组，每组4人，让每组选择一个问题回答。

相关讨论题目，学生发言：

（1）能否与大家分享一些你所知道的"梭子鱼综合征"的例子。

（2）我们怎样才能帮助别人或自己从"梭子鱼综合征"中解脱出来？

1. 设计一个小型创业项目。

2. 执行一个创业项目。

[1] 韦进. 适应与超越之间：大学生创业教育 [J]. 中国高教研究，2004（4）.
[2] 中国大学生创业网.
[3] 陶莉. 创业企业组织设计和人力资源管理 [M]. 北京：清华大学出版社，2005.

附录 1
中华人民共和国劳动合同法

第一章 总 则

第一条 为了贯彻实施《中华人民共和国劳动合同法》（以下简称劳动合同法），制订本条例。

第二条 各级人民政府和县级以上人民政府劳动行政等有关部门以及工会等组织，应当采取措施，推动劳动合同法的贯彻实施，促进劳动关系的和谐。

第三条 依法成立的会计师事务所、律师事务所等合伙组织和基金会，属于劳动合同法规定的用人单位。

第二章 劳动合同的订立

第四条 劳动合同法规定的用人单位设立的分支机构，依法取得营业执照或者登记证书的，可以作为用人单位与劳动者订立劳动合同；未依法取得营业执照或者登记证书的，受用人单位委托可以与劳动者订立劳动合同。

第五条 自用工之日起一个月内，经用人单位书面通知后，劳动者不与用人单位订立书面劳动合同的，用人单位应当书面通知劳动者终止劳动关系，无须向劳动者支付经济补偿，但是应当依法向劳动者支付其实际工作时间的劳动报酬。

第六条 用人单位自用工之日起超过一个月不满一年未与劳动者订立书面劳动合同的，应当依照劳动合同法第八十二条的规定向劳动者每月支付两倍的工资，并与劳动者补订书面劳动合同；劳动者不与用人单位订立书面劳动合同的，用人单位应当书面通知劳动者终止劳动关系，并依照劳动合同法第四十七条的规定支付经济补偿。

前款规定的用人单位向劳动者每月支付两倍工资的起算时间为用工之日起满一

个月的次日，截止时间为补订书面劳动合同的前一日。

第七条 用人单位自用工之日起满一年未与劳动者订立书面劳动合同的，自用工之日起满一个月的次日至满一年的前一日应当依照劳动合同法第八十二条的规定向劳动者每月支付两倍的工资，并视为自用工之日起满一年的当日已经与劳动者订立无固定期限劳动合同，应当立即与劳动者补订书面劳动合同。

第八条 劳动合同法第七条规定的职工名册，应当包括劳动者姓名、性别、公民身份号码、户籍地址及现住址、联系方式、用工形式、用工起始时间、劳动合同期限等内容。

第九条 劳动合同法第十四条第二款规定的连续工作满10年的起始时间，应当自用人单位用工之日起计算，包括劳动合同法施行前的工作年限。

第十条 劳动者非因本人原因从原用人单位被安排到新用人单位工作的，劳动者在原用人单位的工作年限合并计算为新用人单位的工作年限。原用人单位已经向劳动者支付经济补偿的，新用人单位在依法解除、终止劳动合同计算支付经济补偿的工作年限时，不再计算劳动者在原用人单位的工作年限。

第十一条 除劳动者与用人单位协商一致的情形外，劳动者依照劳动合同法第十四条第二款的规定，提出订立无固定期限劳动合同的，用人单位应当与其订立无固定期限劳动合同。对劳动合同的内容，双方应当按照合法、公平、平等自愿、协商一致、诚实信用的原则协商确定；对协商不一致的内容，依照劳动合同法第十八条的规定执行。

第十二条 地方各级人民政府及县级以上地方人民政府有关部门为安置就业困难人员提供的给予岗位补贴和社会保险补贴的公益性岗位，其劳动合同不适用劳动合同法有关无固定期限劳动合同的规定以及支付经济补偿的规定。

第十三条 用人单位与劳动者不得在劳动合同法第四十四条规定的劳动合同终止情形之外约定其他的劳动合同终止条件。

第十四条 劳动合同履行地与用人单位注册地不一致的，有关劳动者的最低工资标准、劳动保护、劳动条件、职业危害防护和本地区上年度职工月平均工资标准等事项，按照劳动合同履行地的有关规定执行；用人单位注册地的有关标准高于劳动合同履行地的有关标准，且用人单位与劳动者约定按照用人单位注册地的有关规定执行的，从其约定。

第十五条 劳动者在试用期的工资不得低于本单位相同岗位最低档工资的80％

或者不得低于劳动合同约定工资的 80%，并不得低于用人单位所在地的最低工资标准。

第十六条 劳动合同法第二十二条第二款规定的培训费用，包括用人单位为了对劳动者进行专业技术培训而支付的有凭证的培训费用、培训期间的差旅费用以及因培训产生的用于该劳动者的其他直接费用。

第十七条 劳动合同期满，但是用人单位与劳动者依照劳动合同法第二十二条的规定约定的服务期尚未到期的，劳动合同应当续延至服务期满；双方另有约定的，从其约定。

第三章　劳动合同的解除和终止

第十八条 有下列情形之一的，依照劳动合同法规定的条件、程序，劳动者可以与用人单位解除固定期限劳动合同、无固定期限劳动合同或者以完成一定工作任务为期限的劳动合同：

（一）劳动者与用人单位协商一致的；

（二）劳动者提前 30 日以书面形式通知用人单位的；

（三）劳动者在试用期内提前 3 日通知用人单位的；

（四）用人单位未按照劳动合同约定提供劳动保护或者劳动条件的；

（五）用人单位未及时足额支付劳动报酬的；

（六）用人单位未依法为劳动者缴纳社会保险费的；

（七）用人单位的规章制度违反法律、法规的规定，损害劳动者权益的；

（八）用人单位以欺诈、胁迫的手段或者乘人之危，使劳动者在违背真实意思的情况下订立或者变更劳动合同的；

（九）用人单位在劳动合同中免除自己的法定责任、排除劳动者权利的；

（十）用人单位违反法律、行政法规强制性规定的；

（十一）用人单位以暴力、威胁或者非法限制人身自由的手段强迫劳动者劳动的；

（十二）用人单位违章指挥、强令冒险作业危及劳动者人身安全的；

（十三）法律、行政法规规定劳动者可以解除劳动合同的其他情形。

第十九条 有下列情形之一的，依照劳动合同法规定的条件、程序，用人单位可以与劳动者解除固定期限劳动合同、无固定期限劳动合同或者以完成一定工作任务为期限的劳动合同：

（一）用人单位与劳动者协商一致的；

（二）劳动者在试用期间被证明不符合录用条件的；

（三）劳动者严重违反用人单位的规章制度的；

（四）劳动者严重失职，营私舞弊，给用人单位造成重大损害的；

（五）劳动者同时与其他用人单位建立劳动关系，对完成本单位的工作任务造成严重影响，或者经用人单位提出，拒不改正的；

（六）劳动者以欺诈、胁迫的手段或者乘人之危，使用人单位在违背真实意思的情况下订立或者变更劳动合同的；

（七）劳动者被依法追究刑事责任的；

（八）劳动者患病或者非因工负伤，在规定的医疗期满后不能从事原工作，也不能从事由用人单位另行安排的工作的；

（九）劳动者不能胜任工作，经过培训或者调整工作岗位，仍不能胜任工作的；

（十）劳动合同订立时所依据的客观情况发生重大变化，致使劳动合同无法履行，经用人单位与劳动者协商，未能就变更劳动合同内容达成协议的；

（十一）用人单位依照企业破产法规定进行重整的；

（十二）用人单位生产经营发生严重困难的；

（十三）企业转产、重大技术革新或者经营方式调整，经变更劳动合同后，仍需裁减人员的；

（十四）其他因劳动合同订立时所依据的客观经济情况发生重大变化，致使劳动合同无法履行的。

第二十条　用人单位依照劳动合同法第四十条的规定，选择额外支付劳动者一个月工资解除劳动合同的，其额外支付的工资应当按照该劳动者上一个月的工资标准确定。

第二十一条　劳动者达到法定退休年龄的，劳动合同终止。

第二十二条　以完成一定工作任务为期限的劳动合同因任务完成而终止的，用人单位应当依照劳动合同法第四十七条的规定向劳动者支付经济补偿。

第二十三条　用人单位依法终止工伤职工的劳动合同的，除依照劳动合同法第四十七条的规定支付经济补偿外，还应当依照国家有关工伤保险的规定支付一次性工伤医疗补助金和伤残就业补助金。

第二十四条 用人单位出具的解除、终止劳动合同的证明,应当写明劳动合同期限、解除或者终止劳动合同的日期、工作岗位、在本单位的工作年限。

第二十五条 用人单位违反劳动合同法的规定解除或者终止劳动合同,依照劳动合同法第八十七条的规定支付了赔偿金的,不再支付经济补偿。赔偿金的计算年限自用工之日起计算。

第二十六条 用人单位与劳动者约定了服务期,劳动者依照劳动合同法第三十八条的规定解除劳动合同的,不属于违反服务期的约定,用人单位不得要求劳动者支付违约金。

有下列情形之一,用人单位与劳动者解除约定服务期的劳动合同的,劳动者应当按照劳动合同的约定向用人单位支付违约金:

(一)劳动者严重违反用人单位的规章制度的;

(二)劳动者严重失职,营私舞弊,给用人单位造成重大损害的;

(三)劳动者同时与其他用人单位建立劳动关系,对完成本单位的工作任务造成严重影响,或者经用人单位提出,拒不改正的;

(四)劳动者以欺诈、胁迫的手段或者乘人之危,使用人单位在违背真实意思的情况下订立或者变更劳动合同的;

(五)劳动者被依法追究刑事责任的。

第二十七条 劳动合同法第四十七条规定的经济补偿的月工资按照劳动者应得工资计算,包括计时工资或者计件工资以及奖金、津贴和补贴等货币性收入。劳动者在劳动合同解除或者终止前12个月的平均工资低于当地最低工资标准的,按照当地最低工资标准计算。劳动者工作不满12个月的,按照实际工作的月数计算平均工资。

第四章 劳务派遣特别规定

第二十八条 用人单位或者其所属单位出资或者合伙设立的劳务派遣单位,向本单位或者所属单位派遣劳动者的,属于劳动合同法第六十七条规定的不得设立的劳务派遣单位。

第二十九条 用工单位应当履行劳动合同法第六十二条规定的义务,维护被派遣劳动者的合法权益。

第三十条 劳务派遣单位不得以非全日制用工形式招用被派遣劳动者。

第三十一条 劳务派遣单位或者被派遣劳动者依法解除、终止劳动合同的经济补偿，依照劳动合同法第四十六条、第四十七条的规定执行。

第三十二条 劳务派遣单位违法解除或者终止被派遣劳动者的劳动合同的，依照劳动合同法第四十八条的规定执行。

第五章 法律责任

第三十三条 用人单位违反劳动合同法有关建立职工名册规定的，由劳动行政部门责令限期改正；逾期不改正的，由劳动行政部门处2000元以上2万元以下的罚款。

第三十四条 用人单位依照劳动合同法的规定应当向劳动者每月支付两倍的工资或者应当向劳动者支付赔偿金而未支付的，劳动行政部门应当责令用人单位支付。

第三十五条 用工单位违反劳动合同法和本条例有关劳务派遣规定的，由劳动行政部门和其他有关主管部门责令改正；情节严重的，以每位被派遣劳动者1000元以上5000元以下的标准处以罚款；给被派遣劳动者造成损害的，劳务派遣单位和用工单位承担连带赔偿责任。

附录 2
中华人民共和国劳动法

第一章 总 则

第一条 为了保护劳动者的合法权益，调整劳动关系，建立和维护适应社会主义市场经济的劳动制度，促进经济发展和社会进步，根据宪法，制订本法。

第二条 在中华人民共和国境内的企业、个体经济组织（以下统称用人单位）和与之形成劳动关系的劳动者，适用本法。

第三条 劳动者享有平等就业和选择职业的权利、取得劳动报酬的权利、休息休假的权利、获得劳动安全卫生保护的权利、接受职业技能培训的权利、享受社会保险和福利的权利、提请劳动争议处理的权利以及法律规定的其他劳动权利。

劳动者应当完成劳动任务，提高职业技能，执行劳动安全卫生规程，遵守劳动纪律和职业道德。

第四条 用人单位应当依法建立和完善规章制度，保障劳动者享有劳动权利和履行劳动义务。

第五条 国家采取各种措施，促进劳动就业，发展职业教育，制订劳动标准，调节社会收入，完善社会保险，协调劳动关系，逐步提高劳动者的生活水平。

第六条 国家提倡劳动者参加社会主义义务劳动，开展劳动竞赛和合理化建议活动，鼓励和保护劳动者进行科学研究、技术革新和发明创造，表彰和奖励劳动模范和先进工作者。

第七条 劳动者有权依法参加和组织工会。

工会代表和维护劳动者的合法权益，依法独立自主地开展活动。

第八条 劳动者依照法律规定，通过职工大会、职工代表大会或者其他形式，参与民主管理或者就保护劳动合法权益与用人单位进行平等协商。

第九条 国务院劳动行政部门主管全国劳动工作。

县级以上地方人民政府劳动行政部门主管本行政区域内的劳动工作。

第二章 促进就业

第十条 国家通过促进经济和社会发展，创造就业条件，扩大就业机会。

国家鼓励企业、事业组织、社会团体在法律、行政法规规定的范围内兴办产业或者拓展经营，增加就业。

国家支持劳动者自愿组织起来就业和从事个体经营实现就业。

第十一条 地方各级人民政府应当采取措施，发展多种类型的职业介绍机构，提供就业服务。

第十二条 劳动者就业，不因民族、种族、性别、宗教信仰不同而受歧视。

第十三条 妇女享有与男子平等的就业权利。在录用职工时，除国家规定的不适合妇女的工种或者岗位外，不得以性别为由拒绝录用妇女或者提高对妇女的录用标准。

第十四条 残疾人、少数民族人员、退出现役的军人的就业，法律、法规有特别规定的，从其规定。

第十五条 禁止用人单位招用未满16岁的未成年人，必须依照国家有关规定，履行审批手续，并保障其接受义务教育的权利。

第三章 劳动合同和集体合同

第十六条 劳动合同是劳动者与用人单位确立劳动关系、明确双方权利和义务的协议。

建立劳动关系应当订立劳动合同。

第十七条 订立和变更劳动合同，应当遵循平等自愿、协商一致的原则，不得违反法律、行政法规的规定。

劳动合同依法订立即具有法律约束力，当事人必须履行劳动合同规定的义务。

第十八条 下列劳动合同无效：

（一）违反法律、行政法规的劳动合同；

（二）采取欺诈、威胁等手段订立的劳动合同。

无效的劳动合同，从订立的时候起，就没有法律约束力。确认劳动合同部分无效的，如果不影响其余部分的效力，其余部分仍然有效。

劳动合同的无效，由劳动争议仲裁委员会或者人民法院确认。

第十九条 劳动合同应当以书面形式订立，并具备以下条款：

（一）劳动合同期限；

（二）工作内容；

（三）劳动保护和劳动条件；

（四）劳动报酬；

（五）劳动纪律；

（六）劳动合同终止的条件；

（七）违反劳动合同的责任。

劳动合同除前款规定的必备条款外，当事人可以协商约定其他内容。

第二十条 劳动合同的期限分为有固定期限、无固定期限和以完成一定的工作为期限。

劳动者在同一用人单位连续工作满10年以上，当事人双方同意续延劳动合同的，如果劳动者提出订立无固定限期的劳动合同，应当订立无固定限期的劳动合同。

第二十一条 劳动合同可以约定试用期。试用期最长不得超过6个月。

第二十二条 劳动合同当事人可以在劳动合同中约定保守用人单位商业秘密的有关事项。

第二十三条 劳动合同期满或者当事人约定的劳动合同终止条件出现，劳动合同即行终止。

第二十四条 经劳动合同当事人协商一致，劳动合同可以解除。

第二十五条 劳动者有下列情形之一的，用人单位可以解除劳动合同：

（一）在试用期间被证明不符合录用条件的；

（二）严重违反劳动纪律或者用人单位规章制度的；

（三）严重失职、营私舞弊，对用人单位利益造成重大损害的；

（四）被依法追究刑事责任的。

第二十六条 有下列情形之一的，用人单位可以解除劳动合同，但是应当提前30日以书面形式通知劳动者本人：

（一）劳动者患病或者非因工负伤，医疗期满后，不能从事原工作也不能从事由用人单位另行安排的工作的；

（二）劳动者不能胜任工作，经过培训或者调整工作岗位，仍不能胜任工作的；

（三）劳动合同订立时所依据的客观情况发生重大变化，致使原劳动合同无法履行，经当事人协商不能就变更劳动合同达成协议的。

第二十七条　用人单位濒临破产进行法定整顿期间或者生产经营状况发生严重困难，确需裁减人员的，应当提前30日向工会或者全体员工说明情况，听取工会或者职工的意见，经向劳动行政部门报告后，可以裁减人员。

用人单位依据本条规定裁减人员，在6个月内录用人员的，应当优先录用被裁减人员。

第二十八条　用人单位依据本法第二十四条、第二十六条、第二十七条的规定解除劳动合同的，应当依照国家有关规定给予经济补偿。

第二十九条　劳动者有下列情形之一的，用人单位不得依据本法第二十六条、第二十七条的规定解除劳动合同：

（一）患职业病或者因工负伤并被确认丧失或者部分丧失劳动能力的；

（二）患病或者负伤，在规定的医疗期内的；

（三）女职工在孕期、产期、哺乳期的；

（四）法律、行政法规规定的其他情形。

第三十条　用人单位解除劳动合同，工会认为不适当的，有权提出意见。如果用人单位违反法律、法规或者劳动合同，工会有权要求重新处理；劳动者申请仲裁或者提起诉讼的，工会应当依法给予支持和帮助。

第三十一条　劳动者解除劳动合同，应当提前三十日以书面形式通知用人单位。

第三十二条　有下列情形之一的，劳动者可以随时通知用人单位解除劳动合同：

（一）在试用期内的；

（二）用人单位以暴力、威胁或者非法限制人身自由的手段强迫劳动的；

（三）用人单位未按照劳动合同约定支付劳动报酬或者提供劳动条件的。

第三十三条　企业职工一方与企业可以就劳动报酬、工作时间、休息休假、劳动安全卫生、保险福利等事项，签订集体合同。集体合同草案应当提交职工代表大会或者全体职工讨论通过。

集体合同由工会代表职工与企业签订；没有建立工会的企业，又职工推举的代表与企业签订。

第三十四条　集体合同签订后应当报送劳动行政部门；劳动行政部门自收到集

体合同文本之日起 15 日内未提出异议的，集体合同即行生效。

第三十五条　依法签订的集体合同对企业和企业全体职工具有约束力。职工个人与企业订立的劳动合同中劳动条件和劳动报酬等标准不得低于集体合同的规定。

第四章　工作时间和休息休假

第三十六条　国家实行劳动者每日工作时间不超过 8 小时、平均每周工作时间不超过 44 小时的工时制度。

第三十七条　对实行计件工作的劳动者，用人单位应当根据本法第三十六条规定的工时制度合理确定其劳动定额和计件报酬标准。

第三十八条　用人单位应当保证劳动者每周至少休息 1 日。

第三十九条　企业应生产特点不能实行本法第三十六条、第三十八条规定的，经劳动行政部门批准，可以实行其他工作和休息办法。

第四十条　用人单位在下列节日期间应当依法安排劳动者休假：

（一）元旦；

（二）春节；

（三）国际劳动节；

（四）国庆节；

（五）法律、法规规定的其他休假节日。

第四十一条　用人单位由于生产经营需要，经与工会和劳动者协商后可以延长工作时间，一般每日不得超过 1 小时；因特殊原因需要延长工作时间的在保障劳动者身体健康的条件下延长工作时间每日不得超过 3 小时，但是每月不得超过 36 小时。

第四十二条　有下列情形之一的，延长工作时间不受本法第四十一条规定的限制：

（一）发生自然灾害、事故或者因其他原因，威胁劳动者生命健康和财产安全，需要紧急处理的；

（二）生产设备、交通运输线路、公共设施发生故障，影响生产和公众利益，必须及时抢修的；

（三）法律、行政法规规定的其他情形。

第四十三条　用人单位不得违反本法规定延长劳动者的工作时间。

第四十四条 有下列情形之一的,用人单位应当按照下列标准支付高于劳动者正常工作时间工资的工资报酬:

(一)安排劳动者延长时间的,支付不低于工资的百分之一百五十的工资报酬;

(二)休息日安排劳动者工作又不能安排补休的,支付不低于工资的百分之二百的工资报酬;

(三)法定休假日安排劳动者工作的,支付不低于工资的百分之三百的工资报酬。

第四十五条 国家实行带薪年休假制度。

劳动者连续工作1年以上的,享受带薪年休假。具体办法由国务院规定。

第五章 工 资

第四十六条 工资分配应当遵循按劳分配原则,实行同工同酬。
工资水平在经济发展的基础上逐步提高。国家对工资总量实行宏观调控。

第四十七条 用人单位根据本单位的生产经营特点和经济效益,依法自主确定本单位的工资分配方式和工资水平。

第四十八条 国家实行最低工资保障制度。最低工资的具体标准由省、自治区、直辖市人民政府规定,报国务院备案。

第四十九条 确定和调整最低工资标准应当综合参考下列因素:

(一)劳动者本人及平均赡养人口的最低生活费用;

(二)社会平均工资水平;

(三)劳动生产率;

(四)就业状况;

(五)地区之间经济发展水平的差异。

第五十条 工资应当以货币形式按月支付给劳动者本人。不得克扣或者无故拖欠劳动者的工资。

第五十一条 劳动者在法定休假日和婚丧假期间以及依法参加社会活动期间,用人单位应当依法支付工资。

第六章 劳动安全卫生

第五十二条 用人单位必须建立、健全劳动卫生制度,严格执行国家劳动安全卫生规程和标准，对劳动者进行劳动安全卫生教育，防止劳动过程中的事故，减少职业危害。

第五十三条　劳动安全卫生设施必须符合国家规定的标准。

新建、改建、扩建工程的劳动安全卫生设施必须与主题同时设计、同时施工、同时投入生产和使用。

第五十四条　用人单位必须为劳动者提供符合国家规定的劳动安全卫生条件和必要的劳动防护用品，对从事有职业危害作业的劳动者应当定期进行健康检查。

第五十五条　从事特种作业的劳动者必须经过专门培训并取得特种作业资格。

第五十六条　劳动者在劳动过程中必须严格遵守安全操作规程。

劳动者对用人单位管理人员违章指挥、强令冒险作业，有权拒绝执行；对危害生命安全和身体健康的行为，有权提出批评、检举和控告。

第五十七条　国家建立伤亡和职业病统计报告和处理制度。县级以上各级人民政府劳动行政部门、有关部门和用人单位应当依法对劳动者在劳动过程中发生的伤亡事故和劳动者的职业病状况，进行统计、报告和处理。

第七章　女职工和未成年工特殊保护

第五十八条　国家对女职工和未成年工实行特殊劳动保护。

未成年工是指年满16周岁未满18周岁的劳动者。

第五十九条　禁止安排女职工从事矿山井下、国家规定的第四级体力劳动强度的劳动和其他禁忌从事的劳动。

第六十条　不得安排女职工在经期从事高处、低温、冷水作业和国家规定的第三级体力劳动强度的劳动。

第六十一条　不得安排女职工在怀孕期间从事国家国家规定的第三级体力劳动强度的劳动和孕期禁忌从事的劳动。对怀孕7个月以上的女职工，不得安排其延长工作时间和夜班劳动。

第六十二条　女职工生育享受不少于90天的产假。

第六十三条　不得安排女职工在哺乳未满1周岁的婴儿期间从事国家规定的第三级体力劳动强度的劳动和哺乳期禁忌从事的其他劳动，不得安排其延长工作时间和夜班劳动。

第六十四条　不得安排未成年工从事矿山井下、有毒有害、国家规定的第四级体力劳动强度的劳动和其他禁忌从事的劳动。

第六十五条 用人单位应当对未成年工定期进行健康检查。

第八章 职业培训

第六十六条 国家通过各种途径，采取各种措施，发展职业培训事业，开发劳动者的职业技能，提高劳动者素质，增强劳动者的就业能力和工作能力。

第六十七条 各级人民政府应当把发展职业培训纳入社会经济发展的规划，鼓励和支持有条件的企业、事业组织、社会团体和个人进行各种形式的职业培训。

第六十八条 用人单位应当建立职业培训制度，按照国家规定提取和使用职业培训经费，根据本单位实际，有计划地对劳动者进行职业培训。

从事技术工种的劳动者，上岗前必须经过培训。

第六十九条 国家确定职业分类，对规定的职业制度职业技能标准，实行职业资格证书制度，由经过政府批准的考核鉴定机构负责对劳动者实施职业技能考核鉴定。

第九章 社会保险和福利

第七十条 国家发展社会保险，建立社会保险制度，设立社会保险基金，使劳动者在年老、患病、工伤、失业、生育等情况下获得帮助和补偿。

第七十一条 社会保险水平应当与社会经济发展水平和社会承受能力相适应。

第七十二条 社会保险基金按照保险类型确定资金来源，逐步实行社会统筹。用人单位和劳动者必须依法参加社会保险，缴纳社会保险费。

第七十三条 劳动者在下列情形下，依法享受社会保险待遇：

（一）退休；

（二）患病；

（三）因工伤残或者患职业病；

（四）失业；

（五）生育。

劳动者死亡后，其遗属依法享受遗属津贴。

劳动者享受社会保险待遇的条件和标准由法律、法规规定。

劳动者享受的社会保险金必须按时足额支付。

第七十四条　社会保险基金经办机构依照法律规定收支、管理和运营社会保险基金，并负有使社会保险基金保值增值的责任。

社会保险基金监督机构依照法律规定，对社会保险基金的收支、管理和运营实施监督。

社会保险基金经办机构和社会保险基金监督机构的设立和职能由法律规定。

任何组织和个人不得挪用社会保险基金。

第七十五条　国家鼓励用人单位根据本单位实际情况为劳动者建立补充保险。

国家提倡劳动者个人进行储蓄性保险。

第七十六条　国家发展社会福利事业，兴建公共福利设施，为劳动者休息、休养和疗养提供条件。

用人单位应当创造条件，改善集体福利，提高劳动者的福利待遇。

第十章　劳动争议

第七十七条　用人单位与劳动者发生劳动争议，当事人可以依法申请调解、仲裁、提起诉讼，也可以协商解决。

调解原则适用于仲裁和诉讼程序。

第七十八条　解决劳动争议，应当根据合法、公正、及时处理的原则，依法维护劳动争议当事人的合法权益。

第七十九条　劳动争议发生后，当事人可以向本单位劳动争议调解委员会申请调解；调解不成，当事人一方要求仲裁的，可以向劳动争议仲裁委员会申请仲裁。当事人一方也可以直接向劳动争议仲裁委员会申请仲裁。对仲裁裁决不服的，可以向人民法院提出诉讼。

第八十条　在用人单位内，可以设立劳动争议调解委员会。劳动争议调解委员会由职工代表、用人单位代表和工会代表组成。劳动争议调解委员会主任又工会代表担任。

劳动争议经调解达成协议的，当事人应当履行。

第八十一条　劳动争议仲裁委员会由劳动行政部门代表、同级工会代表、用人单位代表方面的代表组成。劳动争议仲裁委员会主任由劳动行政部门代表担任。

第八十二条　提出仲裁要求的一方应当自劳动争议发生之日起60日内向劳动争议仲裁委员会提出书面申请。仲裁裁决一般应在收到仲裁申请的60日内作出。对仲裁裁决无异议的，当事人必须履行。

第八十三条 劳动争议当事人对仲裁裁决不服的，可以自收到仲裁裁决书之日起 15 日内向人民法院提起诉讼。一方当事人在法定期限内不起诉又不履行仲裁裁决的，另一方当事人可以申请强制执行。

第八十四条 因签订集体合同发生争议，当事人协商解决不成的，当地人民政府劳动行政部门可以组织有关各方协调处理。

因履行集体合同发生争议，当事人协商解决不成的，可以向劳动争议仲裁委员会申请仲裁；对仲裁裁决不服的，可以自收到仲裁裁决书之日起 15 日内向人民法院提出诉讼。

第十一章 监督检查

第八十五条 县级以上各级人民政府劳动行政部门依法对用人单位遵守劳动法律、法规的情况进行监督检查，对违反劳动法律、法规的行为有权制止，并责令改正。

第八十六条 县级以上各级人民政府劳动行政部门监督检查人员执行公务，有权进入用人单位了解执行劳动法律、法规的情况，查阅必要的资料，并对劳动场所进行检查。

县级以上各级人民政府劳动行政部门监督检查人员执行公务，必须出示证件，秉公执法并遵守有关规定。

第八十七条 县级以上各级人民政府有关部门在各自职责范围内，对用人单位遵守劳动法律、法规的情况进行监督。

第八十八条 各级工会依法维护劳动者的合法权益，对用人单位遵守劳动法律、法规的情况进行监督。

任何组织和个人对于违反劳动法律、法规的行为有权检举和控告。

第十二章 法律责任

第八十九条 用人单位制订的劳动规章制度违反法律、法规规定的，由劳动行政部门给予警告，责令改正；对劳动者造成损害的，应当承担赔偿责任。

第九十条 用人单位违反本法律规定，延长劳动者工作时间的，由劳动行政部门给予警告，责令改正，并可以处以罚款。

第九十一条　用人单位有下列侵害劳动者合法权益情形之一的,由劳动行政部门责令支付劳动者的工资报酬、经济补偿,并可以责令支付赔偿金:

（一）克扣或者无故拖欠劳动者工资的;

（二）拒不支付劳动者延长工作时间工资报酬的;

（三）低于当地最低工资标准支付劳动者工资的;

（四）解除劳动合同后,未依照本法规定给予劳动者经济补偿的。

第九十二条　用人单位的劳动安全设施和劳动卫生条件不符合国家规定或者未向劳动者提供必要的劳动防护用品和劳动保护设施的,由劳动行政部门或者有关部门责令改正,可以处以罚款;情节严重的,提请县级以上人民政府决定责令停产整顿;对事故隐患不采取措施,致使发生重大事故,造成劳动者生命和财产损失的,对责任人员比照刑法第一百八十七条的规定追究刑事责任。

第九十三条　用人单位强令劳动者违章冒险作业,发生重大伤亡事故,造成严重后果的,对责任人员依法追究刑事责任。

第九十四条　用人单位非法招用未满16周岁的未成年人的,由劳动行政部门责令改正,处以罚款;情节严重的,由工商行政管理部门吊销营业执照。

第九十五条　用人单位违反本法对女职工和未成年工的保护规定,侵害其合法权益的,由劳动行政部门责令改正,处以罚款;对女职工或者未成年工造成损害的,应当承担赔偿责任。

第九十六条　用人单位有下列行为之一,由公安机关对责任人员处以15日以下拘留、罚款或者警告;构成犯罪的,对责任人员依法追究刑事责任:

（一）以暴力、威胁或者非法限制人身自由的手段强迫劳动的;

（二）侮辱、体罚、殴打、非法搜查和拘禁劳动者的。

第九十七条　由于用人单位的原因订立的无效合同,对劳动者造成损害的,应当承担赔偿责任。

第九十八条　用人单位违反本法规定的条件解除劳动合同或者故意拖延不订立劳动合同的,由劳动行政部门责令改正;对劳动者造成损害的,应当承担赔偿责任。

第九十九条　用人单位招用尚未解除劳动合同的劳动者,对原用人单位造成经济损失的,该用人单位应当依法承担连带赔偿责任。

第一百条　用人单位无故不缴纳社会保险费的,由劳动行政部门责令其限期缴纳;逾期不缴的,可以加收滞纳金。

第一百零一条 用人单位无理阻挠劳动行政部门、有关部门及其工作人员行使监督检查权，打击报复举报人员的，由劳动行政部门或者有关部门处以罚款；构成犯罪的，对责任人员依法追究刑事责任。

第一百零二条 劳动者违反本法规定的条件解除劳动合同或者违反劳动合同中约定的保密事项，对用人单位造成经济损失的，应当依法承担赔偿责任。

第一百零三条 劳动行政部门或者有关部门的工作人员滥用职权、玩忽职守、徇私舞弊，构成犯罪的，依法追究刑事责任；不构成犯罪的，给予行政处分。

第一百零四条 国家工作人员和社会保险基金经办机构的工作人员挪用社会保险基金，构成犯罪的，依法追究刑事责任。

第一百零五条 违反本法规定侵害劳动者合法权益，其他法律、行政法规已规定处罚的，依照该法律、行政法规的规定处罚。

第十三章 附 则

第一百零六条 省、自治区、直辖市人民政府根据本法和本地区的实际情况，规定劳动合同制度的实施步骤，报国务院备案。

第一百零七条 本法自1995年1月1日起施行。